MÉMOIRES

DU

COMTE DE MORÉ

(1758-1837)

PUBLIÉS

POUR LA SOCIÉTÉ D'HISTOIRE CONTEMPORAINE

PAR

M. GEOFFROY DE GRANDMAISON & LE Cte DE PONTGIBAUD

AVEC CINQ HÉLIOGRAVURES

PARIS

ALPHONSE PICARD ET FILS

LIBRAIRES DE LA SOCIÉTÉ D'HISTOIRE CONTEMPORAINE

Rue Bonaparte, 82

1898

MÉMOIRES

DU

COMTE DE MORÉ

(1758-1837)

Charles Albert de Moré
de Pontgibaud, Comte de Moré

MÉMOIRES

DU

COMTE DE MORÉ

(1758-1837)

PUBLIÉS

POUR LA SOCIÉTÉ D'HISTOIRE CONTEMPORAINE

PAR

M. GEOFFROY DE GRANDMAISON & LE Cte DE PONTGIBAUD

AVEC CINQ HÉLIOGRAVURES

PARIS
ALPHONSE PICARD ET FILS
LIBRAIRES DE LA SOCIÉTÉ D'HISTOIRE CONTEMPORAINE
Rue Bonaparte, 82

1898

BESANÇON. — IMP. ET STÉRÉOT. DE PAUL JACQUIN.

EXTRAIT DU RÈGLEMENT

Art. 14. — Le Conseil désigne les ouvrages à publier et choisit les personnes auxquelles il en confiera le soin.

Il nomme pour chaque ouvrage un commissaire responsable, chargé de surveiller la publication.

Le nom de l'éditeur sera placé en tête de chaque volume.

Aucun volume ne pourra paraître sous le nom de la Société sans l'autorisation du Conseil et s'il n'est accompagné d'une déclaration du commissaire responsable, portant que le travail lui a paru digne d'être publié par la Société.

―――――

Le commissaire responsable soussigné déclare que l'ouvrage Mémoires du comte de Moré *lui a paru digne d'être publié par la* Société d'histoire contemporaine.

Fait à Paris, le 1ᵉʳ mai 1898.

Signé : L. de Lanzac de Laborie.

Certifié :
Le Secrétaire de la Société d'histoire contemporaine,
Albert Malet.

PRÉFACE

I.

LA VIE DU COMTE DE MORÉ.

La maison de Moré remonte aux dernières années du xii° siècle [1]. Un des siens, en 1756, se rendait acquéreur, en Auvergne, de la seigneurie de Pontgibaud, qu'en 1762 Louis XV érigeait en comté. Ce César de Moré, seigneur de Chaliers, mousquetaire de la garde du Roi, chevalier de Saint-Louis, avait été blessé à Dettingen. De son mariage avec Marie-Charlotte de Salaberry, fille d'un président à la Chambre des comptes, il eut deux fils : 1° Albert-François ; 2° Charles-Albert, l'auteur des *Mémoires* qui vont suivre.

Né à Clermont-Ferrand, le 21 avril 1758, Charles-Albert avait été mis en nourrice chez une aubergiste, et il attribuait plus tard, avec humour, sa forte constitution à tous les petits verres que lui offraient les clients de l'estaminet. On l'envoya de très bonne heure rejoindre son frère au collège de Juilly, la célèbre maison des Oratoriens. Il

---

[1]. Elle porte de gueules à trois bandes d'or, au franc canton d'hermine ; l'écu sommé d'une couronne de marquis. Supports : deux lions. Devise : *Moures por Diou.*

en sortit en 1773, comme tous les élèves trop légers, sans regret, et s'en vint chez un de ses oncles, conseiller à la Chambre des comptes, M. d'Hariague, à Paris. Jeté dans un monde aussi élégant que frivole, à une époque fameuse pour son libertinage, sans conseil, presque sans appui, ce jeune homme, cet enfant de quinze ans, d'une tournure agréable, d'un esprit délié, d'une curiosité ardente, se livra, comme il devait arriver, à la dissipation d'un fils de famille. Ses parents, qui ne l'avaient ni surveillé ni soutenu, craignirent le scandale ; son père, qui vivait assez égoïstement au fond de son manoir féodal, s'alarma de ses dettes, et, par une sévérité aussi outrée que la faiblesse avait été excessive, on le fit enfermer, sans autre forme de procès. Une lettre de cachet conduisit en prison le jeune étourdi :

« Le sieur chevalier de Pontgibaud, d'un caractère vio-
« lent et farouche, qui ne veut s'adonner à aucun genre
« d'occupation, sera conduit à Saint-Lazare, aux dépens
« de son père.

« Transféré à Pierre-en-Cize, le 19 février 1775.

« La Vrillière. »

Ce vieux donjon de Pierre-en-Cize n'était rien moins qu'une maison de plaisance. Dans sa chambre, le prisonnier ne rêvait plus que sa liberté, si brutalement enchaînée. On croyait encore, en ce temps-là, aux récents et romanesques mensonges de Latude ; cet exemple lui tourna la tête, et il se mit à desceller une à une les pierres de son cachot. Au bout de deux mois, il avait terminé son trou, cachant dans ses paillasses les gravois et le plâtre, selon toutes les règles de l'art. Quand il eut percé un mur de dix pieds d'épaisseur, il ne lui restait plus qu'à courir la chance d'une évasion. Il la tenta avec une crânerie toute martiale, passa sur le corps de la garde, qui avait pris les armes, gagna un bois, intéressa les passants à son sort, et s'en vint en Auvergne, au logis paternel. Le seigneur de Chaliers pensa qu'il fallait embarquer ce cadet entreprenant; une occasion rare s'offrait : un compatriote, un voisin, un ami, venait de passer en Amérique pour tirer l'épée contre l'Angleterre; le marquis de La Fayette ne refuserait pas ce compagnon qui payait d'audace et de mine, et exiler cet emporté, en lui ouvrant la carrière des armes, était une coïncidence que le vieux gentilhomme estima heureusement trouvée.

C'est ainsi qu'à l'automne de 1777, le chevalier de Pontgibaud, ayant recouvré sa propre liberté par un moyen énergique, s'en allait joyeusement aider les Américains à conquérir la leur.

Pour que la variété de ses aventures fût complète, il se trouva qu'avant vingt ans, après une évasion d'un château fort, une traversée au nouveau monde, il fit naufrage en débarquant dans la baie de Chesapeake. Sans ressources, dans un pays inconnu dont il ne parlait pas la langue, il gagna cependant le camp de Walley-Forges, dans la Virginie, où commandait La Fayette. Nommé officier, attaché à ce jeune général, qui l'accueillit à bras ouverts, il assista à l'échec de Rareton-Rivers, à la victoire de Monmouth, au blocus de New-York et au siège de Newport.

En 1779, ils revenaient tous deux en France, et le chevalier de Pontgibaud prenait sa part des ovations que l'engouement prodiguait au libérateur d'un peuple. Il se dirigea vers l'Auvergne: ce n'était plus le mauvais sujet échappé de prison; aussi, le vieux comte de Pontgibaud reçut-il avec une satisfaction manifeste le jeune « héros, » à qui le Roi accordait en même temps un brevet de capitaine. Il ne s'endormit pas sur ses lauriers. La Fayette retournant en Amérique, il repartit avec La

Fayette, côte à côte avec l'expédition française commandée par Rochambeau. Il était à York-Town le jour où lord Cornwalis capitula.

De retour en France, il mena la vie de garnison que l'on était accoutumé de vivre à cette époque, moitié à Auch, où était son régiment, moitié à Paris; en traversant l'Auvergne pour saluer son père, il poussa avec malice une pointe jusqu'à Pierre-en-Cize afin de faire saluer à son tour son uniforme de capitaine de dragons par ses anciens « geôliers, » qui célébrèrent sa présence le verre en main. Le séjour de la capitale lui plaisait fort, et il fréquentait la plus élégante société.

Washington avait envoyé à La Fayette, pour être distribuées à ceux de ses officiers qui s'étaient distingués sous ses ordres, douze croix de chevalier de Cincinnatus. M. de Pontgibaud fut un des élus. Il se parait volontiers de ce ruban bleu moiré, liséré de blanc, auquel était suspendu, ailes éployées, un aigle d'or. Un soir, c'était en 1785, il dînait chez le comte de Pilos (Don Pablo Olavidès), dans le très bel hôtel qu'habitait, rue Sainte-Apolline, ce riche Espagnol, fort lié avec son oncle, le président de Salaberry, et le beau-frère de cet oncle, le comte Dufort de Cheverny, introducteur des ambassadeurs. La comtesse du Barry était conviée. Le chevalier faisait le récit de ses aventures d'Amérique. A propos de sa décoration, il fut l'objet des lazzis de l'ex-favorite : elle raconta qu'elle avait eu un laquais de toute beauté, mais fort tapageur, qui l'avait quittée pour aller guerroyer outre-mer, d'où il avait rapporté le même ruban. M. de Pontgibaud ne releva pas ce manque de tact; homme d'esprit, il était capable de mettre les rieurs de son côté; il ne voulut point accabler, par des histoires d'antichambre, l'ancienne soubrette de Mme de La Garde.

Ses *Mémoires* ne font pas mention de cette petite aventure ; nous l'avons rapportée pour ce motif, et par la même raison nous constaterons son enthousiasme en présence de ces expériences aérostatiques que les frères Montgolfier avaient mises à la mode. Une lettre (3 décembre 1783) à son ami M. Juge, banquier à Clermont, nous révèle son admiration émue :

« J'ai été assez heureux pour assister à la superbe ex-
« périence de M. Charles [1], qui, en présence de toute la
« ville de Paris, avant-hier, est parti dans son char vo-
« lant, aux acclamations du public ; il a été, dans l'espace
« de deux heures et demie, à Nesle, distant de neuf lieues
« de Paris, sans le plus petit accident. Je vous avoue que
« je suis encore pétrifié d'avoir vu cette machine, dans
« laquelle il s'élève en l'air à trois ou quatre mille pieds
« et redescend à volonté aussi doucement que cela lui
« fait plaisir. Je suis au désespoir que vous n'ayez pas
« joui de ce superbe spectacle, qui illustre à jamais l'in-
« venteur et fait honneur à la nation française. »

Voilà les seuls incidents qui nous soient parvenus de sa vie, de 1781 à 1789. L'effervescence qui agita la France à cette dernière époque paraît ne l'avoir pas atteint. Il est vrai qu'il se trouvait fort occupé de son mariage, qui eut lieu quinze jours après la prise de la Bastille, le 31 juillet. Il épousait la fille du maréchal de Vaux, veuve du comte de Fougières, maréchal de camp et premier maître d'hôtel du comte d'Artois. Son père était mort six mois avant, son frère aîné devenait le comte de Pontgibaud, lui prit

---

[1]. Jacques-Alexandre-César *Charles* (1746-1823). Habile vulgarisateur des expériences de Franklin sur la foudre, et de Montgolfier sur les ballons. Son premier voyage dans les airs est du 27 août 1783. Louis XVI lui donna, au Louvre, un magnifique cabinet de physique. Membre de l'Académie des sciences en 1785, il fut longtemps professeur au Conservatoire des arts et métiers.

le titre de comte de Moré ; nous ne le désignerons plus autrement désormais.

Le frère aîné, entré aux mousquetaires à douze ans, capitaine au régiment d'infanterie de Blaisois, major en second du régiment de Dauphiné, avait été choisi par le duc d'Orléans pour présider à sa place l'assemblée de la noblesse d'Auvergne lors des élections aux États généraux. Il remplit ce rôle avec le tact et la discrétion qui le distinguèrent toute sa vie.

Malgré ce choix fait par un prince si hostile à la cour, et malgré la vieille amitié qui unissait M. de Moré à La Fayette, les deux frères ne partageaient en rien les opinions de ceux qu'on a appelés les « gentilshommes démocrates. » Ils vécurent, non sans anxiété sans doute, au fond de leur province jusqu'au mois d'août 1791, et s'enrôlèrent alors dans le corps de volontaires formé à l'armée de Condé sous le nom de *coalition d'Auvergne*.

Après la prise de Verdun, l'année suivante, le licenciement eut lieu et ils se trouvèrent sans ressources : le comte de Pontgibaud, dans l'universelle confiance en un succès prochain, avait généreusement versé à la caisse de l'armée les 10,000 livres qu'il avait emportées ; 50 louis d'or, qu'il s'était réservés, étaient épuisés depuis longtemps. Il rejoignit à Lausanne sa femme, et le comte de Moré la sienne. Et puis, il fallut vivre.

La comtesse de Pontgibaud était une femme de tête : restée en France, quand elle avait vu son nom sur la liste des suspects, elle invita ses délateurs à un repas où les vins furent prodigués, laissa ses convives dans leur première ivresse, traversa le parc en courant, se jeta dans une chaise de poste où l'attendaient son fils, enfant de cinq ans, et une femme de chambre fidèle ; elle gagna Lyon rapidement, puis la frontière suisse : elle était sauvée.

M. de Moré, après avoir séjourné à Genève, Lausanne, Constance, apprit un matin que les Américains, gens pratiques et honnêtes en affaires, acquittaient, grâce à une prospérité grandissante, leurs dettes, et qu'ils payaient la solde des officiers qui avaient servi pendant la guerre de l'Indépendance. — « C'était bien pour moi le *peculium adventicium*, disait-il plus tard ; j'avais fait mon deuil de cette créance-là. » Il courut à Hambourg et prit le premier bateau en partance pour l'Amérique du Nord. Le bruit qui l'avait amené aux États-Unis était exact ; il toucha, appointements et intérêts, 50,000 francs, alla remercier Washington, serra la main à quelques anciens compagnons d'armes, rencontra certains Français proscrits ou réfugiés, comme Talleyrand, le comte de Noailles, le duc de Liancourt, les « fils Égalité » eux-mêmes, et dit adieu à ce nouveau monde, qui lui paraissait si tranquille, pour retourner dans l'ancien, qui était toujours si bouleversé.

A Carlsruhe, dans les États du margrave de Bade, un ami de son père, le maréchal de Vaux, Mme de Moré avait trouvé un asile ; les épaves de sa fortune permirent au ménage de demeurer là et d'aider quelques compatriotes sans ressources ; plusieurs fois le comte d'Artois vint s'asseoir à leur table, simple et frugale, on peut le croire ! Le désir de revoir la France fit braver à M. de Moré le danger que sa qualité d'émigré laissait planer sur sa tête. Sous un nom supposé, il vint à Paris et se mêla à cette foule bizarre qui caractérise le temps du Directoire, où assassins, fils de victimes, voleurs, volés, se coudoyaient dans les rues, dans les voitures et dans les maisons.

Le zèle de la police, après la machine infernale, lui donna à comprendre qu'il serait sage de quitter un pays aussi surveillé. Il pensa aller retrouver son frère, que les circonstances avaient fixé à Trieste, comme il nous reste à le raconter.

C'est bien certainement une des aventures les plus caractéristiques de l'histoire de l'émigration, et une des plus rares, que celle advenue au comte de Pontgibaud.

Quand, à Lausanne, il s'était vu sans ressources, avec sa femme, ses enfants et des domestiques qui avaient par fidélité suivi son sort, il avait résolu de n'attendre de secours que de son travail et de son énergie. Avec ses deux derniers louis, il acheta quelques marchandises, les vendit, en racheta, les revendit, et, la balle sur le dos, se mit à parcourir les cantons voisins. Il alla en Tyrol, il alla à Leipzig; intelligent, actif, débrouillé, il se créa une clientèle. De retour à Lausanne, aidé de sa femme, associé de quelques autres gentilshommes, il fonda un comptoir de commerce, ouvrit une banque, et mettant de côté blason et titre, se nomma désormais Joseph Labrosse.

Des péripéties de cette vie, pour laquelle ses habitudes aristocratiques semblaient peu le prédisposer, je ne redirai qu'un trait : un jour il lui advint de s'arrêter dans une petite ville d'Allemagne dont le prince lui était connu. Sa tenue modeste lui fit éviter le palais et choisir une auberge; le margrave, informé, vint lui-même en carrosse offrir une hospitalité princière au gentilhomme qu'il avait connu à Versailles. Quand le repas de cour fut terminé : « Maintenant, dit-il, que M. Labrosse veuille bien nous vendre quelques-unes des marchandises colportées par le comte de Pontgibaud. »

Estimé pour sa probité, respecté pour son courage, accueilli pour sa bonne grâce, il prospéra promptement. En 1799, il alla porter son comptoir à Trieste, ville où aboutissait tout le commerce d'Orient, et donna à ses affaires une extension extraordinaire.

Riche, il vint en aide à tous les Français qui s'adressèrent à lui : ouvrant sa bourse aux plus pauvres, prêtant de l'argent sans intérêt, et donnant au contraire des revenus inattendus à ceux qui déposaient dans sa caisse leur modeste pécule.

La correspondance que sa famille a conservée révèle les mille services que rendit ainsi Joseph Labrosse, et longue serait la liste des personnes qu'il obligea ; c'est presque au hasard que je cite le prince de Chalais, le marquis de Pimodan, la princesse de Lorraine, l'évêque de Lombez, l'abbé de Pons, le marquis de Bonnay, le comte de Chastellux, le comte de La Tour d'Auvergne, le comte de Nantouillet, le baron de Bar, l'évêque de Nancy, le comte de Damas, M. de Sully, M. d'Albon, etc.

Le comte de Moré fut accueilli à merveille par Joseph Labrosse, il fit à Trieste un séjour long et agréable, mais la pensée de la France l'attirait toujours, et en 1804, lorsque la proclamation de l'empire eut consacré la gloire de nos armes par le repos intérieur, il fixa son foyer à Paris. Il vint occuper un appartement dans un de ces grands hôtels de la place Royale qui restent aujourd'hui, au milieu de nos quartiers modernes, comme une des rares épaves d'un monde disparu. C'était d'ailleurs une demeure historique qu'il habitait, et dont une renommée nouvelle devait sous ses yeux rajeunir l'éclat. Cette maison, — qui porte le numéro 6 de la place Royale, à l'angle sud-est, — construite pour le maréchal de Lavardin, un des compagnons de Henri IV, avait successivement appartenu à Marion Delorme et aux princes de Guéménée. M. de Moré y logeait encore, qu'il y eut pour voisin Victor Hugo, et que tout le cénacle littéraire du romantisme se réunissait, à sa porte, sous ces vieux lambris dorés.

Le retour de la maison de Bourbon combla les vœux

politiques du comte de Moré. Je ne sache pas qu'il en ait reçu la moindre faveur, mais son ambition était petite, si son patriotisme était grand. Ses lettres nous le montrent un peu pessimiste dans ses soixante ans, dans son dédain des libéraux, dans son horreur des révolutionnaires. Son seul désir était de voir rentrer son frère de Pontgibaud, demeuré à Trieste, où sa situation était du reste fort enviable.

Pendant toute la durée de l'Empire, ce dernier avait joué là-bas un rôle considérable ; en excellentes relations avec les gouverneurs Junot, Bertrand, Fouché, avec un illustre proscrit, Gustave IV, l'ancien roi de Suède, et recevant de l'empereur d'Autriche les remerciements publics que méritaient ses services rendus à toute la contrée. Il mourut là, le 24 juillet 1824, comme Mme de Pontgibaud y était morte elle-même deux ans auparavant, mais après avoir revu la France, reconstitué une partie de leurs domaines d'Auvergne et marié leur fils.

A ce fils, la bienveillance royale réservait un honneur prochain : il était compris dans l'ordonnance du 5 novembre 1827 qui nommait soixante-seize pairs de France. Une erreur de prénoms dans les journaux fit croire que c'était M. de Moré qui était désigné, mais l'oncle se réjouit plus de l'élévation de l'aîné de sa maison que d'un succès personnel.

C'était d'ailleurs un homme profondément estimable et estimé que le comte Armand de Pontgibaud. Né quelques années avant la Révolution, il avait été élevé en France pendant que ses parents vivaient en exil ; il les avait rejoints à Trieste à vingt ans, et s'était avec beaucoup d'activité adjoint aux travaux de son père. A la Restauration, il épousa, en 1818, la fille du comte de la Rochelambert et de Mlle de Dreux-Brézé ; leur oncle Mgr de Coucy, archevêque de Reims, bénit le mariage, le Roi signa au contrat. Après la mort de ses parents, Armand de Pontgibaud voulut liquider les intérêts considérables qu'ils lui laissaient à Trieste. Banque et comptoir furent cédés à d'anciens collaborateurs. Ceux-ci désiraient conserver cette « raison sociale » *Joseph Labrosse*, à qui les talents et la probité du fondateur avaient donné une importance européenne ; mais ils eurent beau offrir 60,000 fr. pour chacune des lettres qui composaient ce nom magique, cette faveur leur fut refusée. Par un sentiment d'orgueil bien compréhensible et tout désintéressé, le comte de Pontgibaud voulut que ce nom s'éteignît avec celui qui en avait fait la fortune et la gloire.

Nous venons de voir comment l'ordonnance du 5 novembre 1827 élevait le fils de Joseph Labrosse à une des plus hautes dignités de l'État. Cette promotion fameuse de Charles X appelait à la pairie des membres distingués de l'aristocratie française dont le dévouement à la monarchie pouvait contre-balancer les anciennes « fournées » libérales de 1819. A tout le moins l'intrigue n'aurait pas guidé les choix de M. de Villèle, s'il faut en croire l'exemple de M. de Pontgibaud, l'un des premiers surpris et des derniers informés des bontés du Roi. Pour lui faire parvenir sa nomination officielle le président du conseil des ministres ignorait son adresse, et le *Moniteur* dénaturait ses prénoms. Sa carrière politique fut courte ; deux fois il monta à la tribune, lors des discussions des budgets de 1828 et de 1829; il apportait le poids de son expérience dans des questions de commerce international qu'il connaissait si bien, pour assurer à l'industrie française le trafic des rives du Danube, et prévenir l'envahissement par les Anglais des marchés d'Orient. Il présida, en juin 1830, le collège électoral du Puy-de-Dôme. On sait comment l'arbitraire du gouvernement de Louis-Philippe vint interdire l'entrée de la Chambre à tous les pairs nommés par le roi Charles X. Il est au reste peu probable que les sentiments d'honneur de M. de Pontgibaud lui eussent permis de prêter un serment de fidélité au prince qui venait de trahir tous les siens. Pour achever d'un mot ce qui nous reste à dire du neveu de M. de Moré, nous ajouterons que ce fut lui qui installa à Pontgibaud les hauts-fourneaux pour l'exploitation des mines de plomb argentifère. Il mourut à Fontainebleau, le 23 janvier 1855.

Au moment où le fils de son frère paraissait appelé à un brillant avenir, le comte de Moré fixait sur le papier ses souvenirs du passé. Avec l'aide obligeante de son cousin, M. de Salaberry, il écrivait des *Mémoires*. Ils parurent sous la seule initiale de son nom en 1827. Ce fut une distraction dans la vie honorable, mais un peu monotone, de ses dernières années, dont le calme ne rappelait en rien l'agitation de ses débuts. Il visitait ses vieux amis, et aimait à entretenir ses relations sociales. Ayant cependant un peu perdu de sa belle humeur d'autrefois, déçu par sa quote-part modeste dans l'indemnité aux émigrés, alarmé des progrès des idées révolutionnaires, très peiné de la chute de la monarchie légitime, il remplaçait sa pétulante malice par une vertu qui sied bien aux vieillards : la bonté ; il ne sortait jamais de chez lui sans avoir mis dans sa poche quelques pièces d'argent qui ne rentraient plus dans son tiroir. Il y a de ces petits traits qui peignent les hommes : un jour, dans une rue étroite du Marais, un vase de fleurs tombé d'une fenêtre le blessa. Le maladroit était pauvre, et ce fut M. de Moré qui, en riant, paya l'amende de celui qui avait failli l'estropier.

Après la mort de sa femme, en 1836, il quitta la place Royale pour aller habiter la rue des Tournelles. Son premier hôtel avait été celui de Marion Delorme ; dans l'autre Ninon de Lenclos avait vécu. Mais ces souvenirs légers n'effleuraient plus la pensée du vieux gentilhomme, qui s'éteignit doucement, en bon chrétien, à quatre-vingts ans, en 1837.

Ceux qui l'avaient connu gardèrent de lui le souvenir d'un homme aimable, à l'esprit vif, au commerce facile, de relations douces et sûres. Aux autres il laissait des *Mémoires*.

II.

SES MÉMOIRES.

Ce fut un motif de charité qui l'invita à les écrire. Mme de Lavau, la femme du préfet de police, quêtant pour ses pauvres, lui dit un jour en souriant : « Mon cousin, vous qui avez eu une existence si accidentée, vous devriez bien en fixer sur le papier les principaux événements ; cela formerait un volume fort piquant ; je le mettrais en loterie et je gage que le succès couronnerait votre œuvre. » M. de Moré se mit volontiers au travail, et voulant un conseiller dans ses débuts littéraires, il soumit tout naturellement ses notes à son cousin, le père de Mme de Lavau, le comte de Salaberry, qui se piquait d'écrire. Scrupuleux pour la forme, il l'était plus encore pour le fond, comme le prouve la lettre suivante :

« A M. le comte de Salaberry, député de Loir-et-Cher.

« Hôtel de la préfecture de police, à Paris.

« Mon cher cousin, j'ai commis une erreur dans ce que je t'ai remis hier ; j'ai dit que l'armée de Rochambeau s'était mise en mouvement quelques semaines après mon arrivée ; je me rappelle actuellement que cette armée a été près d'une année en stagnation à Rhode-Island ; que sa campagne s'est bornée à traverser le continent jusqu'à la Virginie et à coopérer à la capitulation de l'armée anglaise. On admira la parfaite discipline de cette armée dans cette longue route, où pas une seule plainte ne fut portée. J'ai aussi omis de dire que le comte de Fernay, commandant l'escadre à New-Port, vint à y mourir. Le comte de Barras lui succéda et eut, sans ordre de la cour, le dévouement sublime d'aller rallier l'escadre du comte de Grasse, son cadet, pour lui assurer la supériorité sur les Anglais.

« Adieu, je vais continuer à te fournir des matériaux; je fais mon possible pour être exact, mais ce n'est pas chose aisée que de se rappeler de tout.

« Mille amitiés à la famille.

« Le 2 avril 1827. »

S'il ne voulait avancer aucun souvenir qui ne lui fût bien présent, il n'avait cependant consulté que son excellente mémoire, et c'est ce qui donne à son travail un tour tout personnel et bien original. Il ne copie personne, sa plume court, ses réflexions tombent d'elles-mêmes, et à lui donner une méthode historique — luxe dont il ne s'embarrassait guère — il faut convenir qu'elle est assez éloignée de nos exigences actuelles, qui veulent des dates impeccables et des références multipliées.

Le comte de Moré repassait sa vie tout simplement, avec un plaisir sincère, et son escapade de Pierre-en-Cize lui apparaissait comme un des plus brillants épisodes de sa jeunesse. Aussi ces pages sont-elles vivantes, alertes, agréables. J'estime que c'est beaucoup.

Son livre parut en 1827, sous le titre de « MÉMOIRES DU COMTE DE M...., *précédés de cinq lettres de considérations sur les Mémoires particuliers.* » Ces « lettres à l'auteur » sont de M. de Salaberry; elles visent un peu au bel esprit, avec quelques prétentions de style. Ce volume in-8 de 319 pages était édité à Paris, par la librairie Victor Thiercelin, rue du Coq Saint-Honoré, n° 6. Un fait tout particulier de bibliographie le rend intéressant aux amateurs. Il sortit des presses de Balzac. La couverture jaune, encadrée d'une ornementation un peu lourde, porte au bas, en caractères minuscules : « Imprimé par H. Balzac, » et au bas du *verso* du faux titre, on peut lire encore : « Imprimerie de H. Balzac, rue des Marais Saint-Germain, n° 17. »

Nous n'aurions pas à insister ici davantage sur la carrière « industrielle » de l'auteur de la *Comédie humaine* [1], si un fait ne paraissait établir qu'il avait eu l'esprit particulièrement intéressé par le volume dont il eut le manuscrit entre les mains. Dans l'historique du procès auquel a donné lieu le *Lis dans la vallée*, il a écrit ces lignes : « Quelques charitables loustics demandent pourquoi j'étais M. Balzac en 1826. Si j'explique ma vie, autant expliquer tout. Quand un éloquent député de la Restauration se faisait imprimeur et gagnait 3 fr., en tirant le décret qui le condamnait à mort, il n'avouait pas son noble nom. *A Trieste, un pair de France s'appelait M. Labrosse en se faisant commerçant....* Ainsi ai-je fait. »

L'attention de Balzac semble donc bien avoir été retenue sur la famille de M. de Moré, et nous trouvons sous sa plume une allusion très nette à la situation de M. de Pontgibaud à Trieste. Exact en sa citation, il est inexact en attribuant à Joseph Labrosse une pairie qu'il n'eut jamais ; il est surtout absolument fautif dans l'assimilation qu'il prétend établir entre sa « noblesse » et les très authentiques parchemins des Moré-Pontgibaud.

L'incident nous a paru curieux à rappeler.

Ce volume ne s'adressait pas aux passions littéraires de l'époque ; peu de journaux sans doute en entretinrent

---

[1]. « Il s'était fait commerçant afin de s'assurer l'indépendance, et avait entrepris de faire gémir les presses non plus comme auteur, mais comme imprimeur. Cette tentative industrielle ne lui réussit pas beaucoup mieux qu'à Walter Scott son association avec Ballantyne et Constable. Elle n'eut d'autre résultat que de l'endetter et d'engager son avenir. » — E. Biré, *Honoré de Balzac*.

leurs lecteurs ; au moins ils furent sympathiques. M. de Moré eut ce qu'on nommerait aujourd'hui une « bonne presse, » à en croire La Pandore, *journal des spectacles, des lettres, des arts, des mœurs et des modes*, qui, dans son numéro du mercredi 31 octobre 1827, publiait les lignes suivantes :

Les mémoires particuliers ont été recherchés dans tous les temps, depuis ceux de Joinville jusqu'à ceux dont nous devons la publication à MM. Barrière et Berville. C'est que, dans ce genre de composition, on espère toujours percer quelque mystère privé, en même temps qu'on y cherche la révélation de quelques faits nationaux. La curiosité qui porte tant de gens à lire une lettre égarée leur fait dévorer ces volumes où l'éditeur promet ordinairement plus de confessions qu'il n'en fait.

Ce qu'il y a d'incontestable, c'est que les mémoires particuliers sont toujours fortement empreints de l'esprit du temps où ils furent composés, et qu'ils admettent une certaine familiarité de style faite pour montrer quel est, à chaque époque, le langage de la bonne compagnie. Le cardinal de Retz et le duc de La Rochefoucault ont laissé de bons exemples, et ils ont manqué de rivaux plus que d'imitateurs. Hamilton a renfermé les mémoires de son beau-frère dans le cercle des descriptions badines et des détails libertins, sans jamais aborder une question d'État, sans même effleurer les circonstances importantes du moment. Mlle Delaunay a mis de la saillie dans les siens ; c'est un feu d'artifice dont on s'amuse quelques instants et dont il ne reste qu'un peu de bruit dans les oreilles. On ne saurait s'empêcher de rire en se rappelant comment elle découvrit que l'amour du médecin Brunet était diminué pour elle, de la différence de la diagonale aux deux côtés de la place Royale, du jour où il prit le chemin le plus court pour la conduire chez elle.

Puis enfin, après beaucoup d'autres, arrive le comte de M.,

second fils d'un gentilhomme d'Auvergne, et qui, pour cela, n'est pas trop endurci dans les vieux principes.

Le chevalier n'était pas partisan de la vie cloîtrée, si bien qu'il conçut et opéra un plan d'évasion à main armée ; cette évasion fit grand bruit dans le château de Pierre-en-Cize, et les geôliers en parleraient encore si cet utile monument n'avait été détruit tout comme la Bastille, et c'est deux fois dommage. De là le chevalier, qui aimait le grand air, courut se mettre sur un bâtiment français, frété pour l'Amérique, où il s'alla joindre à l'armée des insurgés. Le navire qu'il montait échoua sur les côtes du Nouveau Monde, et le héros fut pillé par ceux qu'il allait secourir. Cette mésaventure fut bientôt réparée. Le chevalier arriva auprès du général La Fayette, qui le prit pour aide de camp, et il fut présenté à Washington, qui le reçut fort bien. Je voudrais, pour une cassette de mes meilleures hardes, avoir servi la même cause sous les mêmes hommes.

Ici, l'auteur introduit quelques-uns des personnages les plus intéressants de la guerre de l'Indépendance, et, après des campagnes où il paraît s'être donné peu de mal, il revient en France avec le général de La Fayette, fait sa paix avec son père et retourne faire la guerre aux États-Unis. Sa deuxième expédition n'est pas plus laborieuse que la première ; la capitulation du marquis de Cornwallis consacra la liberté des Américains. Leurs défenseurs n'avaient plus qu'à se croiser les bras ; mais le chevalier, qui n'aime pas à se reposer, s'embarque de nouveau pour la France, en passant par l'Espagne, se voit sur le point de jouer un sot rôle dans un autodafé, échappe par miracle à la mort que lui destinait la piété du peuple espagnol, débarque à Lorient et se croyait tranquille en France, lorsque la Révolution l'oblige à plier bagage. Il émigre et se retire en Suisse, où son frère établit une maison de commerce ; mais il n'avait pas touché en Amérique un sou de sa solde d'officier : cette solde était donc arriérée. Le gouvernement de l'Union, qui est un gouvernement honnête, annonça l'intention de payer toutes les soldes arriérées, avec les intérêts ; la somme due à notre héros se montait à cinquante mille francs : on voyage pour moins. Le voilà donc parti une troisième fois pour l'Amérique.

Là, il trouve une population et des villes toutes différentes de ce qu'il avait laissé : c'était le fruit de six années de paix et de liberté ; là, il voit quelques personnes, dont plusieurs ont joué, depuis, un grand rôle, et recueille sur leur compte des particularités assez curieuses.

Pour la troisième fois, il quitte l'hémisphère jadis occidental, mais oriental depuis que nos géographes ont tout changé ; il rentre par curiosité dans la France républicaine avec un passeport et des marchandises de contrebande, la quitte de nouveau, lors de l'affaire Pichegru, pour aller trouver à Trieste un frère dont la fortune s'était beaucoup accrue. Ce frère, connu sous le nom de Joseph Labrosse, y avait fondé une maison de banque fort en vogue, où il reçut à la fois le roi de Suède Gustawson et Jérôme Bonaparte.

Ces mémoires ne révèlent pas de grands secrets ; mais quelques anecdotes sur certains messieurs y répandent un intérêt soutenu par la rapidité du style, toujours gai, souvent spirituel. Mais pourquoi avoir ainsi multiplié les initiales ? Elles fatiguent l'esprit du lecteur. Si les faits qu'on rapporte sont bons à dire, il faut nommer en toutes lettres les personnes qu'on met en scène ; s'ils ne sont pas bons à dire, il faut les taire. On est beaucoup revenu des initiales, et nous reprocherons surtout à l'auteur celle du titre. Le comte de M. nous eût fait plaisir en dépouillant le demi-masque sous lequel il laisse voir sa bouche et cache son front.

Le livre ne paraît pas avoir beaucoup dépassé alors le cercle des intimes et de la famille. Il faut un bien grand mérite pour que le public s'en aille le chercher et le proclamer chez un auteur anonyme. Les *Mémoires* préparés à cette époque dans l'officine du libraire Ladvocat avaient seuls une vogue dont le temps a fait raison. La discrétion qui avait prescrit de remplacer tous les noms par une initiale ne s'accordait pas avec une publicité dont la réclame actuelle a trouvé sans doute le dernier mot pour la librairie. Les bibliophiles seuls connaissaient son existence, et seuls les spécialistes l'allaient consulter. Je ne sais qu'un Américain, Thomas Balch, écrivant : *Les Français en Amérique, pendant la guerre de l'Indépendance* [1], qui se soit avisé de citer M. de Moré. Dans son étude un peu diffuse, parue en 1872, il secouait pour la première fois la poussière accumulée par le temps sur le petit volume de 1827 :

Ce livre, dit-il, très rare, très peu connu, est dû à M. de Pontgibaud, plus tard comte de Moré-Chaulnes (*sic*). Ces mémoires, écrits avec l'*humour* et presque le style d'une nouvelle de Sterne, ne sont pas seulement curieux par ce qui a rapport à la guerre de 1777 à 1782, mais aussi parce que l'auteur, émigré de France à Hambourg, ayant appris que le Congrès américain payait l'arrérage de solde dû aux officiers qui avaient été à son service, retourna aux États-Unis vers cette époque, et qu'il a fait un tableau aussi caustique qu'intéressant de la situation et du caractère de ses compatriotes qu'il trouva sur le continent américain où les événements politiques les avaient forcés à chercher un refuge. — L'exemplaire dont je me suis servi m'a été prêté par M. Édouard Laboulaye, de l'Institut.

Pour être exact, il convient d'ajouter que, dans son *Histoire de la participation de la France à l'établissement des États-Unis d'Amérique* [2] (vaste recueil de pièces diplomatiques qui laisse attendre un récit d'ensemble), M. Henri Doniol cite deux ou trois fois le chevalier de Pontgibaud, qu'il nomme même Monsieur de Moret (*sic*).

---

1. Librairie Sauton, Paris, 1872. 1 vol. in-8, devant être suivi d'un second tome qui n'a jamais paru.
2. 5 vol. in-4. 1887-1892. Imprimerie Nationale.

On sait que ces éditions assez nombreuses de Balzac sont devenues fort rares ; aujourd'hui, un exemplaire des *Mémoires du comte de M*.... est à peu près introuvable dans le commerce. C'est en partie ce qui a décidé la *Société d'histoire contemporaine* à donner une édition de ce livre disparu [1]. L'intérêt même du récit aurait justifié, d'ailleurs, cette entreprise, et les conditions particulièrement heureuses dans lesquelles se présente ce travail achèvent d'en assurer l'authenticité et la valeur. En effet, M. le comte César de Pontgibaud a non seulement autorisé cette réimpression des *Mémoires* de son grand-oncle, mais il a bien voulu nous fournir les feuilles manuscrites qu'il possède encore du texte original et nous donner le concours personnel de ses lumières dans les questions généalogiques. Tous les éclaircissements de famille que nous apportons aujourd'hui sont dus à son très beau livre : *Histoire de cent ans, Pontgibaud, la ville, le château, la famille*, où il a raconté la vie de tous les siens [2]. Il a mis à notre disposition les planches des héliogravures Dujardin, qui forment l'illustration. Il nous a enfin remis quarante-trois lettres (naturellement inédites) du comte de Moré à son frère et à son neveu. Ces *Lettres* complètent heureusement les *Mémoires*. Ceux-ci vont de 1758 à 1814, celles-là de 1814 à 1832. Aux récits concernant la guerre d'Indépendance d'Amérique, la fin de l'ancien régime, l'émigration, le Directoire, l'Empire, ces correspondances tout intimes, d'une allure très simple, ajoutent des réflexions d'un contemporain de la Restauration. Nous

---

[1]. L'attrait de ces *Mémoires* et leurs détails sur la guerre de l'Indépendance ont engagé M. Robert Douglas à en publier une traduction anglaise (elle a eu de suite deux éditions) : *A French volunteer of the war of Independence (The chevalier de Pontgibaud)*. 1 vol. in-8, librairie Carrington, 1897.

[2]. 1 vol. in-4, imprimé à Caen, chez Delesques, 1888-1889, tiré à cent exemplaires non mis dans le commerce.

nous sommes bornés à rappeler en notes les événements auxquels elles font allusion, et appliqués à ne laisser sans une courte biographie aucun des noms tombés de la plume de M. de Moré.

Le plaisir que nous avons éprouvé à vivre en la compagnie de ce galant homme, nous souhaitons que le lecteur l'éprouve à son tour; nous l'espérons beaucoup, nous le croyons un peu.

Janvier 1898.

GEOFFROY DE GRANDMAISON.

MÉMOIRES
DU
COMTE DE MORÉ

CHAPITRE PREMIER

Ma naissance. — Mon berceau. — Première éducation. — Apparition dans le monde. — Ordre royal qui me fait entrer à Pierre-en-Cize.

Je suis né, le 21 avril 1758, de César de Moré-Chaliers, comte de Pontgibaud [1], et de Marie-Charlotte-Julie Irrumberry de Salaberry ; je sais que ma mère était une jeune et jolie femme, j'ai eu le malheur de la perdre avant

---

[1]. Le comte de *Pontgibaud* (1703-1788), ancien mousquetaire du Roi, chevalier de Saint-Louis, blessé à la bataille de Dettingen, né à Serverette en Gévaudan, fils de Jean-Baptiste de Moré et de Marie Daldin de Belvèze. Il épousa en premières noces (1744) Élisabeth-Henriette Dujardin, veuve de Gabriel de Bernay, dont il n'eut pas d'enfants, et en secondes noces, Mlle de *Salaberry*, dont il eut : 1° Charlotte-Hermine (1752-1773) ; 2° Albert-François (1754-1824) ; 3° Charles-Albert (1758-1837).

Né à Clermont-Ferrand et baptisé en l'église de Notre-Dame du Port, ce dernier eut pour parrain et marraine son frère et sa sœur aînés, qui n'ont pu signer à cause de leur bas âge, n'ayant *présenté l'enfant sur les fonts du baptême qu'avec la permission de M. Imbert, vicaire général du diocèse.* — Signé : *Tournadre, curé.*

D'après le registre de son père et de sa mère, on voit en date (décembre 1764) : *Pension de mon fils le chevalier chez M. Colin : 737 livres.* L'enfant n'avait donc que *six ans*, et il était déjà séparé de ses parents ; c'est ce qui explique qu'il ait si peu connu sa mère, laquelle mourut en 1769, alors qu'il avait onze ans.

d'avoir pu la connaître : elle mourut de saisissement en apprenant une affreuse nouvelle sans y avoir été préparée.

Le manoir de mon père et de ma mère m'a donné son nom ; il a des créneaux, des murs épais, de grosses tours noires bien historiques, mais le château de Pontgibaud [1] n'en est pas plus gai pour cela.

Mon père, qui était seigneur de la petite ville de Pontgibaud [2] et d'un grand nombre de paroisses, réunissait à tous ses droits féodaux le patronage laïque, et nommait à la plupart des cures des villages qui relevaient de lui. Le comte et la comtesse de Chaliers vivaient au milieu de leurs vassaux, et toute cette population vivait de leurs bienfaits. Personne ne connaissait dans le pays les droits de l'homme, mais tous connaissaient et pratiquaient les devoirs de la reconnaissance et du respect. Il est de fait que quand ma mère sortait, les femmes et les enfants se mettaient à genoux, bénissant le ciel et leur dame ; les hommes et jusqu'aux vieillards ôtaient leurs bonnets du plus loin qu'ils voyaient venir leurs seigneurs, et on sonnait les cloches. Quel mal y avait-il à cette réciprocité de protection et d'amour, était-ce autre chose que des enfants qui honoraient leurs père et mère ?

Quoi qu'il en soit, le vieux et immense château domine le bourg et la riche vallée qu'arrose la Sioule [3] et que couronnent majestueusement les cimes des Monts d'Or [4] ; mais tous nos sites de l'Auvergne, si gracieux, si harmonieux, quand la nature est dans le calme, offrent en une seule nuit un contraste tout différent ; comme les gaves

---

1. Château de Pontgibaud, vieux donjon du XIIᵉ siècle, encore existant aujourd'hui, entouré d'une enceinte de six grosses tours rondes.
2. Chef-lieu de canton dans le département du Puy-de-Dôme, sur les bords de la Sioule, connue par ses mines de plomb argentifère.
3. La Sioule, rivière qui se jette dans l'Allier.
4. *Sic.* — Monts Dore.

des Pyrénées, nos ruisseaux deviennent des torrents à la suite d'un seul orage, et le débordement momentané des eaux frappe les yeux par sa tristesse et par ses dangers.

L'habitude fait des victimes de l'imprudence, et les naturels du pays courent aussi plus de risques que les voyageurs, parce qu'ils osent trop. C'est ainsi qu'un voisin, un ami de mes parents, le comte de Mont.... [1], voulut un soir retourner chez lui ; étant à cheval, il manqua le gué qu'il croyait bien connaître, et se noya dans la Sioule, alors large comme un fleuve. Cet accident affreux, annoncé sans précaution à ma jeune mère, fut la cause de sa mort presque subite.

A cela près de ces circonstances, qui même peuvent appartenir à d'autres familles qu'à la mienne, je ne me rappelle rien qui soit digne d'être raconté, jusqu'à l'âge de dix ans. Je me souviens que j'avais du caractère, de ce quelque chose que Plutarque remarque dans la vie d'Alcibiade enfant, que mentionne le chroniqueur du bon connétable Bertrand quand il était petit garçon.

J'étais à peu près élevé chez ma grand'mère maternelle, la présidente de S.... [2] On me dit un jour à dîner : « Mon petit, voulez-vous des épinards ? » Je répondis : « Je n'aime pas les épinards. — Il faut aimer tout à votre âge, mon petit, vous mangerez des épinards. — Je n'en mangerai pas. — Vous en mangerez, » et les épinards m'arrivèrent. Il faut bien que je dise tout, puisque je me le rappelle : il paraît que je pris l'assiette et que je jetai les épinards au nez de ma bonne grand'mère, à son grand

---

[1]. Le comte de *Montboissier*, demeurant à Pont-du-Château, chef-lieu de canton de l'arrondissement de Clermont. Les Montboissier-Canillac ont joué un grand rôle en Auvergne.

[2]. La présidente de Salaberry, Marguerite-Herminie *Ogier* (1707-1773), mariée en 1728 à Charles-François Irumberry de Salaberry, seigneur de Mareuil, président à la Chambre des comptes de 1719 à 1750.

scandale, et à celui très vraisemblable des assistants. On me dit : « Monsieur, allez-vous-en dans votre chambre. » Ma grand'mère, la plus pieuse et la plus respectable des femmes, fut bientôt plus affligée que moi ; je ne voyais que le tort qu'on avait eu de vouloir me faire manger des épinards, puisque j'avais déclaré que je ne les aimais pas. La bonne présidente de Salaberry, mettant tout cela devant Dieu et sur le compte de mon petit âge, dit à son vieux valet de chambre : « Lepage, allez trouver mon petit-fils, dites-lui de venir me faire des excuses ; voilà un louis que vous lui donnerez. » Le domestique, apportant un louis au rebelle, ne doute pas du succès de son ambassade, il me fait son sermon à sa manière, et le termine en me disant : « Allons, monsieur le chevalier, voilà un louis que madame votre bonne maman m'a chargé de vous remettre, venez lui faire des excuses, venez manger des épinards. » Le louis eut le même sort que l'assiette, je le jetai fièrement au nez du vieux valet. « Est-ce que ma grand'mère, lui dis-je, croit que je fais des excuses pour de l'argent ? » Il paraît que dans le moment j'ai été fort content de cette noble réponse, puisque je m'en souviens encore, tout en l'estimant ce qu'elle vaut. Quant à l'événement domestique en lui-même, il finit probablement comme finissent tous ceux de ce genre, monsieur le chevalier fit des excuses, mangea des épinards, et la grand'maman pardonna ; ce qui n'empêche pas que depuis, les épinards et moi avons toujours été rancune tenante.

Mais ce tableau de mon enfance est à peu près l'histoire universelle, toutes choses égales dans la condition, des personnes qui se souviennent de leur jeune âge. En 1773, je quittai la robe prétexte, on me fit prendre la robe virile ; en d'autres termes, j'atteignis seize ans.

Ici commencèrent pour moi les orages de la vie ; l'on

conviendra que dès le début, la mienne ne ressemble pas à toute autre. Le récit de ce que j'ai souffert, de ce que j'ai vu, de ce que j'ai fait, de ce que j'ai observé depuis Pierre-en-Cize jusqu'à New-York, depuis Boston jusqu'à Coblentz, sur mer, sur terre, dans les deux mondes, ne sera pas sans intérêt et sans profit pour mon ami le lecteur, quel que soit son âge. La fortune m'a jeté d'abord dans une barque sans gouvernail, il m'en est tombé un je ne sais d'où : j'ai assez bien navigué depuis et je suis au port, aussi content que possible de mon long voyage. Ma mauvaise fortune ne m'a pas étonné, la bonne ne m'étonne pas davantage : d'où je conclus que tel qui me lira sera plus étonné que je n'ai été et que je ne suis. Mes épreuves ont commencé à seize ans, et je défie M. Azaïs [1] de les faire entrer dans son système des compensations.

Il faut qu'on sache, et par conséquent je dois dire que mon père avait deux beaux-frères ; ils me composaient deux excellents oncles, qui m'ont fait tout le mal possible avec la meilleure intention du monde ; grâce à l'intention, ils n'en répondront peut-être pas devant Dieu. L'un était le président de S.... [2], l'autre M. H.... [3], maître des Comptes, baron d'A...., lequel, devenu veuf, avait fini par épouser en secondes noces Mlle de Saint-S.... [4], veuve elle-même de M. P...., dont elle avait

---

1. *Azaïs* (1766-1845), professeur de l'Université. Publia, en 1808, un livre, *Des compensations dans les destinées humaines*, où il prétendait que le bien et le mal s'équilibraient exactement dans le monde.

2. Charles-Victor *de Salaberry* (1733-1794), comme son père président à la Chambre des Comptes. Marié à la comtesse de Pomereu, Mlle Le Gendre. Les *Mémoires* de son beau-frère, Dufort, comte de Cheverny, sont pleins de détails sur lui.

3. Dominique *d'Hariague*, conseiller maître à la Chambre des comptes, baron d'Auneau.

4. Mlle *Nigot de Saint-Sauveur*, veuve de M. *Pecquet de Champlois*, auteur d'un recueil des lois forestières de France (à Paris, chez Lamy, 1782), grand maître des eaux et forêts de France au département de Normandie.

une fille. Mme Pecquet, devenue ma belle-tante, maria sa fille à mon frère aîné, et je ne sais pas si on y mit du calcul, mais je ne fus nullement l'objet des complaisances ni de l'indulgence de ma tante de hasard, qui, par l'influence de l'oreiller, ne tarda pas à faire partager à mon propre oncle, son crédule mari, tous ses sentiments d'inimitié et ses préventions contre moi. Mon frère et ma jeune belle-sœur n'entraient pour rien dans les prévoyances de ma belle-tante, leur mère et belle-mère ; mais j'ai quelque idée, je suis presque sûr que, dans l'absence de ses bontés pour moi, il y avait un calcul fait par sa tendresse maternelle. Je n'étais qu'un cadet d'Auvergne, et mon frère était l'aîné : or, avec l'application d'une des quatre règles d'arithmétique, qu'on appelle la soustraction, exercée à mon préjudice, il paraît qu'à ses yeux sa fille unique, mariée à mon frère, devait devenir, par certaines mesures, une héritière unique ; cela lui présentait un tableau de famille qui offrait plus de grâce, et en perspective un patrimoine tout entier. Ma belle-tante procéda à ce résultat, je ne dirai, ma foi, pas en tout bien tout honneur, mais ce ne fut pas sa faute si la fin ne couronna pas l'œuvre ; vous allez en juger.

Depuis son veuvage, mon père ne venait plus à Paris, il restait à thésauriser dans son vieux château, touchant les revenus de ses vastes domaines. Je passai, je crois, deux ou trois ans à Juilly [1], sous la protection plus ou moins

---

[1]. Village de Seine-et-Marne, à huit lieues de Paris. Dans les bâtiments de l'abbaye de Juilly, que la commende avait fait déchoir, les Oratoriens, en 1638, établirent un collège que des lettres patentes de Louis XIII érigèrent en Académie royale. Pendant deux cents ans, ce fut la plus prospère de toutes leurs maisons d'éducation.

Au temps où le futur comte de Moré y faisait ses études, le supérieur était le Père Petit (1756-1785). Parmi ses condisciples, citons : Narbonne (1762-1769), ministre de la guerre ; marquis de Beauharnais (1766-1771),

soigneuse de mon oncle, second mari d'une seconde femme. Il paraît que je pris l'instruction à rebours chez les Révérends Pères Oratoriens. J'en sortis sans m'être précisément fait remarquer dans mes études : j'avais montré des dispositions, mais pour toute autre chose que pour le grec et le latin, ou la culture des fleurs de rhétorique.

Je passai ainsi du collège dans la maison de mon oncle, qui fut censé se charger de moi : dans la vérité, personne ne prit ce soin; pour le monde, qui ne regarde rien, je paraissais être au sein et sous les yeux de ma famille, tandis que réellement j'étais dans l'abandon de conseils, sur ma bonne foi, et, à seize ans, livré à moi-même. Dans ce moment critique on ne me disait pas ce qu'on désirait que je fusse, on ne me demandait pas ce que je voulais être ; je n'en savais rien moi-même, je n'y pensais pas. J'avais seize ans, et j'étais mon maître au milieu de Paris. Adolescent, fort, ardent, curieux, ne connaissant la valeur de rien; condamné, comme tout le monde, à acquérir de l'expérience à mes dépens ; n'ayant ni guides ni amis, il aurait fallu que j'eusse *un cœur de citrouille fricassé dans de la neige* [1] pour ne commettre aucune faute, ne fût-ce que par oisiveté et par désœuvrement; des yeux malveillants m'épiaient, me suivaient, m'attendaient à la première légèreté, sûrs qu'elle serait accompagnée de plus d'une autre, parce que les inconséquences s'appellent toutes chez un jeune écolier de seize ans, et ma belle-tante se chargeait du soin actif et journalier d'envenimer mes

---

le père de Mme de Lavalette et beau-frère de Joséphine; Anacharsis Clotz (1764-1768), « l'orateur du genre humain; » M. de Bonald (1769-1772).

1. Ninon s'exprimait ainsi sur Charles de Sévigné, le fils de la marquise : « C'est une âme de bouillie, un corps de papier mouillé, un cœur de citrouille fricassé dans de la neige. » Voir la lettre de Mme de Sévigné à Mme de Grignan (22 avril 1671).

actions, de grossir mes fautes, de m'en faire des crimes aux yeux de mon oncle, et par suite à ceux de mon père, qui habitait à cent lieues de la capitale.

Toutes les lois de la nature et de l'ordre social furent apparemment près d'être renversées, parce qu'un jeune garçon de seize ans, étourdi, fou, si l'on veut, courait de la brune à la blonde, achetant l'amour tout fait sans s'effrayer du bon marché. Sans doute j'ai dû avoir recours aux usuriers, qui trouvent un jeune homme sans qu'il les cherche ; et j'admets que je les aie cherchés : somme toute, mes méfaits se sont bornés à fréquenter des demoiselles d'allégresse, et à faire des dettes, puisqu'on ne me donnait pas d'argent, et qu'à coup sûr je ne faisais pas de fausse monnaie. Tant il y a que je ne sais pas ce qu'ils ont fait, ce qu'ils ont dit, comment enfin ma belle-tante a fait son compte, il n'en est pas moins certain que non seulement du consentement, mais sur l'ordre de mon père indigné contre moi comme contre un monstre, un conseil de famille fut assemblé à mon sujet : cependant je jure bien que j'aurais pu me confesser comme La Hire, et dire en bloc : J'ai fait ni plus ni moins que ce que peut faire un étourdi de seize ans, livré à lui-même dans Paris ; car il faut bien que l'on m'accorde que les trois quarts et demi des péchés capitaux m'étaient étrangers ; cependant ma belle-tante avait si bien mêlé le vrai avec le faux, le faux avec le vraisemblable, que mon vieux père ne doutait pas un instant que je ne fusse capable de tous les forfaits, en finissant par le parricide. Je n'en dis pas trop et il y a de quoi rire, vous allez en convenir.

Malheureusement pour moi, à cette époque, tous les pères de l'Auvergne étaient en émoi, et une terreur épidémique s'était emparée de tous. La faiblesse d'esprit habite les châteaux comme les chaumières, et il y a du peuple dans les salons comme dans les taudis des sixièmes étages de la grande ville. A cette époque, plusieurs enfants ayant été, dit-on, enlevés, et le Dauphin se trouvant attaqué d'une maladie extraordinaire, ces deux circonstances réunies avaient accrédité la rumeur, même chez les bons bourgeois de Paris, qu'on ordonnait au Dauphin de prendre des bains de sang, et que tous les petits innocents disparus étaient destinés à alimenter sa baignoire; et toutes les mères en sabots de cacher leurs enfants comme au temps d'Hérode [1].

Or, à cette époque, le bruit public en Auvergne était qu'un jeune comte de Moré avait voulu empoisonner monsieur son père dans des œufs à la tripe. Que cette odieuse imputation fût fondée ou non, c'est ce que j'ai toujours ignoré ; mais le fait est que tous les pères d'Auvergne prirent la chose au sérieux. L'alarme était sous le toit domestique ; il n'y avait pas de fils qui ne fût sous le soupçon du parricide, et tous les chefs de famille parlaient de vivre sans manger, dans la crainte des œufs à la tripe.

J'étais donc, à seize ans, sous le coup de ces inconcevables préventions, et c'est dans cette aimable disposition des esprits, que d'après les sollicitations de mon père, et sur son ultimatum, le conseil de famille s'assembla, sans qu'on m'entendît: on me laissa, je le déclare, tout le plaisir de la surprise. Je fus accusé, jugé, condamné par tous mes grands-parents, hors un, le marquis de M.... [2], mon cousin germain, qui avait alors la cornette

---

1. Il n'y avait pas de Dauphin à cette époque. Le premier fils de Louis XVI est né seulement le 22 octobre 1781.

2. Charles-Jean, marquis *de Moges*, maréchal de camp, cornette au régiment de Colonel général cavalerie, épousa Mlle Hermine-Françoise d'Hariague, fille elle-même de M. Dominique d'Hariague et de Mlle de Salaberry, sœur de la comtesse de Pontgibaud. La fille du marquis de Moges épousa le prince de Broglie-Revel.

blanche. Et l'on ne dira pas que ce conseil de famille était composé comme celui de la fausse Agnès. C'était mon oncle le maître des Comptes, mon oncle le président de Salaberry, le marquis de R.... [1], brigadier des armées du roi, mon sage et respectable cousin M. Th.... [2], capitaine aux gardes. Je ne me rappelle plus quelles autres notabilités s'y trouvaient encore ; mais ma belle-tante, soufflant dans la coulisse, et l'autorité de l'indignation paternelle planèrent sur la délibération. Mon cousin le marquis de Moges, jeune militaire accoutumé aux conseils de guerre, mais sachant proportionner les peines aux délits, fut le seul qui refusa de signer aussi légèrement la réclusion, peut-être pour la vie, d'un enfant de seize ans. Je dois à tous mes autres grands-parents la justice de reconnaître qu'ils en ont été bien fâchés après : ils me l'ont tous prouvé depuis, sauf ma belle-tante, qui ne m'en a jamais rien dit, et à qui je ne l'ai pas demandé. Devant Dieu soit son âme !

Il n'en est pas moins vrai que, par les soins de tous mes bons parents, dont chacun eût été au désespoir de faire tort ou injustice à qui que ce fût, voici l'ordre royal dont je fus l'objet et la victime.

« 1er février 1775.

« Le sieur chevalier de Pontgibaud, *d'un caractère vio-*
« *lent et farouche, qui ne veut s'adonner à aucun genre*
« *d'occupation*, sera conduit à Saint-Lazare aux dépens
« de son père. »

Mais en marge de l'ordre royal, j'ai vu sur le registre

---

1. Albert-Marie, marquis de *Romé de Vernouillet* (1730-1793), brigadier des armées du Roi, lieutenant des maréchaux de France, gouverneur de Rouen et de la citadelle de Château-Porcien. Guillotiné pendant la Terreur.

2. Le marquis de *Thomé*, maréchal des camps et armées du Roi, capitaine aux gardes-françaises, marié à Marie-Henriette Le Clerc de Grandmaison, mourut à Paris le 5 septembre 1805.

aux archives : « *Transféré à Pierre-en-Cize, le 19 février 1775 !* » Il est vrai que la lettre de cachet, vu la date, dut être signée *La Vrillière* [1]; car son successeur immédiat, M. de Malesherbes, certes, eût refusé d'y apposer le sceau de son nom.

Où étiez-vous, justice des hommes ! Sagesse des pères de famille ! Cri de la nature ! Voix du sang ! Et pourtant, je l'atteste en toute vérité, mes parents, placés dans les rangs élevés de la société, étaient tous les plus honnêtes gens du monde, pleins d'aménité, de loyauté et de bonté : il m'est pourtant bien permis de dire, sauf envers moi, sauf ce jour-là. Funeste effet de la prévention ! Ayez donc pour juges des gens de bien : ils se trompent comme d'autres ; ils ne frappent pas toujours juste ; mais ils frappent toujours fort.

En attendant, vous voyez que, sur la seule accusation d'avoir, à seize ans, *un caractère violent et farouche, et de ne vouloir m'adonner à aucun genre d'occupation*, je me trouvai, le 19 février 1775, sur la route de Paris à Lyon, ou, pour parler plus nettement, sur la route de Pierre-en-Cize. L'enfant avait à ses côtés sa bonne, c'est-à-dire un exempt de maréchaussée, et la douce perspective de rester enfermé peut-être pendant toute sa vie.

---

1. Louis *Phelipeaux*, vicomte de Saint-Florentin, duc de La Vrillière (1705-1777), secrétaire d'État (1725), ministre de la maison du Roi (1749), ministre d'État (1761), chargé par intérim des affaires étrangères, en remplacement de Choiseul (1770-1771); obligé de résigner ses fonctions (juillet 1775).

CHAPITRE II

Séjour de dix-huit mois. — Projet d'évasion. — Exécution. — Sortie en plein jour et à main armée. — Hospitalité d'un négociant de Lyon. — Arrivée en Auvergne. — Pacte de famille. — Départ pour l'armée dite des « insurgens d'Amérique. »

Je sais que tout le monde a lu ces vers de Boileau :

> Un auteur, quelquefois trop plein de son sujet,
> Jamais sans l'épuiser n'abandonne un objet ;
> S'il rencontre un palais, il m'en dépeint la face ;
> Il me promène après de terrasse en terrasse :
> Ici s'offre un perron, là règne un corridor.... [1].

Il est pourtant indispensable, pour l'intelligence et dans l'intérêt de mon récit, que j'entre un peu dans le genre descriptif au sujet du château de Pierre-en-Cize, ma nouvelle demeure à bail emphytéotique, ou plutôt à terme indéfini, car je n'y étais pas de mon consentement. Il faut donc que je donne des détails sur les localités.

On lit dans Piganiol de la Force (voyez sa *Description de la France*) : « Pierre-en-Cize, ou Pierre-Scise, château « de France et prison d'État, proche de la Saône, vis-à-vis « de Lyon. Il y a dans ce château un capitaine entretenu, « une compagnie de trente hommes d'infanterie, un lieu- « tenant et un sergent [2]. »

---

1. *Art poétique.*
2. Voir Appendice I.

Voilà tout ce que pouvait dire de Pierre-en-Cize un historien, un voyageur ou un poète à qui il n'était pas donné de le voir de trop près. Pour en bien parler, il faut ce qui s'appelle y avoir été, y avoir été domicilié, y avoir été enfin prisonnier d'État, et, sous ce rapport, personne ne m'enviera l'avantage d'avoir été favorisé pour connaître les êtres.

Le château de Pierre-en-Cize était la maison de plaisance des archevêques de Lyon : aussi le séjour en lui-même, quant à la vue, n'offrait rien de sinistre et d'attristant. Ce n'était pas le château de Lourdes, entouré de pics nébuleux, placé comme un cyprès au milieu d'une nature bouleversée où l'on croirait que les Titans viennent de combattre ; ce n'était pas le mont Saint-Michel, d'où vous voyez, la moitié de l'année, à six heures d'intervalle, les vagues de la mer battre les murs de votre prison ; les tempêtes sont à vos pieds, et l'écho des naufrages retentit dans les cachots. Sans prévention, je conviendrai que, pour la vue, Pierre-en-Cize est infiniment plus agréable ; mais il n'y a pas de belle prison, et, tout considéré, l'aspect même des prairies, des moissons, des forêts, des troupeaux, des hommes qui vont et viennent librement, ce délicieux tableau, quand on est sous les verrous, n'est qu'un supplice de plus.

Voici, de ma façon et d'après mes propres yeux, la description de Pierre-en-Cize, topographie et pittoresque, à l'intérieur et à l'extérieur ; on peut l'accepter de confiance. Je peux dire : *J'ai vu.*

Le château est situé sur le quai de la Saône, en entrant à Lyon par le faubourg de Vaise : il est sur un rocher élevé et escarpé ; on y monte par des marches taillées dans le roc. A la porte d'entrée se trouvait un corps de garde composé alors d'une compagnie franche du régiment de Lyonnais, en partie vétérans ; mais néanmoins d'un bon nombre de jeunes soldats admis par faveur. Ainsi nulle combinaison d'évasion n'était possible sur ce point : les prisonniers n'avaient d'ailleurs la permission de se promener que dans une partie de la cour : le factionnaire les eût arrêtés s'ils avaient dépassé les limites, un gros marronnier que je vois encore.

Le château est un bâtiment carré, ayant à l'angle qui se trouve vers le nord-ouest une très grosse tour au fond de la cour à droite. Toutes les murailles sont fort élevées ; la partie du château qui regarde le faubourg de Vaise est au nord-est, et n'est accessible que par une route pratiquée dans la montagne pour y faire arriver les provisions, comme bois, vin et autres denrées nécessaires, le tout à dos de mulets ; aussi y avait-il de ce côté des portes d'entrée : mais, lorsqu'il s'agissait d'introduire ces sortes d'objets, la garde entière prenait les armes et se divisait moitié en dehors, moitié en dedans des portes, momentanément ouvertes. D'après ces observations, je me formai une idée de la nature du terrain sur le côté extérieur du château qui m'était inconnu, puisque j'étais arrivé par celui qui domine la Saône, jugé impraticable pour une évasion, ainsi que je l'ai dit plus haut.

Après avoir gravi le roc, on me fit traverser la cour en question : je me trouvai au pied de la grosse tour dont j'ai déjà précisé l'emplacement. On me fit monter par son escalier tournant, sur une galerie en bois, et je fus enfermé dans la chambre n° 1, attenante à la tour même, de telle sorte que son demi-cercle en occupait une partie. Je rencontrai dans cet agréable domicile le mobilier obligé : un mauvais grabat, accolé au mur demi-circulaire de la tour, une chaise, une table et la grande cruche d'eau de rigueur ; le jour me venait de la cour intérieure, par une

fenêtre bien grillée, et donnant sur la galerie. Telle était la disposition des lieux et tels étaient les obstacles qu'ils offraient à surmonter pour en sortir ; mais je n'eus pas plus tôt mis le pied dans la tour intérieure que je pris la résolution de tout entreprendre pour m'évader, et cela le plus tôt que je pourrais. Les combinaisons, la patience, le travail, la hardiesse de mon évasion en plein jour et à main armée, m'ont rendu ce qui s'appelle célèbre dans l'histoire de Pierre-en-Cize : le château a été détruit en 1791 révolutionnairement [1] ; mais il est de fait que depuis 1777 jusqu'à la démolition de cette forteresse, si l'on avait demandé à un jeune prisonnier, ainsi qu'au grand Condé : « Voulez-vous l'*Imitation de Jésus-Christ,* » il aurait répondu, non pas comme le prince : « Ouvrez-moi l'Imitation de M. de Beaufort ; » mais : « Donnez-moi l'Imitation de Pontgibaud. » Tout est relatif, et pour un prisonnier de dix-huit ans, vous allez voir s'il n'y a pas de quoi se vanter.

Un disciple de Vauban ne fait pas plus de calculs et d'observations pour entrer dans une place forte, que je n'en fis pour sortir de la mienne. Je me dis d'abord : « Ce château est accessible sur le point où je l'habite, je dois donc percer le coin de mur attenant à la tour ; la construction n'est pas du même temps. Si le revêtement est en pierres de taille, en pierres dures, le milieu doit être en moellons, et mon angle de muraille ne se lie point à la tour, qui est ronde : il ne faut donc que du temps et de la patience ; on en aura. »

Le prisonnier qui m'avait précédé possédait le talent de la peinture, un vrai talent d'amateur, et de plus le talent de la botanique : il s'était amusé à peindre toutes sortes

---

1. La destruction du château est du 26 octobre 1793.

de fleurs sur les murs, et ce qui m'a été très favorable, il avait mis en bleu foncé tout le pourtour de notre appartement à deux pieds et demi de hauteur. Admirez d'ailleurs cette bizarrerie du hasard : mon prédécesseur, à un long intervalle, était M. Pecquet, un des plus proches parents de ma belle-tante : je ne dis pas qu'elle fut pour quelque chose dans cette incarcération-là, dont je n'ai jamais demandé ni su les motifs ; mais enfin, la position sociale des deux prisonniers donnait à mon domicile l'air d'une chambre de famille. L'achat d'une certaine quantité de papier bleu de ce papier qui enveloppe la poudre à friser, entra donc dans mes préparatifs ; car il fallait un mantelet au sapeur. Avant tout, il me manquait de l'argent. L'argent est le nerf de la guerre, a dit Trivulce ; il est le nerf de toutes les grandes entreprises, et certes, il n'y en avait pas de plus grande à mes yeux que celle qui absorbait toutes mes pensées. Virgile a dit :

..... *Quid non mortalia pectora cogis,*
Auri sacra fames ?.... [1]

S'il avait été à ma place, il aurait dit avec moi : « *sacra fames libertatis.* »

Je recevais cinquante francs par mois pour suppléer à ma mauvaise nourriture, et pour louer des livres. Je trouvai moyen d'augmenter ce pécule : le jour je copiais de la musique. Les Amphions de Lyon ont eu des partitions de ma main, et j'ai eu de leur argent : ils sont sans le savoir mes libérateurs de compte à demi. Je me procurais du carton, dont je fis des volets à ma fenêtre, parce qu'à dix heures du soir le factionnaire nous ordonnait d'éteindre nos lumières ; j'achetai sous divers prétextes

1. *Énéide*, III, 56-57.

de petits couteaux, et comme nous avions du bois pour l'hiver, je fabriquai avec les maîtres brins de mes fagots de courts leviers destinés à démolir le mur, sans le plus petit bruit, en les plaçant entre les pierres. Je me procurai enfin, par l'intermédiaire de ma blanchisseuse, des balles, de la poudre et un pistolet à deux coups. Fiez-vous aux femmes, vous ne vous en repentirez pas. Si elles consentent à vous servir, elles ne vous trahiront jamais ; elles garderont votre secret comme elles gardent le leur. Il n'en est pas toujours de même des hommes. Si on me cite la mère de Papirius Prétextatus, je citerai Épicharis, et en fait d'hommes, ma bonne blanchisseuse fut plus discrète que Turenne.

Je n'eus donc plus qu'à mettre la main à l'œuvre. L'angle du mur et de la tour était caché par mon lit. Je travaillai en arche de pont, ayant bien soin de ne pas dépasser la hauteur de la peinture bleue ; mon papier de même couleur recouvrait et masquait mon chemin de sape : je travaillais quatre heures par nuit. J'avais le soin de bien balayer, et de reposer mon papier bleu devant ma porte de salut. Quant aux décombres, je les mettais soigneusement dans des mouchoirs, et j'allais les jeter, le plus facilement du monde, dans les lieux d'aisances à l'usage des prisonniers. Ces lieux étaient situés au bas de l'escalier intérieur de la tour. Je demeurais au n° 1, et vu la grande proximité, je pouvais y descendre vingt fois par jour, sans être remarqué ; enfin, par un autre hasard, cette espèce de puits était d'une singulière profondeur.

Une circonstance facilita beaucoup mon travail ; le mur se trouva, comme je l'avais espéré, désuni de la tour d'environ deux ou trois pouces, et, dans toute cette démolition de neuf à dix pieds d'épaisseur, je n'ai trouvé qu'une très grosse pierre : elle fut l'objet d'une profonde affliction et d'un long conseil avec moi-même. Cette énorme pierre me présentait un angle aigu ; je l'attaquai sans confiance par la circonvallation. Jugez de ma joie lorsque je sentis qu'elle branlait sous mes faibles leviers comme une dent ; j'eus le bonheur de la déchausser, et de la sortir enfin de mon petit chemin de taupe ; je ne songeai pas à la briser ou à la diviser ; je la cachai tout entière dans ma paillasse ; on la retrouva plus tard : elle a figuré dans le procès-verbal de mon évasion ; mais pendant mon opération, elle n'en a pas rendu mon lit meilleur. Le début avait été difficile, parce que neuf à dix pouces de plâtre m'empêchaient de reconnaître la vraie position des pierres qu'il fallait attaquer avec ménagement pour ne pas dépasser la peinture bleue. Je creusai, je creusai de manière qu'en entrant ventre à terre je pouvais retirer mes jambes, et m'asseoir au milieu de mon trou comme un garçon tailleur. Je travaillais, éclairé tant bien que mal par des pots de pommade que j'avais convertis en lampions, en y mettant du suif et une mèche.

La solution de continuité du mur avec la tour commençait à me permettre de respirer l'air extérieur, ce qui était un grand soulagement pour moi. Je calculais que j'avais près de quatre pieds encore à démolir ; j'étais à moitié de mon travail, lorsque, sur les onze heures ou minuit, j'entends une voix prononçant ces mots terribles : « Papa, regarde donc, une lumière aux pieds de la tour du « château. » C'était un enfant, le fils du jardinier. Mes sens se glacèrent, je mis la main sur ma petite lampe, j'en fus quitte pour me brûler ferme et pour la peur : le bonhomme crut que son fils s'était trompé, et cet incident, qui devait me perdre, n'eut aucune suite.

Mon travail est achevé, et il ne m'a coûté de temps que quarante-cinq nuits. Que de réflexions m'arrivent en foule ! Ce mur de dix pieds d'épaisseur n'est plus pour moi qu'une cloison de quelques pouces : d'un coup de pied, d'un coup d'épaule je vais renverser la faible barrière qui me sépare de la société, de la liberté !.... Mais que deviendrai-je ? Je suis dénué de tout ; je n'ai pas six francs dans ma poche.... Sortirai-je seul ? N'est-il pas plus honorable de donner la liberté à tous mes compagnons d'infortune aussi bien qu'à moi ! Ils doivent tous être innocents, ils le disent. Quelle obligation ils m'auront toute leur vie ! et de plus, si nous sommes attaqués, nous serons en force pour nous défendre.

Je m'arrête à cette noble idée.... Mais je ne veux rien dire d'avance.... car si j'étais trahi !....

Je suspendis tout travail le lendemain, et au moment où l'on nous faisait rentrer pour nous renfermer dans nos chambres, je dis à cinq d'entre eux de venir au n° 1, à l'instant où l'on ouvrirait leurs portes, que je leur communiquerais un projet d'évasion certain.

Je ne pouvais pas les faire sauver la nuit : il aurait fallu percer tous les murs de communication d'une chambre à l'autre, avec toutes les chances d'être découverts ou trahis. Le régime de la prison favorisait mon autre calcul.

On nous ouvrait à sept heures précises du matin, et l'on apportait les vivres à dix heures ; il y avait donc trois heures pendant lesquelles personne ne s'occupait de nous.

La nuit qui précéda l'évasion, il me fut impossible de fermer l'œil ; j'attendais l'heure indiquée avec tant d'inquiétude, avec tant d'impatience !.... Je l'avouerai même, plusieurs fois il me vint la pensée de me sauver seul ; mais je sus y résister. La brèche ouverte, j'ignorais de quelle hauteur j'aurais à descendre ; je coupai donc, dans la nuit, et mes draps et mon linge pour me faire une corde au besoin.

Enfin l'heure sonne : les verrous s'ouvrent ; le geôlier me souhaite le bonjour comme à l'ordinaire. Mes cinq camarades entrent : l'un d'entre eux me dit d'un ton moqueur : « Eh bien ! voyons ce beau projet. » Je leur dis : « Le projet, il est là dans cet angle, derrière ce mur qui « est de papier ; dépêchons-nous. — Est-il possible ? » s'écrient-ils. — « Il a trouvé ce trou tout fait ; il n'est « pas fini.... la belle avance ! — Il n'est pas fini.... il va l'être d'un seul coup ; qui m'aime me suive. » Nous attachons mes draps aux pieds de mon lit : je prends le bout de ce cordage de mon invention et j'entre dans l'étroit passage. J'étais en veste de nankin ; j'avais dans une poche six cartouches, un pistolet à deux coups et un fort couteau à ressort. Je ne saurais peindre mon émotion. L'espérance, la crainte, m'agitaient d'un tremblement nerveux universel. Derrière moi on me criait : « Dépêchez-vous. » En peu d'instants je fis écrouler la muraille, devenue une mince cloison de pierres ; mais la fente était si étroite que mon épaule se trouva engagée deux ou trois minutes.... c'étaient deux ou trois siècles pour mon impatience, car il n'y avait pas un moment à perdre. Au bruit de l'éboulement, le jardinier, qui travaillait dans le bas, court à sa petite maison adossée au château, sonne la cloche d'alarme : la garde sort et va prendre position sur le seul point par lequel j'étais obligé de passer, car il me fallut huit à dix minutes pour descendre du pied de la tour ; j'allais donc me trouver entre la garde et les portes du château.

Un seul prisonnier, M. de L., osa me suivre : les autres reculèrent à la vue du danger ; mais le camarade n'était armé que d'un manche à balai pointu par les deux bouts.... Le tocsin sonne ;.... toutes les croisées donnant sur ce côté se remplissent de monde. Le major du château [1]

---

1. C'était à cette époque M. Le Mire, chevalier de Saint-Louis.

arrive jambes nues et en caleçon; il crie : « Chargez les armes ! » Il m'ordonne de rentrer, et me menace de faire tirer sur moi.... Pour toute réponse, je lui présente mon pistolet, et lui ordonne de rentrer lui-même. Monsieur le major se sauve en criant : « Feu sur ces scélérats ! » Ici, je vois encore le vieux sergent, qui était de ma connaissance, me prier, son fusil en joue et tremblant dans ses mains, de vouloir bien rentrer. Je n'en tins compte : nous étions à quinze pas les uns des autres.... Je m'avance avec résolution ;.... dix ou douze coups de fusil partent en même temps ;.... je réponds par un seul, et je me précipite en fureur au milieu d'eux : j'entends de toutes parts : « Bravo ! bravo ! » et des applaudissements aux fenêtres. Je suis assailli de coups de crosse, de bourrades, qui ont marqué longtemps sur mes côtes ; ma veste, mes cheveux me sont arrachés.... De L., mon pauvre camarade, est renversé blessé, après avoir crevé l'œil d'un des soldats, et coupé le doigt d'un autre avec ses dents ; tous se jettent sur lui.... Je suis sauvé ! « *Incidit in Scyllam* » : je me trouve sur un chemin assez étroit, entre deux murailles; je n'osais les franchir, étant poursuivi de près par les plus jeunes de la troupe, qui criaient derrière moi : « Arrête ! arrête ! » Je présentais mon arme à tout ce qui voulait s'opposer à mon passage; et, ainsi, je reçus plus de révérences et de coups de chapeau que je n'en ai et n'en aurai reçu dans toute ma vie. Mais ce chemin, souvent tortueux, avait près d'un quart de lieue, à ce qu'il m'a semblé. N'entendant plus crier : « Arrête ! arrête ! » je prends le temps de me reposer un moment, et de recharger mon pistolet, lorsque tout à coup apparaissent, à dix pas de moi, quatre de ces soldats qui me poursuivaient pour gagner la récompense. J'étais adossé à la muraille : ils s'arrêtent tout court : « Eh bien ! monsieur, me dit l'un

« d'eux, vous voilà repris, vous ne pouvez pas aller plus
« loin ; vous avez fait une belle action en voulant faire
« sauver les autres ; il ne leur a manqué que d'être aussi
« braves que vous : vous auriez réussi : mais ce sont des
« poltrons. Rentrez, monsieur, vous ne risquez rien, vos
« parents vous feront sortir. Au surplus, vous n'avez
« blessé personne, vous : les deux nôtres l'ont été par le
« marquis de La.... » J'écoutai tranquillement jusqu'au
bout, parce que j'avais besoin de reprendre haleine ; je ne
tardai pas à répondre : « Retirez-vous ; ce n'est point à
« vous que j'en veux ; mais apprenez qu'il n'y a pas de
« puissance humaine capable de m'arrêter vivant ; vous
« êtes quatre, je réponds d'en tuer deux. » Et je leur présentai d'une main mon pistolet, et mon couteau de l'autre.
Ils se regardèrent et me dirent : « Adieu, vous êtes un
brave ; bon voyage et bonne chance. » Et ils se retirèrent.

Je m'éloignai sans savoir où j'allais précisément. Le son
du tocsin, le bruit de la fusillade, les cent voix de la renommée qui avaient articulé dans tout le faubourg de Vaise
les noms de prisonnier et d'évasion ; la nouvelle plus ou
moins vague de cette alerte avait devancé mes pas, ma
fuite, ma course ; je voyais les femmes aux portes, aux
fenêtres, disant, sans le savoir : « Qu'est-ce que c'est ?
« Entrez, monsieur, entrez à la maison, nous vous sau-
« verons. » Je n'avais garde de m'arrêter, j'étais trop près
du terrible donjon, je n'en courais que mieux ; mais ces
voix de femme m'allaient à l'âme : sans les regarder je les
trouvais toutes charmantes ; elles me plaignaient, elles
voulaient secourir un malheureux ! Marcellines, Suzannes,
ou comtesses Almaviva, je les voyais des yeux du cœur ;
je les aurais embrassées toutes...., mais je n'avais pas le
temps.

Les habitations ne se touchaient plus du côté où j'allais,

sans savoir où; et, toujours marchant, toujours courant, je me trouvai près d'un petit bois taillis très fourré; je m'y jetai comme dans un asile; son enceinte renfermait quelques toises de pré : mon premier besoin fut de m'étendre sur l'herbe et de prendre quelque repos.

Un profond silence régnait autour de moi : je jouissais délicieusement du plaisir de respirer cet air si pur, cet air libre si nouveau pour moi. Au milieu de toutes mes pensées, une idée dominante était une certaine idée d'orgueil : je me disais que cet événement ferait du bruit, appellerait l'intérêt sur moi, et serait peut-être utile à mon avenir dans la carrière des armes; mais toutes mes réflexions me ramenèrent à ma situation du moment. Que vais-je devenir ?.... Je ne savais pas où j'étais; je n'avais pour vêtement qu'une mauvaise veste de nankin, déchirée dans le combat, point de chapeau sur ma tête; mes jambes étaient abîmées par les ronces au milieu desquelles j'avais sauté en bas de la tour, et qui hérissaient le chemin en glacis qu'il m'avait fallu traverser avant d'arriver au champ de bataille. Tout ce désordre de ma personne, ces lambeaux ensanglantés me donnaient l'apparence d'un misérable qui vient de faire un mauvais coup. Mon bon ange me fit apercevoir une maison bourgeoise à peu de distance, et en même temps un particulier qui se promenait assez près pour me laisser supposer qu'il en était le propriétaire. Il pouvait être neuf heures du matin, et comme nous étions au mois de juillet, il commençait à faire très chaud. Je me décide sur-le-champ, et je vais à la rencontre de mon inconnu, qui se trouve, par bonheur pour moi, le plus brave homme du monde, M. Bontems, négociant, rue Mercière, à Lyon : j'ai été assez heureux pour reconnaître depuis le service qu'il m'a rendu. Il ne m'aperçut que quand je me trouvai à huit ou dix pas de lui. Il avait une belle figure, beaucoup de couleurs : à mon aspect inattendu, le pauvre homme devint d'une pâleur mortelle, tout tremblant, les yeux fixés sur la crosse de mon pistolet, qui sortait de ma poche : il demeura immobile sans pouvoir proférer une parole.

« De grâce, mon bon monsieur, lui dis-je, rassurez-vous ; écoutez-moi : oubliez un instant l'horrible état dans lequel vous me voyez : je suis le plus heureux des hommes, je viens de conquérir ma liberté ; ce tocsin qui sonne là-haut, et que vous entendez distinctement, il sonne à cause de moi ; je sors de Pierre-en-Cize ; mon corps doit être noir comme celui d'un nègre des coups que j'ai reçus dans mon combat contre la garde du château. Cette habitation est sans doute à vous ; donnez-moi asile jusqu'à la nuit ; je suis exténué de fatigue et de besoin ; je vous remettrais sur-le-champ l'arme qui vous effraye, si je ne craignais encore d'être surpris sans moyens de défense ; et si vous avez l'humanité de me recevoir, faites-moi entrer par quelque issue où je ne sois aperçu par personne de votre maison. »

Ma confiance et mes paroles touchèrent cet excellent homme ; il m'indiqua un passage par son jardin, et je pénétrai chez lui sans être vu de qui que ce fût. M. Bontems m'introduisit dans une pièce du rez-de-chaussée, où se trouvait sa bonne vieille mère. Elle ne parut pas effrayée comme son fils ; mais elle se mit à pleurer au récit de mon aventure. On m'apporta des rafraîchissements : j'en avais grand besoin.

Mon hôte, pendant ce temps, avait eu la précaution très naturelle d'envoyer à Lyon et aux environs du château savoir la cause du tocsin ; les rapports furent conformes : il n'y avait même qu'une voix sur l'intérêt que l'on prenait à moi, comme ayant failli être victime de ma générosité pour les autres prisonniers. Alors, M. Bontems, parfaitement rassuré, me fit toutes les offres possibles de service; il voulait me cacher chez lui : je n'acceptai pas ce dernier acte de bonté; je le priai seulement de me donner quelques vêtements et un chapeau, de me procurer un cheval et un guide, pour que je pusse partir cette nuit même par la vieille route de Lyon, qui n'était pas fréquentée, et par laquelle je n'avais que trente lieues à faire pour retrouver la maison de mon père. M. Bontems me procura ce que je demandais, ainsi que tout l'argent nécessaire, et je vous laisse à penser avec quelle effusion nous échangeâmes nos adieux, sans oublier sa bonne mère.

Je quittai ce toit hospitalier, et je m'acheminai vers Clermont.

L'avenir était devant moi; je ne retournai pas la tête; j'aurais vu ce château maudit, dont le souvenir me faisait frissonner; car un retour de la pensée sur un danger passé fait plus d'impression que la présence du danger même. Excepté quelques inquiétudes vagues, dont je ne pus me défendre, je fis paisiblement la route; mais je réfléchis que mon père n'étant pas préparé à ma première vue, je courais, indépendamment d'autres risques, celui de lui causer un saisissement dangereux, vu son grand âge, et j'aurais été inconsolable de ce malheur. Je crus prudent de m'arrêter chez un ami de ma famille, qui demeurait à deux lieues de Pontgibaud. Le jour de mon arrivée au château d'A.... [1], il y avait un monde fou. Mon aventure n'était connue de personne encore en Auvergne; assurément on ne m'attendait pas, et je tombai des nues; car on

---

1. Allagnat. Ce château, situé près de la route de Clermont-Ferrand au Mont-Dore, appartenait alors à la famille Jouvenceau d'Allagnat.

savait que j'étais à Pierre-en-Cize, et que mon pauvre père commençait de temps en temps à demander pourquoi.

Ce fut un vrai coup de théâtre; les domestiques, cette seconde famille chez nos parents et nos amis dans les provinces éloignées, m'entourèrent, et j'arrivai au milieu d'eux dans le salon. Il était rempli, je ne savais à qui répondre : hommes, femmes, jeunes et vieux ; les uns riaient de mon accoutrement, quelques voisines pleuraient à mon récit; tout le monde y prenait intérêt : cela faisait tableau ; j'offrais le pendant de Télémaque racontant ses aventures dans la grotte de Calypso, avec cette différence qu'il n'y avait rien de fabuleux dans mon histoire. Les voisins, les voisines, les maîtres, les valets, avaient tous les larmes aux yeux : à cette époque les cœurs n'étaient pas encore endurcis par l'habitude de voir ou d'éprouver des malheurs; plus tard toute la France l'apprit à l'école de la Révolution.

On m'approuva d'avoir eu la prévoyance de ne pas me présenter chez mon père sans qu'il fût prévenu : le maître de la maison se chargea de ce soin. La plus riante perspective s'ouvrit pour moi dans la même soirée. J'appris qu'il y avait guerre entre l'Angleterre et ses colonies continentales d'Amérique. J'appris que M. le marquis de La F.... [1], qui était de notre province, faisait déjà parler de

---

[1]. Gilbert Mottier, marquis *de La Fayette* (1757-1834). A dix-neuf ans, malgré sa famille, courut en Amérique soutenir les insurgés. La part courageuse qu'il prit à la guerre de l'Indépendance lui valut une grande réputation. Membre de la Chambre des notables (1787), il se mit dans les rangs des plus ardents novateurs. Député aux États généraux (1789), commandant général de la garde nationale de Paris après le 14 juillet. D'abord entouré d'une popularité extraordinaire, il fut repoussé par tous les partis. Il abandonna l'armée qu'il commandait sur la frontière. Les Autrichiens le mirent en prison (1792-1797). Rentré en France après le 18 brumaire, vécut tout l'Empire dans un silence absolu. A la première Restauration, se rallia aux Bourbons, et aux Cent-jours, à Napoléon. Après Waterloo, il proposa sa déchéance. Député (1818-1824), fut un des chefs du parti libéral. Membre de la « Haute

lui; on me dit que je ferais fort bien d'aller servir sous ses ordres. Je saisis cette idée avec enthousiasme, et mon plénipotentiaire partit pour aller négocier auprès de mon père.

M. d'Allagnat se présenta, conduisit son récit par gradation, et amena son vieil ami à être parfaitement au fait de mon aventure dans ses plus petits détails. Il y a souvent quelque chose de jovial dans les affaires les plus graves : c'est ainsi que le vieillard, auteur de mes jours, écouta avec beaucoup de flegme la relation de mon entreprise et de son succès presque invraisemblable. Avec le plus beau sang-froid du monde, il ne fut sans doute frappé que de la différence de caractère et de tempérament qu'il y avait entre mon frère, *l'homme de mérite*, et moi, *le mauvais sujet;* et se rappelant alors le temps où lui-même était mousquetaire, il dit en souriant : « Ah! le gaillard ! Eh bien, mon ami, voyez ce que c'est : je suppose que j'eusse fait enfermer l'aîné au lieu du cadet, le frère aîné y serait resté. »

La paix fut conclue, tous les articles furent accordés, sauf l'entrevue, à laquelle mon père se refusa; mais ce fut par un tout autre motif que celui de la colère, qui était singulièrement calmée. Mon père était un vieux militaire qui connaissait les ordonnances; il fit observer que j'avais tiré sur les troupes du roi, qu'il pourrait en résulter des poursuites, et qu'il ne voulait point avoir le désagrément de voir la maréchaussée entrer dans son château pour faire des visites à mon sujet.

Vente, » encouragea toutes les conspirations sans s'y compromettre. En 1825, il fit, en Amérique, un voyage triomphal. De nouveau député (1827), siégea à l'extrême gauche. A la révolution de 1830, prit le commandement de la garde nationale, aida Louis-Philippe à monter sur le trône. Après le procès des ministres, se plaça dans l'opposition. Avide d'une popularité qu'il obtint, il fut constamment inférieur à tous les rôles qu'il prétendit jouer

Il fut décidé que je partirais pour l'Amérique du nord, que mon père me paierait une pension de cent louis, et que deux mille écus me seraient comptés au port où je m'embarquerais.

Je partis de suite pour La Rochelle, et j'y fus recommandé à M. Seigneur, commissaire d'artillerie.

Il avait semblé que je trouverais facilement un passage : je fus néanmoins obligé d'aller le chercher à Nantes. Cependant, deux jours après mon arrivée à La Rochelle, l'ordre de me faire arrêter fut reçu par l'officier général qui commandait : c'était alors M. le baron de M.... [1]. Que de remerciements ne lui dois-je pas ! Il eut l'extrême bonté de faire prévenir M. Seigneur ; il voulut me voir, et me combla de marques d'intérêt.

Je partis donc pour Nantes avec une lettre de recommandation de M. Seigneur pour M. de la Ville-Hélio, commissaire-ordonnateur [2]. Je me souviendrai toujours de l'accueil obligeant que je reçus de ce dernier. Il eut la bonté d'entrer dans tous les détails de ma position ; me donna d'excellents conseils sur l'emploi de mes fonds, sur le moyen de les augmenter par le choix de marchandises propres au pays où je me rendais ; enfin il me procura à très bon marché le passage sur le vaisseau de *l'Arc-en-Ciel*, armé par MM. Minier et Struckman, et me recommanda au capitaine de ce navire. Me voilà embarqué pour le Nouveau Monde.

1. Baron de Montmorency.
2. L'*État militaire de la France* pour l'année 1777 porte, à Nantes, comme commissaire des guerres M. Blanchard et nul autre.

CHAPITRE III

Naufrage dans la baie de Chesapeake.— Williamsbourg. — M. Jefferson. — Aspect du pays de Williamsbourg au camp de Walley-Forges. — Tableau de l'armée américaine. — Accueil que je reçois de M. le marquis de La Fayette. — Je suis fait aide de camp. — Ma mission auprès des sauvages Oneïdas. — Idées que les Américains avaient des Français. — Camp de Walley-Forges. — Le chien du général Howe. — Fausse sortie de l'armée anglaise de Philadelphie sur New-York. — Passage de la Skulkilt et retour. — Du chirurgien de notre ambulance. — Évacuation de Philadelphie. — Déroute de Rareton-Rivers. — Bataille et victoire de Monmouth. — Blocus de New-York. — Trahison d'Arnold. — Prise, jugement et mort du jeune major André. — Du comte de Carlisle et du marquis de La Fayette. — Le comte d'Estaing devant New-York. — Attaque de Newport en Rhode-Island, sous le général Sullivan. — Je suis chargé du ravitaillement de la station française. — Levée du siège de Newport. — Notre départ pour la France sur la frégate *l'Alliance.* — Une tempête et ses remarquables circonstances. — Conspiration à bord. — Prise d'un corsaire anglais. — Arrivée à Brest.

Notre traversée fut de soixante-sept jours et très pénible. Nous fûmes assaillis par une tempête à la hauteur des Bermudes, et des corsaires anglais nous donnèrent fréquemment la chasse. Nous arrivâmes enfin à la vue des caps Charles et Henry, à l'entrée de la baie de Chesapeake [1].

Le jour était sur son déclin ; le bâtiment mit en travers pour entrer le lendemain : nous avions bon vent, vent arrière ; nous attendîmes vainement des pilotes. Dans la

---

1. Septembre 1777. — Baie de Chesapeake, entre le Maryland et la Virginie, où se jette le Potomac.

crainte d'être pris, le capitaine se détermina à entrer dans la baie, qui est fort large. La destination du navire était pour Baltimore; il nous fallait entrer dans la rivière James, et nous mîmes le cap sur ce point. Le ciel était couvert, on ne voyait pas à cent toises. En peu d'instants, le temps se lève, le soleil paraît, et nous nous trouvons à deux portées de canon de l'*Isis*, vaisseau de soixante-quatre, qui était mouillé à l'embouchure de la rivière. Nous pouvions nous sauver en échouant à la côte; l'*Isis* ne pouvait venir à nous à cause du vent contraire. Le capitaine perd la tête, ne donne aucun ordre, laisse arriver l'*Arc-en-Ciel* à portée du canon de l'*Isis* et vient s'échouer dans ses eaux, assez près de la terre. L'Anglais, ne doutant plus de notre qualité d'ennemis, fait feu sur notre bâtiment.

Des pirates de la côte accourent sur des embarcations pour nous piller; alors commence le désordre le plus affreux. Ces loups de mer, presque tous nègres ou mulâtres, au nombre d'environ soixante, à ce qu'il m'a semblé, montent à bord sous prétexte de nous sauver. Ils ne s'occupent qu'à piller, ils enfoncent les tonneaux d'eau-de-vie et de vin; ils n'étaient pas encore entrés dans la chambre du capitaine, que la plupart de ces voleurs étaient déjà ivres. Je remarquai qu'ils avaient attaché leurs canots avec des cordages assez faibles; j'engageai un mousse et un de nos matelots à m'aider à porter sur le pont ma malle, qui renfermait ma pacotille, hélas! toute ma fortune! et mes autres effets; nous les jetâmes dans un des canots de ces Lestrigons occupés à boire et à piller, nous coupâmes le faible cordage qui l'amarrait, et en peu de temps nous fûmes à terre.

Les boulets sifflaient, mais au-dessus de nos têtes, et nous étions sauvés : je croyais du moins l'être avec toutes mes ressources. Assis sur ma malle, les pieds sur la grève, sur la terre d'Amérique, enfin, je fus spectateur de la destruction totale de notre bâtiment, et en peu d'heures. Nous ne savions que faire, où aller ; nous ignorions de quel côté étaient les habitations. Nous ne parlions pas la langue, nous n'apercevions pas un habitant. Nous voyons arriver plusieurs barques de pillards, chargés de butin pris sur le navire ; quelques matelots des nôtres étaient avec eux. Leur chef envoie chercher ses charrettes à la ville voisine, à Hampton ; il y fait entasser tout ce qu'ils ont mis à terre, sans en excepter ma malle et tout ce qui m'appartenait. J'entends seulement les mots de : *Public magazine*, ce qui me rassurait un peu, et je crus comprendre que, quand tous les passagers seraient rassemblés, il serait permis à chacun de reconnaître et de prendre sa propriété.

Après trois jours d'attente, tous nos naufragés se réunirent, à l'exception de deux tués, de quelques noyés, et les portes du *public magazine* s'ouvrirent pour nous. Mes yeux, pleins de joie, revoyaient avec le plus tendre intérêt ma malle qui renfermait toutes mes richesses, ma malle dont j'avais la clef dans ma poche. Je m'approche.... Que vois-je, hélas !...., Le cadenas enlevé !...., la serrure forcée, et au lieu de ces belles pièces de toile de Hollande, sur lesquelles j'étais certain de faire tant de bénéfice, je trouve les pavois du bâtiment, des pierriers et des lambeaux de voiles !....

On peut se faire une idée de ma consternation. Me voilà à mille lieues de mon pays, sans autres effets que les vêtements que j'avais sur le corps, sans autres ressources que neuf à dix louis qui se trouvaient dans ma bourse.

Fatigué et affaibli par une aussi longue traversée et par de si rudes secousses, je pris du repos pendant un jour ou deux ; mais ne voulant pas consommer mon peu d'argent dans l'auberge d'Hampton, je me mis en route pour l'armée, et afin de prendre langue, je me dirigeai sur Williamsbourg, capitale de la Virginie, à huit ou dix lieues du point de départ.

Une fois à l'armée, j'étais bien assuré que ce ne serait pas de faim que je courrais risque de mourir; mais il y avait loin d'ici au camp; mais j'ignorais à cinquante lieues près où était le quartier général. Il devait y avoir des forêts à traverser; je ne savais pas ce que je rencontrerais, si ce seraient des ours, des panthères ou des serpents à sonnettes. J'avais cette perspective-là dans l'esprit, sur la foi des voyages que j'avais lus dans ma prison. Je prévoyais, à vue de pays, que je coucherais souvent à la belle étoile, ce qui, au mois de novembre, n'est ni sûr ni agréable dans aucune partie du monde aussi éloignée de l'équateur; je m'attendais également à ne pas dîner tous les jours. Au milieu de toutes ces réflexions, j'avançais, sans aucune incommodité du côté de mes bagages, par ce qu'on appelle une route, c'est-à-dire un sentier frayé, et j'arrivai à Williamsbourg.

Là, je trouvai déjà quelques Français, car il y en a partout. On me communiqua des cartes du pays : je me fis un itinéraire. J'appris que la principale armée, où se trouvait M. le marquis de La Fayette, était campée à Walley-Forges, à trois lieues de Philadelphie : c'était loin pour un fantassin. Je racontai les circonstances de mon naufrage sur la côte, à la baie de Chesapeake; et comme les conseils ne coûtent rien, tout le monde m'en donna : on me conseilla de me plaindre du pillage de mes effets à M. Jefferson [1], alors gouverneur de la Virginie.

---

1. Thomas *Jefferson* (1743-1826). Homme d'État américain, avocat dans la Virginie, gouverneur de la Virginie (1779-1781). Envoyé en Europe après la paix; ambassadeur en France (1786-1789). Vice-président de l'Union, il était

D'après mon début dans l'ancien monde, et tout récemment dans le nouveau, je n'avais pas de prisme devant les yeux en regardant les objets, et ce fut pour l'acquit de ma conscience que je me rendis chez M. le gouverneur, accompagné d'un interprète. Je trouvai M. Jefferson informé de notre malheur; il me reçut fort bien, me plaignit beaucoup, me témoigna un véritable regret de ce que, dans un temps de trouble comme le moment où nous étions, il lui était impossible de me faire rendre la justice qui m'était due. Il ordonna devant moi à son secrétaire de me donner un certificat. Cette pièce curieuse était en anglais; je ne savais ni le parler ni le lire; je lus la pancarte depuis. M. le gouverneur terminait son passeport en me recommandant à la bienfaisance des passants!....

Quel jeu de la fortune! A dix-neuf ans, échappé de Pierre-en-Cize; deux mois après, naufragé à mille lieues de ma patrie, dépouillé de tout sur une terre hospitalière par des gens que je viens aider à conquérir leur liberté; je me rends à pied à leur grande armée, porteur d'un brevet de mendiant en cas de besoin sur ma route! Heureusement, le peu d'argent que j'avais me suffit, et je ne fus pas dans le cas de profiter de l'avantage du charitable verbe : *To assist*, glissé à mon insu au bas du passeport.

De Williamsbourg au camp de Walley-Forges, près Philadelphie, il n'y a pas moins de 80 lieues. Il ne faut pas croire que j'aie souffert au delà de toutes forces humaines. Il y avait de la boue à recueillir, je m'y attendais; le temps n'était pas toujours serein, il pleuvait souvent; aux mois de novembre et décembre, il pleut même en

---

en divergence d'idées politiques avec Washington. Deux fois président de l'Union (1801-1809). C'est pendant son gouvernement que la Louisiane fut achetée à la France (1803). Il mourut dans la gêne.

France. Au milieu de tous ces désagréments dont j'entrevoyais le terme, l'idée d'être libre m'encourageait, me consolait par comparaison ; joignez-y la force et la santé de l'âge que j'avais. On ne s'étonnera donc pas qu'un spectacle tout nouveau pour moi fît presque à chaque pas une heureuse diversion chez moi aux idées tristes.

Ma vue était égayée par la quantité d'oiseaux, inconnus en France, dont j'admirais la richesse et la variété de plumage ; et dans les forêts presque continues à travers lesquelles le chemin passait, je ne pouvais pas me lasser de regarder en riant des milliers de petits écureuils qui sautaient de branche en branche, d'arbre en arbre, autour de moi. Ils avaient l'air d'accompagner la marche triomphale d'un jeune guerrier qui allait à la gloire. Je croyais voir une entrée de ballet à l'Opéra. Il est certain qu'avec leurs sauts, avec leurs jeux, ces innombrables petits danseurs, si lestes, si adroits, m'ont retardé malgré moi dans ma route ; je m'amusais réellement à les regarder ; je voyageais comme M. Muzard. Voilà comme on est à dix-huit ans : tout au moment présent.

Je cheminais, ayant pour tout mobilier une seule chemise ; j'avais dans ma poche une bouteille clissée que je faisais remplir de *gin* quand j'en trouvais, et dans l'autre de mauvais pain de maïs, cinq louis dans ma bourse et le passeport signé Jefferson.

Du sable et des forêts, des forêts et du sable, ce fut ce que je trouvai depuis Williamsbourg jusqu'au camp de Walley-Forges. Je ne me rappelle pas ce que je mis de journées à faire à pied ce pénible chemin. Mal nourri, marchant mal par conséquent, j'ai passé au moins six nuits sous des arbres, faute de rencontrer des habitations ; et ne sachant pas la langue, j'ai dû faire plus d'une fois fausse route, ce qui était autant de temps et de pas perdus.

Enfin, j'arrivai au camp de Walley-Forges vers les premiers jours de novembre.

L'armée américaine était à trois ou quatre lieues de l'armée anglaise, qui occupait Philadelphie et vérifiait la prophétie du docteur Franklin.

Cet homme célèbre, cet ambassadeur, *qui s'amusait des sciences* [1]. puisqu'il les fit si adroitement tourner au profit de son ambassade, dit, quand on vint lui faire à Passy des compliments de condoléance sur la prise de Philadelphie : « Vous vous trompez ; l'armée anglaise n'a « pas pris Philadelphie ; c'est Philadelphie qui a pris l'ar-« mée anglaise. » L'habile et madré vieillard avait raison. La capitale de la Pensylvanie était déjà pour les Anglais ce que Capoue fut en peu de mois pour les soldats d'Annibal. Les Américains, les insurgens, ainsi qu'on les appelait, campaient à Walley-Forges ; les officiers anglais se livraient dans la ville à tous les plaisirs ; c'étaient des bals continuels. Leurs troupes s'amollirent, et leurs généraux n'entreprirent rien pendant tout l'hiver.

Dès que mes yeux aperçurent le camp, mon imagination me représenta une armée, des uniformes, tout l'appareil brillant des armes, des étendards, enfin la pompe militaire sous tous ses aspects. Au lieu de cet imposant spectacle auquel je m'attendais, je vis épars ou réunis des miliciens

---

[1]. On parlait devant Casanova de Rubens, qui avait été envoyé en ambassade ; un représentant diplomatique d'un petit prince d'Allemagne dit : « Ce Rubens était donc un ambassadeur qui s'amusait de la peinture ? — « Non, monsieur, reprit Casanova, c'était un peintre qui s'amusait de l'am-« bassade. » Ce qui prouve qu'en retournant la phrase d'un sot, un homme d'esprit en fait tout de suite quelque chose. Mon oncle, le président de Salaberry, était élevé aux Jésuites ; le Père Ferrier, préfet, disait à ses élèves : « Car voyez-vous, mes petits amis, on ne reçoit dans notre Compa-« gnie que des gens de qualité ou des hommes de génie. — Diable, dit « mon oncle, qui avait quatorze ans, mon Révérend Père, vous êtes donc de « bien bonne maison ! » *(Note de M. de Moré.)*

mal vêtus, la plupart sans souliers, un grand nombre mal armés, mais tous assez bien pourvus de vivres, et je remarquai que le thé et le sucre faisaient partie de leur ration ; je ne savais pas que ce fût l'usage, mais je riais en pensant à nos racoleurs du quai de la Ferraille, qui disaient à Paris aux blancs-becs qu'ils engageaient : « On « est très bien au régiment; seulement, quand il n'y aura « pas de pain de munition, il faudra vous résoudre à « manger de la brioche. » Ici, le soldat avait donc du thé et du sucre. En traversant le camp, je vis, par un autre contraste, des militaires, le chapeau sur la tête et pardessus un bonnet de coton, ayant, les uns pour manteaux, les autres pour surtouts, des couvertures de grosse laine absolument semblables à celles des malades dans nos hôpitaux en France. Je reconnus un peu plus tard que c'étaient des officiers et des généraux.

Tel était, dans l'exacte vérité, à l'époque où je fis mon apparition au milieu d'eux, tel était le costume et l'extérieur de cette population armée dont le chef était l'homme qui rendit sitôt illustre le nom de Washington [1]; tels étaient ces colons de toutes les classes, guerriers sans le savoir, qui apprirent en peu d'années à vaincre les plus belles troupes de la monarchie britannique; tel était le dénuement de l'armée des insurgens; tel était enfin, dans ces faibles commencements de la guerre de l'Indépendance, le manque d'arge͏̈ ͏̈t les faibles ressources de ce gouvernement aujourd'hui si riche, si puissant, si prospère, que son papier, appelé *continental paper money*,

---

1. George *Washington*, le fondateur de la République des États-Unis (1732-1799). Avait servi contre les Français dans l'armée anglaise, au Canada. Mis à la tête du soulèvement américain de 1774, demeura généralissime pendant toutes les guerres de l'Indépendance. Élu président en 1789, se démit du pouvoir en 1797.

était presque de nulle valeur et comparable à nos assignats en 1795.

Ce fut l'esprit frappé de ces impressions, qui répondaient mal aux illusions que je m'étais faites, ce fut au travers de cette singulière armée que j'arrivai au quartier général de M. le marquis de La Fayette.

Ce jeune général n'avait, je crois, que vingt ou vingt et un ans. Je me présentai à lui et lui racontai avec franchise mon histoire tout entière ; il m'écouta avec bienveillance, me reçut, sur ma demande, comme volontaire. Il écrivit en France. Il ne tarda pas longtemps à recevoir la confirmation de tout ce que je lui avais dit, et m'admit au rang de ses aides de camp avec le brevet de major, et de ce moment il ne cessa de me combler de bontés et de marques de confiance.

Le marquis de La Fayette me présenta comme aide de camp au général en chef. C'était un de ces beaux exemplaires de la nature qui imposent à la première vue confiance et respect, et réunissent tous les avantages extérieurs qui donnent la vocation du commandement : une haute stature, une figure superbe, de la douceur dans le regard, de l'aménité dans le langage, de la simplicité dans le geste et dans l'expression, une habitude calme et ferme qui mettait toutes ces conditions dans la plus parfaite harmonie. C'était Washington que je voyais et que j'entendais. Ce général, que ses talents et le succès rendirent depuis si célèbre, commençait le rôle historique qu'il a si glorieusement rempli d'années en années, militairement, civilement, politiquement ; mais je ne veux parler ici que du général. Il était entouré de ses officiers, qui, pour la plupart, faisaient comme moi leur première campagne, et dont plusieurs allaient recevoir d'un instinct guerrier et de l'amour de la liberté la science infuse en même temps que la gloire. Plusieurs d'entre eux étaient loin de se croire appelés à de belliqueuses destinées. Je vis autour du général en chef, Gates [1], le vainqueur de Saragota; c'était, deux ans avant, un bon et gros fermier, petit et d'une cinquantaine d'années : voilà l'homme simple qui, sans s'en douter, appartenait déjà à l'histoire; voilà le laboureur devenu soldat qui, son bonnet de laine sur la tête surmonté d'un chapeau de fermier, venait de recevoir l'épée du brillant général Burgoyne [2] en grande tenue et l'habit chamarré des ordres d'Angleterre. Près de lui était Arnold, aussi brave que traître, resté pour la vie boiteux d'un coup de feu qu'il avait reçu à Saragota en partageant les périls et la gloire du général Gates. Quelques mois avant d'être un capitaine en réputation dans l'armée, le général Arnold [3] n'était autre chose qu'un maquignon. Le général Lee [4] était militaire avant la guerre de l'Indépendance. Le général Sullivan [5]

---

1. Horace *Gates*, officier anglais qui se fixa en Amérique et s'y fit naturaliser. Lors de la guerre de l'Indépendance, il commanda un corps d'armée et obligea le général Burgoyne à capituler à Saragota (17 octobre 1777); victoire qui eut un grand effet moral, car elle détermina la France à soutenir les Américains. Après des revers, Gates fut disgracié. Il mourut en 1806.

2. John *Burgoyne*, général anglais qui montra, en Amérique, de l'audace et de la présomption. Ses railleries envenimèrent la querelle; il fut battu et, revenu en Angleterre, s'occupa de travaux littéraires. Il était membre du Parlement (1781).

3. *Arnold*, marchand américain qui devint général pendant la guerre. Échoua devant Québec. Vainqueur, avec Gates, du général Burgoyne. Gouverneur de Philadelphie. Accablé de dettes, accusé de péculat, il se vendit aux Anglais. Major général de leur armée, il dévasta le pays qu'il avait défendu. Après la paix, il vécut en Angleterre. Il mourut dans le mépris.

4. Charles *Lee*. Général anglais, abandonna son pays pour servir dans l'armée américaine. N'ayant pas obtenu le commandement en chef, se retira du service. Mourut misérablement (1782).

5. John *Sullivan* (1741-1795). Général américain; guerroya au Canada. Fut accusé de malversations. Membre du Congrès (1788).

était homme de loi ; à la paix il reprit, non pas sa charrue, mais son cabinet. Le colonel Hamilton [1], l'ami de Washington, quand la guerre fut finie, se fit avocat et plaida à Philadelphie. Le général Starck était un propriétaire qui faisait valoir. Le brave général Knox [2], qui tenait une librairie avant l'insurrection, commandait l'artillerie. Sous lui servait le jeune Duplessis-Mauduit [3], âgé d'environ vingt-six ans, brave officier dont je parlerai souvent, et qui périt à Saint-Domingue, indignement assassiné par ses propres soldats.

Je vis aussi arriver au quartier général, qui, par parenthèse, était dans un moulin, le colonel Armand [4], commandant un corps de troupes légères. Ce jeune Français, ayant alors vingt-quatre ans, continuait sa vie, qui, comme la mienne, devait être si aventureuse, et qui avait été orageuse dès le début. Officier aux gardes-françaises, neveu du marquis de la Belinaie, amant désespéré de

1. Alexandre *Hamilton* (1757-1804). Prit part très jeune à la guerre. Député de New-York au Congrès (1787). Colonel. Ministre des finances (1789-1795). Général (1798). Tué en duel par le colonel Burr, vice-président des État-Unis.

2. Henri *Knox* (1750-1806). Général américain de valeur et de courage. Secrétaire de la guerre (1785-1795). Rentra alors dans la vie privée.

3. Thomas-Antoine, chevalier de *Mauduit-Duplessis* (1753-1791). Officier d'artillerie qui servit sous Rochambeau avec une rare distinction. Après la prise de New-York, chevalier de Saint-Louis et de Cincinnatus. Colonel à Port-au-Prince, s'opposa avec énergie aux soulèvements révolutionnaires. Périt assassiné par des émeutiers,

4. C'était le nom de guerre qu'avait pris en Amérique le marquis Charles-Armand *Tuffin de la Roueric* (1756-1793). Sa jeunesse fut orageuse, et s'il a eu une intrigue, comme le dit M. de Moré, avec Mlle Beaumesnil, il en eut une autre non moins fameuse avec Mlle Fleury, pour qui il se battit en duel avec le comte de Bourbon-Busset. Député, en 1787, de la noblesse bretonne, pour la défense des privilèges de la province, il fut mis à la Bastille. C'est lui qui organisa la première résistance royaliste de Bretagne, avec l'approbation du comte d'Artois, dès la fin de 1791. Il mourut, fou de douleur, à la nouvelle de l'exécution de Louis XVI. Ses papiers, découverts après sa mort, sur l'indication d'un traître, conduisirent à l'échafaud plusieurs de ses partisans.

Mlle Beaumesnil, de l'Opéra [1], il s'était d'abord jeté à la Trappe et en était sorti pour aller chercher des dangers auprès du général Washington ; il y avait déjà trouvé de la gloire sous le nom du colonel Armand, et c'est ainsi que le célèbre marquis de la Rouarie (*sic*) se faisait déjà connaître [2].

Enfin, je vis là, pour la première fois, M. Du P...., qui commandait le génie, et qui, depuis, fut ministre de la guerre pour la monarchie et pour le roi Louis XVI, au commencement de la Révolution [3].

Au milieu de tous ces officiers, de nations et d'habitudes si différentes, je demandais quel était le personnage imposant devant lequel tous s'inclinaient par sentiment et par devoir ; je demandais qui était le général Washington lui-même. Il pouvait avoir quarante ans ; il avait servi dans les troupes anglaises, et c'était le même major Washington qui commandait, en 1754, le fort de la Nécessité, lorsque M. de Jumonville [4], officier français, parle-

---

1. Mlle *Beaumesnil* (1748-1803). Tout à la fois comédienne, chanteuse, danseuse à l'Opéra.

2. Armand, marquis de la Rouarie (*sic*), organisa l'insurrection royaliste de toute la Bretagne. Assuré, après le 10 août, que *l'insurrection pouvait être le plus saint des devoirs*, lorsqu'elle se faisait pour les amis de Dieu et du Roi, il avait donné l'ordre de prendre les armes au mois de mars 1793, six semaines après le 21 janvier. Dénoncé, signalé, poursuivi, objet unique des terreurs de la Convention et de ses agents, telle était l'activité et la hardiesse de ce célèbre chef de parti, qu'au milieu de tant d'ennemis, tout à l'exécution de son plan gigantesque, il demeura six mois à Rennes, toujours en action, jour et nuit sur pied, déguisé en mendiant estropié et un emplâtre sur l'œil ; aucun regard ennemi ne le sut découvrir. Malheureusement, épuisé de fatigues, consterné de l'assassinat du roi, il tomba malade et mourut d'une fièvre ardente, avant que sa conspiration éclatât et bien avant l'époque du soulèvement général. *(Note de M. de Moré.)*

3. Louis *Le Bègue de Presles du Portail*. Suivit La Fayette en Amérique ; prit du service à Naples ; maréchal de camp en France (1788) ; ministre de la guerre (16 novembre 1790-6 décembre 1791). Accusé de modérantisme, décrété d'accusation, se tint caché à Paris pendant la Terreur, passa aux États-Unis et mourut en mer en rentrant en France, où Bonaparte le rappelait (1802).

4. M. *de Jumonville* était un officier français qui servait sur les confins

mentaire, fut assassiné par le plus déplorable accident. Il est plus que constant, dans la tradition du pays, que M. de Jumonville fut tué par la faute, par l'erreur, par le fait propre d'un soldat qui tira sur lui, soit qu'il le crût ou qu'il ne le crût point parlementaire ; mais je répète qu'il est constant, dans la tradition du pays, que le commandant du fort ne donna pas l'ordre de tirer ; et la garantie la plus irrécusable est le caractère de douceur, de magnanimité et de bonté du général Washington, qui ne s'est jamais démenti au milieu de toutes les chances de la guerre, au milieu de toutes les épreuves de la bonne ou de la mauvaise fortune. M. Thomas [1] a trouvé plus poétique et plus national de présenter ce malheureux événement sous un jour odieux pour l'officier anglais. Le nom du major Washington serait resté obscurément dans l'histoire, taché d'un indigne soupçon ; personne n'avait intérêt à le détruire ; mais toute preuve justificative serait une injure faite à un des plus beaux et des plus nobles caractères connus, et tous les soupçons doivent tomber devant le nom, les vertus et la gloire du général Washington : l'assassin de Jumonville n'eût jamais été un grand homme.

George Washington, à l'époque de l'insurrection, était un riche propriétaire de la Virginie ; aussi avait-il amené à l'armée un grand nombre de superbes chevaux. Vêtu de l'uniforme le plus simple, sans la moindre marque distinctive du commandement, il donnait beaucoup aux soldats,

---

de la Virginie, lors de nos différents avec l'Angleterre au Canada. Envoyé, le 29 mai 1754, en plénipotentiaire, il fut tué par un poste anglais que commandait le colonel Washington (le futur président des États-Unis). Sa mort fut qualifiée d'assassinat, et elle paraît bien avoir eu ce caractère. Elle fut l'objet d'un poème de Thomas, en 1759.

1. Antoine-Léonard *Thomas* (1732-1785). Littérateur français, membre de l'Académie. Il publia un grand nombre d'*Éloges* : celui de Sully, du maréchal de Saxe, de Duguay-Trouin, de Descartes, etc. ; des poésies et un *Essai sur les femmes*.

dont il était chéri; mais il donnait aux dépens de son patrimoine, car il ne recevait ni ne voulait recevoir aucun émolument du gouvernement.

Je dois dire, à la louange incontestable de M. le marquis de La Fayette, qu'à l'exemple du général en chef, il faisait de très grandes dépenses, achetant de son argent tout ce qui se présentait de propre à l'habillement, l'équipement, l'armement des troupes ; aussi cette guerre lui a coûté des sommes immenses; et certes, on ne le soupçonnera pas d'un autre intérêt que le noble mobile de la gloire, car les chances du remboursement n'étaient pas probables. Assurément, tout était pur dans ses généreux sacrifices, qu'on ne peut expliquer que par le prestige de la liberté ou l'esprit chevaleresque, qui vivra toujours en France : l'enthousiasme et l'amour des périls, quelque gloire, étaient le seul dédommagement. Le plaisir de commander, de faire la guerre, de se distinguer, furent sans doute de quelque poids dans la balance : il est raisonnable de calculer, mais il y a honneur et mérite à calculer noblement. Enfin, à cette époque où la guerre d'Amérique n'offrait encore que dangers obscurs, privations, fatigues, difficultés de toute espèce, M. le marquis de La Fayette est le seul de tous les jeunes seigneurs de la cour de France qui ait eu la pensée et le courage de quitter les plaisirs et les palais, pour aller à dix-huit cents lieues spéculer sur la gloire sans profit [1].

Encore, le général Washington n'offrait-il pas tous les jours des occasions d'en acquérir ; il n'entrait pas dans ses combinaisons de succès de s'engager légèrement. Il attendait tout du temps et des fautes de l'ennemi qu'il

---

[1]. Il débarqua à Georgetown, le 13 juin 1777; avant lui, MM. de Kermoran (avril 1776); de Boisbertrand (juillet 1776); de Coudray (janvier 1777); de la Rouerie (avril 1777), étaient partis offrir leur épée aux Américains.

avait à combattre, à miner, à détruire; c'était son étude journalière que la temporisation armée, et c'est à juste titre qu'il a été surnommé le Fabius de l'Amérique, surnom que l'événement a consacré.

Les Anglais, occupés de plaisirs à Philadelphie, nous laissèrent passer l'hiver assez tranquillement; ils ne parlaient qu'en plaisantant du camp de Walley-Forges; on n'aurait pas cru que nous étions presque en présence, si nous n'avions pas reçu une visite de bon voisinage. Nous étions à table au quartier général, c'est-à-dire dans le moulin, d'ailleurs assez *confortable*, dont j'ai parlé, lorsqu'un superbe chien de chasse, égaré, vint nous demander à dîner; sur son collier étaient écrits ces mots : *The general Howe*. C'était le chien du commandant de l'armée anglaise. On le renvoya à son maître par un parlementaire; le général fut très sensible à cette attention et répondit une lettre fort aimable à notre général, son ennemi.

On se souvient dans quel piteux état j'étais arrivé au camp. M. le marquis de la Fayette eut l'extrême bonté de me procurer les moyens d'acheter des chevaux et un équipement convenables.

Vers le milieu du mois de janvier, dans le projet d'opérer une diversion en attaquant le Canada, où nous avions des intelligences et où se trouvaient peu de troupes contre nous, M. le marquis de La Fayette partit pour prendre le commandement de celles qui étaient dans les environs d'Albany [1].

Nous fîmes ce voyage en traîneaux sur la rivière du Nord avec une grande célérité, mais par un froid impie.

---

1. Fort sur la rivière de ce nom, à l'endroit où elle se jette dans la baie d'Hudson, au Canada.

Un de nos compagnons de route était ce brave Duplessis-Mauduit, qui devait commander notre artillerie. Mais avant de tenter l'expédition, on crut prudent de s'assurer l'alliance des nations sauvages qui habitent entre le Canada et la Nouvelle-Angleterre.

Après quelques jours de repos dans la ville d'Albany, nous nous portâmes sur Monk-River et jusqu'à l'habitation du sieur Johnston, la plus rapprochée des huttes des diverses tribus connues sous les noms de Tuscaroros, Oneïdas, etc. [1]. Nous nous étions pourvus des présents d'usage, pour nous concilier leur amitié; c'est le cas de dire que les petits présents l'entretiennent. Nos dons, qu'on trouva magnifiques, consistaient en couvertures de laine, en petits miroirs, et surtout en couleurs, que les sauvages estiment beaucoup, parce qu'ils s'en servent pour se peindre le visage; c'était encore de la poudre à tirer, du plomb, des balles, quelques écus de six francs, qu'ils recherchent parce qu'ils portent l'effigie du roi de France, que, par tradition, ces sauvages appellent encore leur grand-père.

Ils se rendirent au nombre de deux mille environ, hommes et femmes, au lieu du rendez-vous indiqué : par la vertu de nos présents et de *l'eau de feu* qu'on leur distribua, le traité se conclut très facilement. J'étais très curieux d'observer les usages et la manière de vivre de ces peuplades dont la vue était toute nouvelle pour moi. J'en eus assez au bout de quelques jours : le mendiant de l'Europe me parut moins dégoûtant que le sauvage de l'Amérique. Au reste, n'importe par quelle cause, on a remarqué que leur population diminue sensiblement.

Nous rencontrâmes, parmi eux, un vieux soldat de l'ar-

---

1. Peuplades des bords du lac Ontario.

mée du marquis de Montcalm [1]. Cet homme s'était fait sauvage ; il avait presque oublié le français, il vivait comme eux ; seulement il n'avait jamais voulu se laisser découper les oreilles, ce qui est le signe des guerriers. Nous quittâmes ces tribus également satisfaits les uns des autres. Le projet d'attaque sur le Canada fut ajourné par des motifs que j'ai ignorés, et nous retournâmes au camp de Walley-Forges.

J'ai cependant observé que, même en traitant avec les enfants de la nature, on avait réciproquement reconnu que la méfiance était la mère de la sûreté ; car nous emmenâmes cinquante jeunes guerriers pour répondre de l'exécution du traité en temps et lieu, et l'un des nôtres resta en otage : ce ne fut pas moi.

Plus tard j'ai vu des sauvages venir au milieu de notre armée ; je remarquerai donc ici deux singulières occasions qu'ils m'ont fournies de les observer. Un jour nous étions à dîner au quartier général : un sauvage entra dans la salle, fit le tour de la table, et, regardant une énorme pièce de roast-beef tremblante et bouillante, qui était au milieu, il allongea son grand bras tatoué, saisit le morceau tout brûlant en y enfonçant ses quatre doigts et le pouce, puis s'en alla le manger à la porte. Nous étions tous étonnés ; le général Washington ordonna qu'on le laissât sortir, disant en riant que c'était apparemment l'heure de manger pour ce Mucius Scévola du Nouveau Monde.

Une autre fois, un chef s'avisa d'entrer pendant que nos généraux tenaient conseil. Washington, qui était grand et très fort, se leva froidement et mit le sauvage à la porte

1. Marquis *de Montcalm de Saint-Véran* (1712-1759). D'une ancienne famille du Rouergue. Commanda, comme maréchal de camp, les troupes françaises qui défendaient nos colonies de l'Amérique du Nord (1756). Il y montra un grand courage, et après des succès et des revers, fut tué sous les murs de Québec, en même temps que son adversaire, le général anglais Wolf.

par les épaules : l'homme des forêts ne s'en formalisa pas ; il en conclut seulement qu'on voulait lui dire par signe que ce n'était pas là sa place.

Dans une circonstance, on donna rendez-vous sur une savane à plusieurs chefs et à leurs guerriers qui habitaient à de grandes distances et de côtés différents. Ils avaient à traverser de vastes et épaisses forêts qui n'ont pas même de sentiers. Sans montres ni boussoles, ils se dirigent et trouvent leur route par des moyens à eux connus. Le fait est que le jour dit, à l'heure dite, nous entendîmes les chants, les cris qui annonçaient leur arrivée, et nous vîmes leurs différentes troupes, chacune de leur côté, déboucher presque simultanément.

Mais à notre retour, je fus bien étonné de l'idée que les Américains de la Nouvelle-Angleterre, de l'idée que nos hôtes enfin se faisaient des Français. Je descendais un jour de cheval chez un fermier dans la maison duquel mon logement était assigné ; à peine suis-je auprès de ce brave homme, qu'il me dit : « Je suis bien aise d'avoir un Français chez moi. » Je lui demande agréablement la raison de cette préférence. « Oh ! me dit-il, c'est que le barbier est loin de chez moi, et que vous me raserez. — Eh ! lui dis-je, je ne sais pas moi-même me raser, mais j'ai un domestique qui me rase ; il vous fera la barbe comme à moi. — C'est singulier, me dit cet homme, on nous avait assuré que tous les Français étaient barbiers et joueurs de violon. » Je n'ai, je crois, jamais ri de si bon cœur. Peu de moments après, mon hôte, voyant arriver avec mes rations une forte pièce de bœuf : « Comme vous êtes heureux, me dit-il, de venir manger du bœuf en Amérique. » Je l'assurai qu'on en mangeait en France, et d'excellent. « C'est impossible, me dit-il, si cela était, vous ne seriez pas si maigre. »

Telle était, à l'aurore de la liberté, la justesse et la hauteur des idées que possédaient, au sujet des Français, les habitants de la république des États-Unis; ce défaut de jugement venait de la rareté et de la difficulté de leurs relations avec les peuples de l'Europe; leurs communications se réduisaient, et encore pour Boston et Philadelphie, aux Anglais seulement : on était presque aussi arriéré sur les bords de la mer que dans l'intérieur du pays. Il y a eu plus d'un siècle de progrès faits en moins de vingt années. Aujourd'hui, à peine me croira-t-on quand j'affirmerai qu'un des nôtres ayant oublié, vers ce temps, dans le pays une paire de bottes fortes, elles frappèrent les Américains d'un tel étonnement, qu'ils les déposèrent, comme une merveille, au Musée de New-York : celui qui les a oubliées les retrouverait avec cette étiquette : *French boots*.

Nous étions de retour au camp de Walley-Forges vers le 15 mars [1] : l'ennemi était fort tranquille à Philadelphie, dansant et buvant à l'anglaise, en pleine sécurité. Nous n'avions pas de forces suffisantes pour tenter de le déloger; il nous fallait attendre le 15 avril, moment annoncé pour l'arrivée de nos recrues et de nos renforts. Nous restâmes donc dans l'inaction jusqu'à cette époque : la saison était encore très rigoureuse. Tel est le climat de ce pays, que souvent il n'y a pas de printemps : l'absence de la plus belle saison de l'année fait qu'on passe d'un hiver long et rude à des chaleurs insupportables, qui succèdent quelquefois sans gradations à un froid glacial. Les automnes, au contraire, se prolongent et sont fort beaux.

Le 15 mars [2], nos renforts étaient arrivés, et nos préparatifs faits pour ouvrir la campagne, lorsque nous apprîmes,

1. 1778.
2. Probablement pour le 15 mai.

avec autant d'étonnement que de plaisir, que l'armée anglaise avait reçu l'ordre d'évacuer Philadelphie, et de se porter sur New-York. Cependant elle était composée de troupes disciplinées; elle nous était supérieure en nombre, et couverte par des retranchements. Nous conjecturâmes que le cabinet de Londres avait probablement connaissance de l'armement de l'escadre du comte d'Estaing [1]. Quelle qu'en fût la cause, l'évacuation de Philadelphie commençait à s'opérer sur New-York, dont les Anglais étaient maîtres. Ils avaient une marche de trente lieues à faire, deux rivières à passer, la Delaware à Philadelphie, et avant d'arriver à New-York, la rivière du Nord : les mesures furent prises pour attaquer et inquiéter leur arrière-garde.

Le général Washington, disposé par bienveillance et par politique à offrir au marquis de la Fayette toutes les occasions de se distinguer, lui donna ordre de se porter, avec un fort détachement, au delà de la Skuilkitt sur la gauche de l'armée anglaise, afin que, le premier, il attaquât et entamât leur arrière-garde, si l'occasion se présentait. M. de la Fayette s'était déjà montré d'une manière brillante, et à la bataille de Brandywine [2] il avait reçu un coup de feu à une jambe. Nous partîmes vers minuit, nous passâmes dans le plus grand silence la Skuilkitt, et nous prîmes position dans un bois très rapproché de Philadelphie, afin de reconnaître l'ennemi au point du jour,

---

1. Charles-Henri, comte d'*Estaing du Saillans* (1729-1794). Colonel d'infanterie (1748); lieutenant général (1762); vice-amiral (1778); amiral (1792). Servit aux Indes contre les Anglais, fut leur prisonnier. Obtint des succès pendant la guerre d'Amérique. Grand d'Espagne (1783). Fit partie de l'Assemblée des notables. Bien qu'il eût assez facilement adopté les principes de la Révolution et montré, dans sa déposition lors du procès de Marie-Antoinette, peu de grandeur d'âme, il fut guillotiné.

2. 11 septembre 1777.

et de l'attaquer s'il se pouvait. Le gros de notre armée se tenait prêt à venir nous soutenir en moins de deux heures, à des signaux convenus.

Les Anglais, qui avaient des espions parmi nous, et dont la majeure partie des forces était encore dans la ville, furent avertis de notre projet; ils sortirent de leur côté, enlevèrent le poste, assez faible, que nous avions laissé au passage de la Skuilkitt, pour assurer notre retour, et marchèrent, espérant nous mettre ainsi entre deux feux. Notre petite armée et nous-mêmes nous ignorions le danger de notre position, et nous allions être pris dans un filet.

Il en arriva tout autrement. Nous prenions quelque repos, sommeillant au bivouac en attendant le jour. Heureusement un chirurgien avait appris, je ne sais comment, la contremarche nocturne des troupes sorties de Philadelphie pour nous couper la retraite et nous prendre à dos. Cet homme, peut-être dans l'intérêt de sa propre sûreté, avait couru les bords de la rivière, et avait trouvé un gué de trois à quatre pieds d'eau seulement. J'étais couché par terre, auprès de mon général qui dormait, lorsque l'Esculape, notre dieu sauveur, me réveilla, et chuchota à mon oreille cet avertissement si intéressant par la connaissance de ce gué dont nous ne nous doutions pas. M. de la Fayette se réveille au bruit de notre dialogue, demande et se fait répéter l'avis que le chirurgien venait de me donner, et il me fournit en ce moment la preuve du sang-froid le plus admirable, et de cette présence d'esprit si utile à la guerre dans un chef. Il dit tranquillement au chirurgien de retourner à son poste; mais dès qu'il fut parti, il me donna l'ordre de monter à cheval et d'aller voir par moi-même. Je n'allai pas très loin sans être assuré qu'Esculape disait vrai; j'avais vu une tête de colonne, et je revins à course de cheval. A la même minute la retraite est ordonnée aussi tranquillement que promptement, elle s'exécute de même, notre petite armée passe, dans le meilleur ordre, la Skuilkitt au gué révélé par le chirurgien. Nous nous trouvons en bataille sur la rive droite; nous avions fait les signaux convenus; tous nos soldats crurent que cette marche en avant et cette marche rétrograde appartenaient à un mouvement combiné d'avance. L'ennemi lui-même n'osa pas se présenter, craignant d'avoir été attiré dans un piège.

Ainsi notre expédition, qui ne parut à l'ennemi qu'un stratagème, et notre retraite qui fut fort belle, valurent à mon général les plus grands éloges, et de fait il les méritait, sans préjudice des remerciements que nous devions tous au chirurgien *moniteur*, qui trouvait si bien les gués au besoin; mais on ne parla pas de lui.

Peu de jours après, l'armée anglaise évacua sérieusement Philadelphie [1], nous la suivîmes presque à vue, et au passage de Ratoton-Rivers, le général Lee attaqua dans la matinée l'arrière-garde ennemie. Elle était forte de sept mille hommes; l'élite de l'armée, le régiment des gardes anglaises, s'y trouvait. Je fus présent à cette affaire où M. de la Lafayette était sous les ordres de Lee. Nous fûmes battus complètement; nos soldats prirent la fuite dans le plus beau désordre; nous ne pûmes jamais venir à bout de les rallier, ni de déterminer trente hommes à tenir; et, comme cela se pratique, le général qui commandait fut accusé de trahison. Voilà ma première bataille.

Cependant les fuyards se reformèrent derrière le gros de notre armée qu'ils rencontrèrent, tandis que les An-

---

[1]. Le 17 juin 1778.

glais se tenaient fiers de leur succès qui se bornait à une déroute partielle qu'ils nous avaient fait éprouver, et ils eurent l'imprudence de nous poursuivre avec les renforts qu'ils avaient tirés de leur avant-garde. Le général Washington les attendait, occupant une forte position, avec toutes nos troupes rangées en bataille.

Les Anglais avaient un ravin profond à franchir avant d'arriver jusqu'à nous : leur brave infanterie n'hésita pas, et marcha sur nous à la baïonnette ; elle fut écrasée par notre artillerie ; le superbe régiment des gardes perdit la moitié de ses hommes : son colonel fut blessé à mort.

Cette bataille, dite de Monmouth, du nom du village voisin, commença à dix heures du matin [1] ; la chaleur était si excessive que nous avons trouvé des soldats morts sans blessures. Je n'avais pas très bien vu le premier champ de bataille, parce qu'il s'en faut que nous en fussions restés maîtres ; mais celui de Monmouth, au milieu de l'orgueil et du plaisir de la victoire, frappa mon esprit de pénibles pensées, et je ne me reproche pas de n'avoir jamais compris l'insensibilité de l'homme qui disait à Eylau, au milieu de quatre-vingt mille cadavres de vainqueurs et de vaincus : « Quelle belle consommation d'hommes ! » Nous couchâmes sur le champ de bataille, au milieu des morts, qu'on n'avait pas eu le temps d'enterrer. La journée avait été si chaude de toute manière, que chacun avait besoin de repos.

L'armée anglaise fit sa retraite, vers minuit, dans le plus profond silence. Nous entrâmes dans le village vers les six heures du matin. L'ennemi avait abandonné quelques bagages et tous ses blessés ; ils étaient dans l'église et presque dans chaque maison : tous les secours possibles

---

[1]. 28 juin 1778.

leur furent prodigués. Je ne pus voir, sans être ému de compassion, de jeunes officiers du régiment des gardes anglaises qui venaient d'être amputés ; leur colonel, un des plus beaux hommes que j'aie vus de ma vie, âgé de soixante ans, de la figure la plus noble et la plus respectable, mourut de ses blessures, après vingt-quatre heures de souffrances.

Il n'y eut pas d'autres combats jusqu'à l'entrée des Anglais à New-York. Nous arrivâmes devant cette place presque en même temps qu'ils s'y renfermèrent, et nous prîmes position [1].

Le siège offrait les plus grandes difficultés : une escadre anglaise était mouillée dans le port ; la ville était défendue, d'un côté, par la rivière du Nord, de l'autre, par la rivière de l'Est ; toutes deux bien autrement larges que la Seine ou même la Loire. Il aurait fallu cent mille hommes pour entreprendre la moindre chose sur le point attaquable, et nous n'en avions pas plus de quinze mille. L'armée américaine resta donc en observation, se bornant à empêcher l'ennemi de faire des excursions dans le pays et d'enlever des vivres.

Pendant qu'on s'observait ainsi de part et d'autre, il s'ourdissait une trahison, dont le succès, qui n'a tenu presque à rien, pouvait avoir la plus désastreuse influence sur le salut de notre armée, et peut-être sur les destinées de la république naissante, dont les fondements sortaient de terre. Je veux parler du général Arnold, qui devait livrer aux Anglais le fort de Westpoint [2].

Westpoint, à une vingtaine de lieues de New-York, sur

---

1. 21 juillet 1778.
2. Ici, les souvenirs du comte de Moré le servent mal, au moins pour les dates : la trahison du général Arnold eut lieu au mois de septembre 1780, et le major André fut pendu le 2 octobre.

la rive droite de la rivière du Nord, était la place d'armes du gouvernement américain. C'était là que se gardait en réserve la grosse artillerie, et celle qui fut prise à la capitulation de Saratoga. Par la prévoyance du Congrès, les soins de M. Duportail et de M. de Gouvion [1], officiers envoyés de France, cette position avait été hérissée de fortifications propres à fermer le passage ; les éminences étaient couvertes de batteries, de redoutes formidables, dont les feux se croisaient sur plusieurs points de la rivière, qui était fermée, comme le port de Constantinople sous les empereurs grecs, par une chaîne dont chaque chaînon pesait plus de quatre cents livres.

Parmi les causes qui ont assuré la liberté et l'indépendance des États-Unis, peut-être ces fortifications inexpugnables doivent-elles être comptées pour beaucoup.

Les Anglais ne pouvaient pas espérer de s'emparer de vive force de Westpoint, puisque leurs vaisseaux n'auraient jamais pu en approcher sans s'exposer pendant plus de deux milles au feu foudroyant et croisé des rivages et des hauteurs voisines. Ils essayèrent d'y faire entrer le mulet chargé d'or du roi Philippe. L'occupation du fort de Westpoint permettait à l'ennemi de couper toutes nos communications avec les provinces du nord, d'où nous tirions beaucoup de vivres, et notamment des bœufs. La perte de cette place eût été pour nous le plus grand des malheurs, et aurait eu des suites incalculables : le général Arnold y commandait.

Un jeune officier, Français d'origine, adjudant de

---

[1]. Jean-Baptiste de Gouvion (1747-1792). Fit, comme capitaine du génie, la guerre d'Amérique. La Fayette le prit pour major général de la garde nationale de Paris (1789). Député à l'Assemblée législative (1791). Donna sa démission (1792) et rejoignit l'armée de La Fayette. Il fut tué sous les murs de Maubeuge.

l'armée anglaise, le major André, avait eu plusieurs occasions de venir au camp américain pour traiter d'échanges de prisonniers. Par hasard ou par calcul, il avait fait connaissance avec Arnold : ce général, d'une intrépidité rare, avait rendu de grands services, mais ne se trouvait apparemment pas récompensé au gré de ses désirs. Le major André le jugea mécontent et le trouva disposé à se laisser gagner ; l'accord fut conclu : on promit à Arnold beaucoup d'argent, et son même grade dans l'armée anglaise, avec les émoluments qui y étaient attachés : de son côté, il s'engagea à livrer le fort. L'ennemi devait arriver de nuit par la rivière, et il fut convenu qu'Arnold se laisserait surprendre.

Il restait sans doute quelques articles à régler entre eux, qui demandaient la présence du major, puisqu'il alla conférer avec le général. Il s'en retournait déguisé, et fut rencontré par trois de nos miliciens qui faisaient une patrouille hors de nos lignes : ils l'arrêtèrent et lui firent les questions d'usage. Le major, vêtu comme les gens du pays, fort mal monté, se donna pour cultivateur, et répondit d'abord froidement et avec simplicité; ces trois hommes, assez mal armés, puisqu'un d'eux n'avait pas de chien à son fusil, allaient se déterminer à le laisser passer, lorsqu'il eut l'imprudence de se plaindre de ce qu'on le retardait dans son voyage, et il y joignit la maladresse d'offrir de l'argent : il éveilla les soupçons. Il proposa alors qu'on le conduisît à Westpoint, déclarant qu'il ne demandait pas mieux ; mais, pour son malheur, un des miliciens fit observer qu'il y avait deux lieues à faire, tandis qu'à telle heure le général Washington devait repasser la rivière du Nord en revenant d'une conférence à Hartford, et qu'il n'y avait qu'une demi-lieue. Ce fut donc là, à Kingsferry, que les trois miliciens conduisirent leur prisonnier, sans savoir qui c'était, et ils attendirent à l'auberge le général en chef qui devait arriver.

Cependant Arnold, en homme prévoyant, avait fait suivre à distance le major par un propriétaire du pays, afin de s'assurer du succès de son voyage. Averti de l'événement par son émissaire, il se jeta sur une embarcation qu'il tenait prête au bas du fort; elle était montée par des matelots anglais déguisés, et il arriva bientôt à bord du *Vautour*, corvette anglaise, qui stationnait à deux portées de canon. Ainsi le malheureux major fut la seule victime de la trahison d'Arnold.

Tout ceci se passait à peu de distance de notre camp; la curiosité m'avait fait aller voir arriver nos généraux : je me trouvai sur le lieu de la scène et témoin par hasard de ce terrible drame. Le maître de l'auberge me dit que trois miliciens avaient arrêté un homme fort suspect, puisqu'il leur avait offert de l'argent pour le laisser aller; il me montra le lieu où on gardait l'inconnu : j'allai le voir et causer avec lui. Comme je n'avais jamais vu le major André, je supposai que l'homme à qui je parlais était peut-être un espion de l'ennemi : je ne fus pas le seul étonné un quart d'heure après.

Le général Washington arrive et son état-major avec lui : d'après ce qu'il entend, il donne ordre au colonel Hamilton d'aller interroger ce particulier, et de venir lui rendre compte. Je suivis le colonel; la salle basse était fort sombre; il commençait à faire brun; on apporte une lumière. Le colonel recule d'étonnement et d'émotion en reconnaissant du premier regard le malheureux major André. Il ne voit sous le vêtement aucun signe militaire : une veste d'uniforme sous son habit d'homme du pays aurait pu le sauver. Pénétré de douleur, il donne ordre aux miliciens de garder à vue le prisonnier : il court au général : « *C'est le major André !* » crie-t-il avec l'accent du désespoir. Le premier mot de Washington fut : « *Prenez cinquante chevaux ; amenez-moi Arnold mort ou vif.* » Et sur-le-champ il donne l'ordre que toute l'armée prenne les armes. Ce ne fut que le second de ses soins de faire fouiller le prisonnier : on trouva sur lui tout le plan arrêté ; la surprise du fort de Westpoint, l'attaque simultanée de notre armée. Dieu sait ce que devenait la cause des Américains si le complot avait réussi.

Le major fut conduit au camp sous une forte escorte ; il fallut le juger et le condamner : la moindre indulgence à son égard, dans les circonstances où on se trouvait, aurait causé un soulèvement dans l'armée.

Peu de coupables, dans l'histoire moderne, ont inspiré et mérité un intérêt plus général que cet infortuné jeune homme : officier distingué, plein de valeur et d'activité, d'une figure et d'un caractère aimables, âgé de vingt-six ans. Nous reçûmes une procession de parlementaires pour négocier sa délivrance, les généraux anglais vinrent en personne ; on offrit tout pour le sauver : une seule condition pouvait être acceptée : c'était de nous livrer Arnold. Les Anglais s'y refusèrent avec douleur ; ils n'y pouvaient pas consentir.

Le major André fut jugé et condamné à être pendu ; il n'obtint pas même d'être fusillé. Je puis attester qu'au sortir du conseil de guerre, tous nos généraux portaient sur leur visage les signes de la douleur la plus profonde ; le marquis de la Fayette avait les larmes aux yeux. Ce malheureux jeune homme marcha au supplice avec beaucoup de courage ; il disait hautement qu'il ne croyait pas avoir manqué à l'honneur pour s'être conduit comme il l'avait fait *contre des rebelles.*

Le sort inévitable du major André augmenta le mépris

et la haine que méritait le nom d'Arnold. Le traître reçut de la politique anglaise la récompense promise ; mais ils évitèrent de l'employer comme major général, vu l'animadversion des militaires contre lui, officiers ou soldats. Sa femme et ses enfants étaient en notre pouvoir et habitaient le pays. Il eut la bassesse de supposer qu'on voudrait rendre sa famille responsable de son crime. Il eut l'insolence d'écrire au général Washington, et de le menacer de mettre le pays à feu et sang, et surtout de faire incendier ses belles propriétés en Virginie, si l'on osait se venger de lui sur aucun des siens. Pour toute réponse le général en chef envoya prendre Mme Arnold et ses enfants, qui étaient sur leur habitation, et les fit conduire à Arnold avec tous les égards possibles; ce fut même, je crois, le colonel Hamilton qu'il chargea de cette commission, pour leur épargner, sous cette sauvegarde, jusqu'au moindre désagrément sur la route.

Aucun événement ne se passa pendant plusieurs semaines ; nous apprîmes seulement que le gouvernement anglais avait envoyé des commissaires à New-York pour traiter de la paix. Lord Carlisle [1], quoiqu'il fût fort jeune, se trouvait du nombre; il donna lieu à un scandale qui ne compromit que lui, et dont le ridicule lui resta. Milord se permit de faire insérer dans les journaux qu'on recevait à New-York la nouvelle que le marquis de la Fayette avait été fort bien reçu à la cour de Saint-James peu de temps avant de passer en Amérique, et qu'il n'y avait que de l'ingratitude à lui d'être venu faire le Don Quichotte dans cette guerre d'insurgés contre leur souverain. Le marquis

---

1. Frédéric *Howard*, comte de *Carlisle* (1748-1825). Chef de la seconde députation anglaise envoyée par George III en Amérique (1778) pour tenter une conciliation avec les colonies révoltées. Vice-roi d'Irlande (1780-1782). Orateur brillant à la Chambre des pairs. Homme d'État et littérateur.

de la Fayette se trouva personnellement offensé, et crut devoir demander raison de l'insulte. Le cartel fut envoyé par un parlementaire ; le noble lord ne craignait probablement pas de déroger en se mesurant, mais il se contenta de répondre que cette querelle-là allait se vider entre l'amiral Howe[1] et le comte d'Estaing. Comme milord jouissait à Londres d'une haute réputation de fashionable (en français, de fat), à notre tour nous fîmes insérer dans nos journaux qu'il était tout simple qu'un jeune gentilhomme qui mettait du rouge et des mouches refusât de se battre, et les rieurs furent de notre côté.

Bientôt après M. le comte d'Estaing arriva devant New-York avec une flotte de douze vaisseaux de ligne et plusieurs frégates[2].

L'armée américaine, encouragée par la présence de l'amiral français, serra la place de plus près.

M. d'Estaing s'était flatté de pouvoir attaquer, dans le port même, la flotte anglaise, se présentant devant elle avec des forces supérieures. L'escadre de l'amiral Howe ne se composait que de sept ou huit vaisseaux de cinquante canons; mais les vaisseaux français, beaucoup plus forts, tiraient trop d'eau, et auraient couru risque de s'échouer ; le *Languedoc*, sur lequel M. d'Estaing avait son pavillon, était armé de cent dix pièces de canon. Il fallut renoncer à cette opération, et changer le plan de campagne.

---

[1]. Richard, comte *Howe* (1722-1799). Petit-fils naturel de George Ier. Embarqué dès l'âge de quatorze ans, il avait déjà une brillante réputation de marin, quand il fut envoyé comme vice-amiral en Amérique (1776), soutenir les troupes de terre qu'y commandait son frère William. Il opéra le ravitaillement de Gibraltar (1782) avec un audacieux succès. Ce fut sous le feu de ses canons que succomba, le 1er juin 1794, le vaisseau *le Vengeur*. Après ce dernier triomphe, il fut comblé d'honneurs.

[2]. L'escadre du comte d'Estaing, partie de Toulon le 12 avril 1778, n'était arrivée à l'embouchure de la Delaware que le 8 juillet ; elle parut trois jours après devant New-York.

M. le marquis de la Fayette me chargea de lettres pour le comte d'Estaing [1], et j'allai avec un caractère [officiel] entretenir un personnage tel que je me figurais être le commandant en chef d'une armée navale française. Il me reçut à merveille, me fit force questions, auxquelles je ne fus pas embarrassé de répondre ; je restai bien deux heures avec lui. Je fis, à bord du vaisseau amiral, le dîner le plus recherché ; fort étonné d'entendre le comte d'Estaing trouver cependant qu'il manquait de beaucoup de choses nécessaires ; il n'y paraissait pas du tout. J'annonçai l'arrivée prochaine de cinquante bœufs bien gras ; je causai un plaisir universel, et je n'avais pas achevé de parler que déjà tous les porte-voix et les signaux transmettaient cette grande nouvelle à toute la flotte.

Tous les officiers m'entouraient et m'accablaient de questions sur notre position, sur nos forces ; j'étais un homme très important, très choyé et très interrogé. M. le bailli de Suffren [2], qui ne commandait alors qu'un vaisseau de cinquante, me fit prier de venir à son bord ; il me fallut, pour lui être agréable, boire une si belle quantité de punch, que je craignais, en quittant son vaisseau, de tomber à la mer.

Mais une rencontre qui me rendit bien heureux, ce fut celle de mon cousin le chevalier de Ferrières [3], aujour-

1. 6 et 8 septembre 1778. — Voir l'appendice III. — Tout le récit de M. de Moré est confirmé dans l'*Histoire de la participation de la France à l'établissement des États-Unis d'Amérique*, de M. Doniol.

2. Pierre-André *de Suffren Saint-Tropez* (1726-1788), bailli de l'ordre de Malte. Navigua presque sans interruption de 1743 à 1773. Lors de la guerre d'Amérique, il appartenait à l'escadre du comte d'Estaing. Il se fit surtout un nom par ses expéditions maritimes dans les mers des Indes (1781-1784) contre les flottes anglaises. La France et Louis XVI l'accueillirent, au retour, avec enthousiasme ; il fut créé vice-amiral et chevalier des ordres du Roi.

3. M. Charles-Victoire *Vatbois-Dumetz*, comte *de Ferrières*, chef d'escadre, et plus tard contre-amiral. Grand-croix de Saint-Louis ; fils du marquis de Ferrières et de Marie-Françoise-Hermine Nigot de Saint-Sauveur.

d'hui le comte de Ferrières, grand-croix de l'ordre de Saint-Louis, et vice-amiral; il était alors enseigne de marine sur le vaisseau *la Providence.* Il avait connaissance de ma sortie de Pierre-en-Cize, et nous nous trouvions à dix-huit cents lieues, en pleine guerre, dans l'atmosphère faite pour nous deux : ce furent des tendresses dont je lui sus un gré infini, d'autant qu'il joignit à toutes ses bonnes marques d'amitié une petite provision de linge, dont les officiers de marine sont toujours abondamment pourvus, et qui me faisait grandement faute; aussi je me gardai bien de refuser.

Enfin j'allai prendre congé de M. le comte d'Estaing, qui me remit ses dépêches. Je me souviens qu'il me donna, pour le général Washington et pour M. le marquis de la Fayette, des barils de citrons et d'ananas, venant d'une prise qu'il avait faite. J'avais huit lieues à faire en chaloupe pour rejoindre le camp; j'éprouvai dans la nuit un tel besoin de manger, que je dévorai plusieurs ananas; je faillis en mourir.

Le plan de la campagne de 1778 fut donc changé [1]; et par un mouvement combiné, la flotte française alla bloquer New-Port, dans Rhode-Island, entre New-York et Boston, tandis qu'une partie de l'armée, sous les ordres du général Sullivan, auquel se joignit la division du marquis de la Fayette, marcha pour former le siège de la place.

---

1. « Deux plans de campagne se présentèrent : l'un, pour une attaque immédiate et simultanée contre New-York, principal point d'appui de l'ennemi; l'autre, pour une expédition contre Rhode-Island, où 6,000 Anglais tenaient, depuis deux ans, les États du Nord en échec. Le premier de ces plans, le plan favori de Washington, fut rendu impraticable par la nécessité de franchir, pour entrer dans le port de New-York, une barre que les pesants vaisseaux du comte d'Estaing n'auraient pu passer. On se rejeta donc sur l'expédition de Rhode-Island. Elle ne réussit pas davantage. » — Cornélis de Witt, *Histoire de Washington,* chap. VIII.

Notre descente dans cette belle île s'effectua dans le plus grand ordre et sans obstacle, sous la protection de trois frégates que nous donna M. le comte d'Estaing.

A peine les troupes de ligne furent-elles débarquées, que les milices arrivèrent au nombre, je crois, de dix mille hommes, tant à pied qu'à cheval. Je n'ai guère vu de spectacle plus bouffon ; il fallait que tous les tailleurs et les apothicaires eussent répondu à l'appel; on les reconnaissait à leurs perruques rondes, presque tous sur de mauvaises montures, une canardière en bandoulière ; l'infanterie était à l'avenant des cavaliers, et paraissait taillée sur le même patron. Je jugeai que ces guerriers-là ne venaient pas pour voir l'ennemi de trop près, mais pour nous aider à manger nos vivres : je ne me trompai pas, ils disparurent avec l'abondance.

Peu de jours après le débarquement, nous ouvrîmes la tranchée devant la place, et les travaux se poussaient avec beaucoup d'activité, lorsque l'escadre anglaise parut devant New-Port.

Le comte d'Estaing donna sur-le-champ l'ordre d'appareiller ; il faisait peu de vent, mais il était favorable. Nous vîmes défiler majestueusement toute cette flotte devant les batteries de terre des redoutes de l'ennemi ; chaque vaisseau saluait en passant de toute sa bordée ; c'étaient des pièces de 36 et de 24 auxquelles le feu des redoutes répondait par de petites pièces de 10 et de 12 livres de balles. Notre escadre donna la chasse aux Anglais qui fuyaient toutes voiles dehors. Nous perdîmes bientôt les deux flottes de vue, restant dans l'espérance d'une grande victoire. Une tempête horrible survint avant que l'on pût se joindre ; notre escadre fut dispersée ; le vaisseau amiral, *le Languedoc*, démâté et rencontré par un vaisseau ennemi de 50 canons, fut au moment d'être pris ; le

César, commandé par M. de Raimondis [1], vaisseau de 74, séparé de l'escadre, fut attaqué par des forces supérieures et essuya un combat : le capitaine perdit le bras droit dans l'action ; on croyait le *César* perdu : il rallia. Ce fut au milieu de cette tempête [2] que l'amiral Byron [3] arriva et joignit l'amiral Howe : l'ennemi était alors en forces supérieures.

Le siège continuait toujours. M. d'Estaing reparut devant New-Port ; il nous avait laissé les trois frégates pour favoriser notre retraite en cas de besoin ; mais il nous signifia qu'il lui était devenu impossible de protéger le siège : il nous fallut songer à la retraite. M. le comte d'Estaing ramena la flotte jusqu'à Boston pour la réparer [4].

Le général Sullivan, furieux de ne plus être appuyé par la flotte française, se permit, dans un ordre du jour, d'injurier notre nation et d'appeler les Français des traîtres : j'ai vu le moment où nos deux généraux allaient se battre en duel. M. le marquis de la Fayette se plaignit amèrement et avec raison au général Washington. La retraite s'effectua en bon ordre et nous rejoignîmes la grande armée.

Dans cette expédition, les commandants de terre et de mer se retirèrent, comme on voit, mécontents les uns des autres et d'eux-mêmes ; pour moi, j'y trouvai de l'agrément, et je reçus même dans une occasion des compliments aussi nombreux que sincères : voici le fait. Le chevalier de Préville [5], qui commandait les trois frégates fran-

---

1. Joseph-Louis *de Raimondis* (1723- ?). Volontaire (1774); chevalier de Saint-Louis (1763); capitaine de vaisseau (1772). Il avait de très beaux états de service; il reçut (octobre 1779) une pension de 600 livres que le Roi porta à 1,500 (1782). Chef d'escadre (1784).
2. 16 août 1778.
3. Le commodore *Byron* (1723-1786). Marin anglais qui exécuta des voyages d'exploration (1764-1766) dans les mers de l'Amérique du Sud.
4. 29 août 1778.
5. Chevalier de Malte. Garde de l'étendard (1746); enseigne (1754); capitaine de vaisseau (1777). Se retira avec une pension en 1786.

çaises destinées à protéger nos communications avec la terre ferme, m'écrivit pour savoir s'il ne pourrait pas obtenir des rafraîchissements pour ses matelots : je communiquai la lettre au marquis de la Fayette, et le général Sullivan m'autorisa à prendre un détachement de troupes et à faire un fourrage entre les deux camps.

Me voilà pour vingt-quatre heures chef de corps ; en cette qualité, je fais mes dispositions militaires et gastronomiques : l'intervalle du camp à la place était rempli par des jardins et des habitations que les propriétaires avaient abandonnés pour n'être pas entre deux feux. Ma mission devait s'exécuter à la barbe de l'ennemi ; je crus qu'il y aurait des coups de canon à recevoir, et je mis en réquisition tout ce que je trouvai de charrettes ; elles furent remplies de fruits et de légumes ; et, tant le ciel protège les bonnes œuvres, on ne tira pas un coup de fusil sur nous. Les frégates, averties de mon heureux succès, mirent à la mer une foule d'embarcations ; je protégeai le convoi jusqu'aux chaloupes. Il fallait voir avec quelle ardeur tous ces matelots dévoraient les pommes et débarrassaient mes charrettes pleines de patates, de carottes et de légumes de toute espèce. Ils nous remerciaient tous avec une reconnaissance proportionnée à leurs privations. Je fus reçu à bord comme le père nourricier de l'escadre, et on me proclama tout d'une voix le restaurateur de la marine.

Le gouvernement français se décida alors à reconnaître l'indépendance des États-Unis, et à envoyer M. Gérard pour ministre auprès du congrès [1]. Il était temps, car on était très peu satisfait des secours que la France faisait

---

1. Conrad-Alexandre *Gérard* l'aîné, frère de *Gérard de Rayneval*. Employé aux affaires étrangères sous le duc de Choiseul et le comte de Vergennes. Ministre de France aux États-Unis en 1778. Il était arrivé au Congrès de Philadelphie dès le 12 juillet.

parvenir par l'intermédiaire du sieur Caron de Beaumarchais [1]. La correspondance de cet homme choquait universellement par son ton de légèreté qui ressemblait à l'insolence. J'ai conservé la copie d'une de ses lettres.

« Messieurs, je crois devoir vous annoncer que le vaisseau *l'Amphitrite*, du port de 400 tonneaux, partira au premier bon vent pour le premier port des États-Unis qu'il pourra atteindre. La cargaison de ce vaisseau qui vous est destiné consiste en 4,000 fusils, 80 barils de poudre, 8,000 paires de souliers, 3,000 couvertures de laine ; plus quelques officiers de génie et d'artillerie ; item un baron allemand, jadis aide de camp du prince Henri de Prusse [2]; je crois que vous pourrez en faire un général, et suis votre serviteur.

« C. DE BEAUMARCHAIS. »

Le congrès fut indigné de cette manière d'écrire, et nous eûmes tous connaissance de cette impertinente lettre, moins impertinente encore que ne le fut toute la vie de l'homme qui l'écrivit.

L'officier allemand dont il parlait si cavalièrement était le baron de Steuben [3], grand tacticien, qui arriva accompa-

1. Pierre *Caron de Beaumarchais* (1732-1799). Intrigant de beaucoup d'esprit, auteur du *Barbier de Séville* (1775) et du *Mariage de Figaro* (1784). Après des procès retentissants qui firent plus d'honneur à sa verve qu'à son caractère, il fut mêlé à de nombreuses affaires commerciales et financières où il ne paraît pas avoir déployé beaucoup de délicatesse : témoin ses agissements en Amérique. Il avait joué à Londres, dès 1775, un rôle occulte dans le monde diplomatique, envoyant des renseignements au cabinet de Versailles et poussant à une guerre que ses intérêts avec les fournisseurs américains lui faisaient espérer lucrative. Il amassa une grosse fortune qui lui fit prendre peur au moment du triomphe de cette révolution que ses écrits avaient préparée.

2. Prince *Henri* de Prusse (1726-1802). Frère de Frédéric II. Se distingua aux armées, à Prague et à Rosbach, à Freyberg (1762). Il s'entoura d'artistes et d'hommes de lettres.

3. Frédéric-Guillaume baron *de Steuben* (173?-1794), lieutenant général prussien, inspecteur général en Amérique (1777). Après la guerre s'établit dans l'État de New-York, à Steubenville.

gné du chevalier de Ternan [1], officier très distingué; il y avait peu de Français encore à cette époque. J'ai nommé M. Duportail, M. Duplessis-Mauduit, M. de la Rouairie (*sic*). Ce dernier s'étant présenté au congrès avec son domestique, un nommé Lefèvre, très bel homme et de plus fort brave, M. de la Rouairie reçut de suite un brevet de colonel, et telle était la simplicité de la commission gouvernante, qu'elle allait expédier un brevet pareil à celui du maître à son valet de chambre sur sa bonne mine, si celui-ci n'eût pas été le premier à remercier et à refuser Messieurs du congrès. Ces hommes, d'habitudes si différentes des nôtres, formaient une assemblée de treize personnes, nombre égal aux provinces de l'Union; ils entraient en séance, au congrès, comme on entre à Paris dans un cabinet de lecture, et la sagesse de leurs magnanimes résolutions surpassait encore la simplicité de leurs mœurs.

Après la levée du siège de New-Port et notre retour au camp, le congrès et le général Washington décidèrent qu'on enverrait M. de la Fayette en France pour réclamer des secours, un corps de troupes françaises et de l'argent, le papier-monnaie étant dans un discrédit total.

On se hâta d'achever la construction de la frégate *l'Alliance*, qui devait être une excellente voilière et être armée de trente-six pièces de douze. On en donna le commandement à un Français, le capitaine Landais, de Saint-Malo; le bâtiment fut mis aux ordres de M. de la Fayette : le capitaine devait le débarquer où il lui conviendrait. Malheureusement, on prit, pour compléter l'équipage,

---

[1]. Probablement le même qui fut ministre de France aux États-Unis (1791-1792). Il avait servi en Amérique et en Hollande.

70 matelots anglais prisonniers, d'ailleurs excellents marins ; on s'en crut assuré, parce qu'on leur fit faire un serment de fidélité.

L'hiver fut fort rude ; l'armement ne fut prêt qu'à la fin de janvier ; le port de Boston était gelé, et nous fûmes obligés de tracer une route au vaisseau, en brisant la glace pour son passage. Nous appareillâmes par un vent favorable, mais d'une violence extrême [1]. Nous n'avions dehors que notre grande voile qui, à elle seule, nous faisait faire quatre lieues à l'heure. A bord étaient plusieurs officiers français, entre autres M. de Raimondis, le commandant du *César*, lequel avait perdu le bras droit dans le dernier combat.

Nous fûmes assaillis par une tempête terrible sur le banc de Terre-Neuve. Elle dura si longtemps et avec des circonstances tellement aggravantes, que l'inquiétude, l'alarme, enfin la consternation finirent par gagner graduellement tout le monde.

M. de la Fayette était habituellement malade en mer : il était couché sur son cadre, et m'envoyait fréquemment interroger notre vieux capitaine Raimondis, qui souffrait beaucoup de son amputation, état auquel le roulis continuel du vaisseau ajoutait encore. Le vieux marin ne me rassurait pas sur notre situation ; il me disait même que dans aucune de ses campagnes il n'avait essuyé une aussi affreuse tempête. J'allais rendre ces observations à M. de la Fayette, en lui disant pourtant, pour le consoler et moi aussi, que l'état du capitaine Raimondis devait nécessairement influer sur sa manière de juger notre position, lui faire voir les choses en noir, en un mot mettre tout au pire. M. de la Fayette, étendu en supin, réduisait alors

---

1. Le 14 janvier 1779.

à leur plus simple expression les fumées de la gloire.
« Diable, disait-il philosophiquement, j'avais bien à faire à vingt ans, avec mon nom, mon rang, ma fortune, après avoir épousé mademoiselle de Noailles, de quitter tout cela pour arriver ici servir de déjeuner aux morues. » Quant à moi, j'étais plus heureux ; je n'avais rien à perdre, je n'avais rien à regretter, et je retournais au vieux marin : il logeait au-dessous de M. de la Fayette, qui occupait la chambre du conseil, de sorte que pour aller de l'un à l'autre, je tombais souvent, et mes messages me valurent une quantité de notables meurtrissures. Il était impossible de se soutenir avec les coups de mer qui se succédaient dans tous les sens avec une rapidité effrayante ; on parlait de couper la mâture. Un des nôtres, M. de N., était si affecté, que je le vis charger ses pistolets pour se tuer plutôt que de se noyer : j'en aurais donné le choix pour une épingle, mais le dernier mot n'était pas dit. Le pauvre camarade avait la bosse du suicide, car, en 1792, après le 10 août, officier dans la garde constitutionnelle, à la vue des patriotes bourreaux qui allaient le traîner à l'Abbaye, il leur échappa en se passant son épée au travers du corps.

Au bout de trois jours fort longs, il faut en convenir, la tempête cessa, et le reste de la traversée, nous eûmes un temps favorable.

Mais la volonté du ciel nous réservait une autre épreuve. Pendant que nous étions à dîner, ne pensant plus aux mauvais jours ni au mauvais temps, mais à la France, dont nous n'étions plus qu'à 200 lieues, un homme de l'équipage vint demander à parler à M. le marquis de la Fayette ; il le tira à part pour lui dire beaucoup de choses en peu de mots. Il lui confia dans le tuyau de l'oreille que les matelots anglais avaient formé le complot de nous égorger, de s'emparer du vaisseau et de le conduire en Angleterre : ce qui devait s'exécuter à cinq heures du soir, quand nos hommes les relèveraient de quart. Du reste, la plupart d'entre eux, et surtout les chefs, seraient trouvés tout armés dans leurs hamacs. Il ajouta qu'il ne s'était mis du complot que pour nous sauver.

Il n'y avait pas un moment à perdre ; nous étions réunis quatorze officiers; nous commençâmes par nous assurer de l'homme qui était venu avertir : Duplessis-Mauduit, le pistolet à la main, le garda à vue. Plusieurs des nôtres allèrent chercher nos plus braves et nos plus sûrs matelots, qui accoururent armés. Nous descendîmes trente dans l'entrepont ; à mesure que le hamac d'un des chefs du complot nous était montré par celui qui les avait trahis, d'un coup de hache les cordes qui suspendaient le hamac étaient coupées, et l'homme renversé encore tout endormi était saisi et garrotté. Tous ces scélérats furent si surpris qu'ils ne firent aucune résistance. D'abord ils nièrent tous ; mais interrogés séparément, la crainte d'être pendus à l'heure même les décida à avouer leur crime : il paraît qu'un de leurs motifs, c'est qu'ils avaient remarqué dans les bagages de M. de la Fayette des caisses très pesantes, et ils s'étaient persuadés qu'elles renfermaient des trésors. Le matelot révélateur fut récompensé comme il le méritait.

Depuis cette alerte, aucun de nous ne se coucha ; nous avions à surveiller soixante hommes garrottés dans l'entrepont. On ne voyait dans la chambre du conseil que des armes chargées et des sabres nus.

Il arriva qu'un vaisseau marchand suédois se trouva dans nos eaux à la pointe du jour. Le capitaine Landais fit monter le commandant à bord. On ne peut pas se faire d'idée de la terreur qui saisit le pauvre homme à la vue de l'ameublement de notre chambre du conseil; en voyant tous ces instruments de mort, il se crut à sa dernière heure. Il ne savait pas un mot de français; nous tâchions de le rassurer par signes; pendant près de deux jours il ne voulut ni boire ni manger; il se décida pourtant, et finit par trouver notre dîner bon et notre vin excellent. Le capitaine Landais soutenait que le Suédois était de bonne prise; arrivé en France, il n'en fut pas moins obligé de le relâcher.

Cependant nous étions pressés de voir la terre; nous étions excédés de fatigue, tourmentés de la crainte de rencontrer quelque vaisseau ennemi plus fort que nous, et nous avions en outre la certitude que les hommes que nous gardions l'auraient secondé. La tempête nous avait fait perdre nos mâts de hune; cependant nous savions que nous étions à une petite distance de la terre, quoique nous ne l'aperçussions pas, lorsqu'un corsaire anglais de seize canons s'avisa de nous chasser. Comme nos sabords étaient fermés hermétiquement, le corsaire ne douta pas que nous ne fussions un vaisseau de la compagnie des Indes, et une riche capture à faire. Il en était si convaincu, qu'une partie de son équipage était montée sur les vergues, et au moment de crier : *hourra*, à demi-portée il tire un coup de canon pour connaître nos couleurs; nous hissâmes sur-le-champ le pavillon américain, et, pour l'assurer, nous saluâmes le corsaire d'une demi-douzaine de boulets. Il revint bientôt de son erreur et amena son pavillon. Il était désespéré de la rencontre. Nous nous bornâmes à envoyer à son bord, à jeter à la mer ses canons et ses poudres; nous prîmes tout son vin de Madère, et le laissâmes aller dans ce piteux état; dans notre situation, nous ne pouvions pas nous en permettre davantage à son égard.

Nous nous aperçûmes, à la vue des côtes de France, que notre capitaine se dirigeait dans la Manche ; il était sans doute bien aise de se faire voir à Saint-Malo, sa ville natale ; j'avertis M. de la Fayette, qui lui défendit de prendre cette route, et nous débarquâmes à Brest [1].

[1]. Le 12 février 1779.

CHAPITRE IV

Visite à mon père. — Je rentre en grâce. — Arrivée à Paris. — Accueil que je reçois de tous mes parents. — Il me tombe du ciel un brevet de capitaine de remplacement. — Ordre de me rendre à Lorient. — De Paul Jones et du capitaine Landais. — Contre-ordre. — Rembarquement sur la frégate *l'Alliance*. — Nous retournons à l'armée de Washington. — Le commandement de la frégate est rendu à Landais, au détriment de Paul Jones, absent. — Landais devient fou dans la traversée. — Les passagers le déposent. — Campagne de 1781. — Attaque d'York-Town. — Capitulation du marquis de Cornwallis. — Fin de la guerre d'Amérique sur le continent. — Je repars pour la France sur l'*Ariel*, commandé par le chevalier de Capellis. — Attaque et prise du vaisseau anglais *le Dublin*. — Entrée triomphale à la Corogne. — Fêtes, bals, querelle imprévue avec la chrétienté de la ville, qui accompagnait le viatique à dix heures du soir. — Nous frisons la chance de figurer dans un *autodafé*. — L'*Ariel* lève l'ancre. — Arrivée à Lorient.

Notre premier soin fut de déposer dans les prisons de la ville nos coquins de matelots anglais, qui nous avaient donné tant de mal à garder. Toutes les mesures furent prises pour qu'ils fussent transportés en Amérique, et là jugés selon les lois du pays.

Messieurs les officiers de la marine nous reçurent à merveille ; mais nous ne pûmes pas faire un plus long séjour à Brest. Chacun se dirigea sur ses foyers domestiques, c'est-à-dire M. le marquis de La Fayette, qui ne pensait plus à philosopher depuis que nous étions à terre, était déjà descendu à l'hôtel de Noailles [1] ; son arrivée était la nou-

---

[1]. Rue Saint-Honoré, n° 325, presque en face de l'église de Saint-Roch. La rue d'Alger a été ouverte sur ce vaste hôtel, dont les jardins allaient jusqu'aux Tuileries.

velle du jour à Paris et à Versailles. La reine de France lui faisait la faveur de lui amener elle-même, dans sa voiture, Mme de la Fayette qui, n'étant pas prévenue, ne s'était pas trouvée à l'arrivée de son mari, et n'avait appris l'événement que comme tout le monde.

Quant à moi, je montai dans la diligence, je pris la direction de Clermont, et puis celle du château de Pontgibaud, toit paternel. La nature n'eut pourtant pas mon premier hommage; je l'offris à la reconnaissance : les stations se trouvaient sur ma route. Je remerciai en passant à Nantes M. de la Ville-Hélio ; je remerciai à la Rochelle M. Seigneur, et comme je n'avais rien à gagner aux surprises et à arriver sans être attendu, j'eus très grand soin de donner avis à monsieur mon père de mon retour, et je corroborai ma lettre très respectueuse, de l'envoi simultané d'une lettre fort aimable de M. le marquis de la Fayette, adressée à mon père lui-même.

Malgré toutes ces précautions, je ne pus pas me défendre d'une sorte de crainte en entrant dans sa chambre, et en paraissant pour la première fois devant lui; nous étions à peu près aussi embarrassés l'un que l'autre. Son front nébuleux annonçait quelque orage, non pas de ces orages qui vont commencer, mais de ceux qui finissent et grondent dans le lointain ; car les reproches qu'il m'adressa, par bienséance, portèrent sur la grande dépense que lui avait occasionnée mon voyage de Paris à Pierre-en-Cize et sur les frais de mon arrestation.

Je lui fis observer tout naturellement que s'il m'avait donné tout cet argent-là, il n'en aurait peut-être pas plus mal fait; le sérieux paternel ne put pas tenir devant une si judicieuse réflexion que l'événement appuyait; mon père se dérida tout à fait, et ce fut avec peine qu'il contint un éclat de rire.

Au bout de deux heures, ce ne fut plus le même homme : la curiosité l'emporta ; et c'est lui qui voulut m'entendre raconter mon odyssée tout entière : évasion, traversée, naufrage, campagnes de guerre, il voulut tout savoir. Il se fit relire plusieurs fois la lettre de M. de la Fayette, dont mes récits n'étaient que les pièces à l'appui ; je dis qu'il se fit lire, parce que de ses deux yeux, il y avait longtemps qu'il en avait laissé un à la bataille de Dettingen [1], et que l'autre était singulièrement affaibli par l'âge. Je passai quinze jours auprès de lui : tous les nuages furent dissipés, le ciel devint bleu, et mon père m'avait si bien rendu toute son affection, qu'au moment où je le quittai pour retourner à Paris demander du service, il me donna deux cents louis, porta ma pension à mille écus, et m'indiqua un banquier qu'il chargeait de payer toutes les avances que M. le marquis de la Fayette avait bien voulu faire pour moi ; il offrit même de fournir le prix d'une compagnie de cavalerie, si je pouvais en obtenir une. Il me remit de plus une lettre de remerciements pour mon général ; enfin, dans ses bontés pour moi, il n'oublia rien. Je le quittai plein de reconnaissance et je partis pour Paris.

Les neuf béatitudes m'y attendaient. Il y a certainement une communication entre la terre et le ciel : je ne fus pas plus tôt rentré en grâce auprès de mon respectable père, que tous les bonheurs me suivirent.

Je descendis, à Paris, dans un hôtel garni, ne sachant où je trouverais un seul de mes nombreux parents, que d'ailleurs, dans cette saison, je croyais tous dans leurs terres. Le président de Salaberry, mon oncle, vint m'en-

---

1. Village de Bavière où les Autrichiens battirent le maréchal de Noailles, le 27 juin 1743.

lever et m'établir dans sa propre maison, qui devint la mienne [1]. Cet excellent homme, ce qui n'empêche pas, non, ce qui est cause qu'il a péri assassiné révolutionnairement, me combla d'amitiés qui venaient de son cœur, avec la même sûreté de conscience que, beau-frère de mon père, il m'avait, dans les mauvais jours, accablé de toutes ses sévérités, qui venaient de ses préventions fondées sur des intrigues qu'il eût connues avec indignation. En m'embrassant, mon bon oncle, le plus aimable, le plus vif et le meilleur des hommes, me remit une lettre de mon père, datée de Pontgibaud le 19 avril 1779; je ne puis jamais oublier le jour et la date: *Albo dies notanda lapillo*. Je pressai contre mon cœur cette lettre adressée à mon oncle, où je fus si heureux de lire ces mots, qui me prouvèrent que la bonté de mon père, entièrement détrompé, était désormais une justice.

« Monsieur le comte, écrivait son secrétaire, car le noble vieillard ne pouvait plus que dicter, veut que monsieur le chevalier ne manque de rien, n'ayant d'autre intention que celle de le dédommager amplement de tous les maux qu'il a éprouvés par l'injustice qui lui a été faite ; il a été victime d'une cupidité trop tard découverte. »

Hélas! qu'aux cœurs heureux les vertus sont faciles !
(*Blanche et Guiscard* [2].)

Je ne pensais plus au mal qu'on m'avait causé que comme souvenirs assez flatteurs, à commencer par la journée de mon évasion ; c'était un fait d'armes, au bout du compte.

---

1. Rue de la Ville l'Évêque. — Voir les *Mémoires du comte Dufort de Cheverny*, II, p. 14.
2. Tragédie de Bernard Saurin, représentée à la Comédie française en 1763.

J'étais loin de savoir toutes les faveurs que me réservait la fortune. Au bout de trois semaines de séjour à Paris, M. le marquis de la Fayette m'apprit tout à la fois que le Roi venait de lui donner un régiment de dragons [1], et que Sa Majesté m'accordait une commission de capitaine de remplacement, ce qui s'appelait une réforme. Le ministre accompagna cette faveur d'une lettre fort honorable ; et par les soins d'un protecteur qui ne se nommait pas, mais que je devinai, on me dispensa de payer le brevet, c'est-à-dire alors 7,000 fr. Je ne pouvais rien désirer de plus, ni de plus heureux ; car, depuis la guerre de Sept ans, la France était en paix, et la carrière militaire fourmillait de jeunes officiers portant les plus beaux noms, et il était plus difficile d'être capitaine de cavalerie en 1779, que d'être colonel vingt ans avant ou trente ans après. Il ne s'agissait plus pour moi que de trouver de l'emploi.

Le gouvernement français méditait alors une descente en Angleterre. Une armée considérable était rassemblée en Bretagne et en Normandie, sous les ordres du comte de Vaux [2] ; une grande quantité de bâtiments de transport attendaient au Havre et à Saint-Malo. M. de la Fayette m'envoie chercher, et m'annonce que je vais partir

---

1. Le régiment des Dragons du Roi, alors en formation à Saintes. La Fayette reçut ce commandement (3 mars 1779) après qu'on lui eut infligé, pour la forme, huit jours d'arrêts chez son beau-père, en souvenir de son départ sans autorisation en 1777! Il en demeura colonel jusqu'au 27 janvier 1782.

2. Noël de Jourda, comte de Vaux (1705-1788). Maréchal de France. Servit longtemps au régiment d'Auvergne, commanda le régiment d'Angoumois ; fut employé à toutes les armées sous le règne de Louis XV, assista à dix-neuf sièges, entre autres ceux de Furnes, de Fribourg, de Tournay, d'Oudenarde, d'Anvers, de Namur et de Berg-op-Zoom. Il se battit à Fontenoy et à Rocoux. Il commanda en chef en Corse (1769) et fit la conquête de l'île, à la tête de l'armée de Bretagne et de Normandie (1779-1780) Élevé à la dignité de maréchal (1783). Son intégrité était à la hauteur de ses vertus militaires. — Sa fille, la comtesse de Fougières, épousa en secondes noces le comte de Moré, l'auteur des *Mémoires*.

pour Lorient avec le chevalier de Gimat, un de ses aides de camp dans la guerre d'Amérique, et que là nous attendrons les ordres; il s'agissait d'une expédition secrète. Mon cœur palpita de joie. Le colonel, mon camarade, beaucoup plus âgé que moi, officier très expérimenté, était dans le secret; mais j'eus beau faire, il ne se laissa pas deviner, et se bornait à me répéter que j'étais fort heureux, et que l'attachement de M. le marquis de la Fayette me mènerait loin; en cela il ne m'apprenait rien.

Plusieurs bâtiments armés en guerre nous attendaient dans le port de Lorient : le *Bon-Homme-Richard*, vaisseau de la Compagnie des Indes, de cinquante-quatre pièces de divers calibres; la frégate *l'Alliance*, qui nous avait amenés en France; la *Pallas*, de trente-deux canons, commandée par le capitaine Cottineau, de Nantes, excellent officier de la marine marchande, étaient mis sous les ordres du célèbre commodore américain Paul Jones [2], qui montait le *Bon-Homme-Richard* : plusieurs bricks et corvettes complétèrent cette petite escadre.

Nous devions recevoir à bord de ces bâtiments et de quelques transports environ trois mille hommes détachés de différents régiments français, et le marquis de la Fayette devait en avoir le commandement. J'ai su depuis ce que j'ignorais alors, et ce que j'avais tant envie de savoir : c'est que l'expédition avait pour objet une descente en Irlande, tandis que l'armée du comte de Vaux, protégée par la flotte du comte d'Orvilliers [2] et celle d'Espagne

1. Paul *Jones* (1736-1792). Marin qui s'illustra au service des États-Unis par des coups de main hardis contre les navires anglais. L'abordage de la *Séraphis*, sur les côtes d'Irlande, est du mois de décembre 1779.

2. Louis *Guillouet*, comte *d'Orvilliers* (1708-1791). Marin français. Chevalier de Saint-Louis (1746); chef d'escadre (1764); lieutenant général (1777). Commandant en chef de l'armée navale réunie à Brest; à sa tête, il battit l'amiral Keppel à l'île d'Ouessant (27 juillet 1778). Il quitta le service quelques années après, pour se retirer au séminaire de Saint-Magloire, à Paris.

combinées, en opéreraient une en Angleterre. Des raisons qui me sont inconnues retardèrent ce plan de campagne, auquel le gouvernement français finit par renoncer totalement.

Pendant six semaines d'oisiveté que je passai à Lorient, je me trouvai témoin direct et oculaire de l'incident le plus ridicule, le plus incroyable et le plus curieux. Un militaire monte précipitamment mon escalier, entre brusquement dans ma chambre, me demandant protection et asile ; il avait l'air effaré et la figure défaite. Ce n'était rien moins que l'intrépide et très intrépide commodore qu'il suffit de nommer, le fameux Paul Jones.

« Fermons la porte, mon cher ami, me crie-t-il ; ce malheureux capitaine Landais m'a rencontré dans la ville ; le spadassin veut me faire battre ; il me poursuit de rue en rue l'épée à la main ; je ne sais pas faire des armes, et ne veux pas me faire tuer par ce coquin-là. » Je fermai la porte en dedans, et à double tour; mais le capitaine ne vint pas, et certes Paul Jones était très sensé : la partie n'était pas égale, et le capitaine Landais, flamberge au vent, n'en aurait fait ni une ni deux ; il n'y avait pour Paul Jones que des coups à gagner. Cette aventure n'attaque en rien sa réputation ; son combat récent avec la *Séraphis*, qu'il venait de prendre à l'abordage, le mettait au-dessus de tout soupçon, et l'élevait au niveau des marins anciens et modernes les plus audacieux, les plus heureux et les plus braves [1]. Sa querelle avec le capitaine Landais venait de

---

1. Le combat de la *Belle-Poule* illustra le nom de M. de la Clocheterie (1)

(1) Jean *Chadeau de la Clocheterie* (1741-1782). Entré au service (1754); chevalier de Saint-Louis (1775); capitaine de vaisseau (1778). Livre, avec la *Belle-Poule*, un combat contre la frégate anglaise *l'Aréthuse* (17 juin 1778). Commande *l'Hercule* dans l'escadre du comte de Grasse sous les ordres duquel il fut tué, près de la Dominique, dans un combat contre l'amiral Rodney (12 avril 1782).

ce combat, pour lequel ils s'accusaient mutuellement. Dans ce moment-là, ils ne se disputaient pas la possession d'une Hélène, mais le commandement d'une frégate, de la frégate *l'Alliance*, sur laquelle je me trouvais appelé, par de nouveaux ordres, à repasser sur-le-champ en Amérique ; car tout était changé par une suite des variations de notre boussole politique et militaire.

Six mille Français, commandés par le comte de Rochambeau [1], sous les ordres duquel une foule de jeunes seigneurs de la cour avaient obtenu l'honneur de servir, même comme volontaires, étaient envoyés au secours des Américains, et s'embarquaient sur la flotte du chevalier de Ternan, qui allait partir de Brest. M. de la Fayette, après avoir donné sa démission de colonel de dragons, avait pris congé du Roi en habit de major général améri-

---

et fut le premier engagement de cette guerre maritime ; celui de M. du Couëdic (1) contre le capitaine Farmer fit l'admiration des Anglais eux-mêmes ; mais la prise à l'abordage de la *Séraphis* par le *Bon-Homme-Richard* rendit le nom de Paul Jones célèbre dans les deux mondes : ni les flibustiers, ni Jean Bart, n'ont jamais rien tenté de plus hardi et de plus heureux. *Una salus victis nullam sperare salutem :* après quatre heures du combat le plus acharné, le feu prit au *Bon-Homme-Richard*. Paul Jones, ayant le double de monde de la *Séraphis*, sauta à l'abordage avec tous les siens, qui avaient ce qui s'appelle *le feu au derrière*, et prit d'assaut le vaisseau ennemi ; à peine en était-il le maître que le *Bon-Homme-Richard* sombra. *(Note du comte de Moré.)*

1. J.-B. *de Vimeur*, comte *de Rochambeau* (1725-1807). Maréchal de camp (1761); grand-croix de Saint-Louis (1769); lieutenant général (1780). Célèbre par l'expédition d'Amérique. Cordon bleu et comblé d'honneurs par Louis XVI, à son retour en France (1783). Gouverneur de Picardie et d'Artois. Membre de l'Assemblée des notables (1788). Commandant de l'armée du Nord (1790). Maréchal de France (1791). Emprisonné en 1793 ; sauvé par le 9 thermidor. Bonaparte lui envoya, en 1804, la croix de grand officier de la Légion d'honneur. On a publié en 1809 ses *Mémoires*.

(1) Charles-Louis *du Couëdic de Kergoaler* (1740-1779), né à Quimperlé. Enseigne à la Guadeloupe, lieutenant de vaisseau à Lorient. Il commandait la *Surveillante*, quand, le 6 octobre 1778, il livra contre la frégate *le Québec* un combat fameux. Il expira des suites de ses blessures trois mois après. Louis XVI, les États de Bretagne, lui élevèrent un monument.

cain, et se trouvait déjà sur la frégate française *l'Aigle* [1], commandée par M. de la Touche-Tréville [2], allant prendre, en Amérique, le commandement d'une division de l'armée de Washington, campée alors dans la province de Jersey, près New-York, et nous recevions l'ordre de le rejoindre, embarqués sur la frégate *l'Alliance*, qui devait appareiller sans délai : et le capitaine Landais en avait ainsi obtenu le commandement sans coup férir.

A peine sorti de mon toit protecteur, le conquérant de la *Séraphis* alla se montrer à Paris. Tout le monde se mit aux fenêtres ou on courut à l'Opéra pour le voir; le maréchal de Biron [3], qui faisait les honneurs de la capitale à tous les grands personnages, accueillit Paul Jones avec coquetterie, et fit mettre le régiment des gardes-françaises sous les armes, pour le montrer au commandant du *Bon-Homme-Richard ;* mais pendant ce temps le capitaine Landais resta à Lorient, et le ministre américain que nous devions emmener, pressé de partir, prit sur lui de ne pas attendre Paul Jones, et de nommer Landais à sa place.

Il y avait huit jours que nous avions mis à la voile lorsque Paul Jones revint de Paris, et se trouva sans commandement. Nous avions à bord deux commissaires du congrès, et nous nous dirigions sur Boston. Il était apparemment écrit que dans mes traversées je verrais

---

1. La Fayette partit de Rochefort sur l'*Hermione*, le 18 février 1780 ; il arriva à Boston le 28 avril.

2. Louis Levassor, comte *de Latouche-Tréville*, né à Rochefort en 1745, capitaine de vaisseau en 1780 ; chevalier de Saint-Louis. Commanda l'*Hermione*, l'*Aigle*. Élu député aux États généraux par la noblesse du bailliage de Montargis. Contre-amiral en 1792. Placé, par le Premier Consul, à la tête de la flottille réunie à Boulogne (1800); de l'escadre envoyée à Saint-Domingue (1802). Grand officier de la Légion d'honneur, vice-amiral. Mourut à bord du *Bucentaure*, en août 1804.

3. Louis-Antoine *de Gontaut*, duc *de Biron* (1701-1788). Maréchal de France, colonel des gardes-françaises.

toujours des choses qui ne sont pas ordinaires : dans celle-ci, par exemple, notre capitaine devint fou. Nous nous apercevions bien qu'il y avait quelque dérangement dans sa tête; mais nous ne tardâmes pas à en acquérir la certitude.

Sa folie éclata un jour à dîner, à l'occasion d'un dindon; le capitaine Landais le découpa lui-même. M. Lee, un des commissaires, qui était à côté de lui, prend le foie et se dispose à le manger; Landais se lève comme un furieux, et le menace de le tuer avec son couteau : tout le monde se lève; deux neveux du commissaire américain courent appeler tout l'équipage au secours de leur oncle; Landais hurlait, criant que le meilleur morceau appartenait de droit au capitaine; il disait et faisait folies sur folies. Je m'étais emparé de mon couteau de table pour ma défense personnelle, parce qu'il avait l'air de vouloir venir à moi pour se venger de ce que je riais aux éclats; c'était un véritable fou furieux. Nos matelots accoururent en nombre; les commissaires du congrès leur ordonnèrent de garrotter notre capitaine, ce qui fut fait. Nous dressâmes procès-verbal de l'événement, et le commandement du vaisseau fut donné au premier lieutenant.

Le nouveau capitaine fit bonne route, et nous débarquâmes au bout de dix ou douze jours; notre jugement fut ratifié par le gouvernement à Boston. Ainsi finit le capitaine Landais, le rival de Paul Jones, quant à mes rapports avec lui, car depuis oncques je n'ai rien appris qui le concernât.

Je me hâtai de rejoindre l'armée américaine, qui, trois semaines après mon arrivée, se mit en marche pour la Virginie.

Nous étions en 1780. La petite armée du comte de Rochambeau bloquée à Rhode-Island, où elle était débarquée vers le milieu de l'année [1], ne pouvait rien entreprendre ou favoriser de décisif avant l'arrivée des grandes forces navales françaises.

Ce ne fut qu'en 1781, au bout d'un an à peu près, que la flotte du comte de Grasse [2] entra dans la baie de Chesapeake [3]. Ce long intervalle ne fut rempli, pour le corps d'armée américain auquel j'étais attaché, par aucun événement qui ne soit connu ; j'ai eu ma part, comme les autres, aux dangers et aux succès balancés de cette campagne qui se passa en marches, en contremarches, en affaires de postes ; enfin ce fut une guerre d'observation.

L'approche de la flotte française favorisant un plan combiné qui devait se dénouer par un engagement général et décisif, le comte de Rochambeau sortit de Rhode-Island. L'armée de Washington s'embarqua, fit sa jonction avec l'armée française, et nous allâmes cerner la principale armée anglaise, qui occupait la Virginie et la position d'York-Town [4]. Le marquis de Cornwallis [5], commandant en chef, y fut attaqué par nous le 6 octobre; l'une de ses deux principales redoutes fut emportée par le

---

1. 10 juillet 1780.
2. François, comte *de Grasse* (1723-1788), était chef d'escadre en 1779, quand il vint prendre part aux opérations de nos flottes, en Amérique. En 1781, il seconda heureusement avec ses navires les opérations de Washington, de Rochambeau et de La Fayette. En 1782, il fut défait par l'amiral Rodney, aux Saintes, dans les Antilles, et, après des prodiges de courage, obligé d'amener son pavillon.
3. Août 1781.
4. Le 30 septembre 1781. — York-Town : ville de la Virginie, sur la baie de Chesapeake.
5. Charles, marquis *de Cornwallis* (1753-1805). — Colonel après la guerre de Sept ans ; membre de la Chambre des communes (1761), de la Chambre des pairs (1762), chambellan du roi George III. Envoyé en Amérique : vainqueur du général Gates, à Cambden (1780); vaincu à York-Town. — Gouverneur général du Bengale (1786); adversaire heureux de Tippo-Sahib. Vice-roi d'Irlande (1798). Plénipotentiaire au traité d'Amiens (1802). Gouverneur général des Indes (1804).

marquis de la Fayette et les Américains ; nous y entrâmes quinze minutes avant que les Français, dont le premier rang était formé par les grenadiers du régiment de Deux-Ponts, se fussent rendus maîtres de l'autre : c'était, entre les troupes françaises et américaines, un courage, une opiniâtreté, une émulation admirables ; car les Anglais ne s'y prêtaient pas du tout, et se battaient comme des diables. L'orgueil britannique fut forcé de s'avouer vaincu ; le marquis de Cornwallis se vit réduit à demander une capitulation [1].

Les deux généraux lui envoyèrent le brillant et jeune duc de Lauzun [2] pour en dresser les articles. Il se présenta seul, en parlementaire, agitant son mouchoir blanc dans sa main, car le chevaleresque duc de Lauzun ne faisait alors rien comme un autre. L'armée anglaise ne défila point tambour battant, enseignes déployées et avec tous les honneurs de la guerre, mais entre une double haie de Français et d'Américains, et déposant ses armes, à la noble confusion de ses braves et malheureux soldats. Le marquis de Cornwallis aurait bien voulu rendre son épée au

1. Les opérations des tranchées furent conduites du 4 au 14 octobre ; l'assaut fut donné le 14 au soir ; ce jour-là, le maréchal de camp de service était le baron de Vioménil ; le brigadier, M. de Custine ; les bataillons de tranchée : deux de Gâtinois, deux de Deux-Ponts, 1,400 hommes des grenadiers du régiment de Saintonge, des chasseurs de Bourbonnais, d'Agenais et de Soissonnais.
Les troupes françaises attaquèrent la redoute de gauche ; les troupes américaines (La Fayette), celle de droite. Charles de Lameth parvint le premier sur le parapet et eut les deux jambes fracassées. En sept minutes, la première redoute fut enlevée, et la seconde, sans un coup de feu, à la baïonnette, en moins de temps encore. La position de lord Cornwallis devint intenable ; la capitulation fut signée le 18 octobre 1781, à midi.
2. Armand-Louis *de Gontaut-Biron* (1747-1793). Connu, jusqu'en 1788, sous le nom de duc de Lauzun, et alors duc de Biron, par la mort de son oncle le maréchal. Célèbre par une dissipation effrénée. Député aux États généraux par la noblesse du Quercy. Maréchal de camp et général en chef de l'armée du Rhin (1792). Combattit les Vendéens (1793). Malgré ces gages donnés à la Révolution, destitué, arrêté et guillotiné cette même année.

comte de Rochambeau ; mais le général français lui montra de la main que l'honneur de la recevoir appartenait à Washington, le général en chef [1].

Les Anglais, resserrés dans la province de New-York, n'étaient plus en état de tenir la campagne ; une espèce de trêve tacite devança de dix-huit mois la paix générale. L'armée combinée de Washington et du comte de Rochambeau était destinée à rester oisive : la capitulation d'York-Town ayant décidé la question de l'indépendance américaine, les Français et les Anglais n'eurent plus à se battre que quelques mois encore sur mer. Étranger à cette diplomatie qui allait se conduire à coups de canon et de flotte à flotte, ne voyant plus un seul coup de fusil à tirer sur le continent américain, dont la cause de l'indépendance était de ce moment gagnée, M. de la Fayette repartit pour la France [2], et moi j'en fis autant, car nous n'avions rien de commun avec la petite armée française qui resta jusqu'à nouvel ordre.

Les officiers du comte de Rochambeau n'eurent rien de mieux à faire, je crois, que de parcourir le pays. Quand on pense aux fausses idées de gouvernement et de philanthropie dont toute cette jeunesse prit le virus en Amérique pour le propager avec enthousiasme en France et avec un si déplorable succès, puisque cette manie imitative a puissamment aidé à la Révolution, quoiqu'elle n'en ait pas été l'unique cause, on conviendra que tous ces jeunes philosophes à talons rouges auraient beaucoup mieux fait pour eux et pour nous de rester à la cour.

Quoi qu'il en soit de ces réflexions, qui ne sont là que

---

1. Lord Cornwallis avait prétexté une indisposition pour ne pas sortir à la tête de ses troupes prisonnières. Ce fut le général O'Hara qui remit son épée à Washington.
2. De Boston, le 23 décembre 1781, sur l'*Alliance*.

pour mémoire et comme souvenirs, je profitai, dans l'automne de 1781, du départ de mon ami le chevalier de Capellis [1], commandant la frégate *l'Ariel;* il me prit à son bord. L'*Ariel* était une prise faite par l'escadre du comte d'Estaing; elle était fort bonne voilière, mais n'avait que dix-huit canons de neuf livres de balles.

Nous partîmes par un vent favorable : nous fûmes, peu de jours après, accueillis d'une tempête ; elles sont fréquentes dans ces parages-là. Mon ami me jura, comme font tous les marins, que ce serait son dernier voyage ; qu'il était riche, et que très certainement il ne s'exposerait plus aux dangers de ce maudit métier : je n'en crus pas un mot, et j'eus raison. Il me raconta l'histoire de son frère, qui avait péri en pleine mer ; ce souvenir-là lui revenait toujours dans les gros temps. Cependant cette tempête-là n'était pas comparable à celle que j'avais éprouvée sur la frégate *l'Alliance* à mon premier retour.

Après cinquante-cinq jours de traversée, nous aperçûmes les côtes d'Espagne. Je ne dois pas oublier qu'à environ cinquante lieues de la terre nous eûmes le plaisir de rencontrer le vaisseau *le Dublin*, armé de douze pièces de canon de neuf livres de balles. Il nous jugea, avec raison, anglais par notre construction ; mais il ne tarda pas à revenir de son erreur, à notre satisfaction et non pas à la sienne. Ayant, de part et d'autre, assuré notre pavillon, il s'engagea une canonnade : par l'effet de la nôtre, le *Dublin* amena au bout de trois quarts d'heure; notre équipage était double du sien. Ce bâtiment était encombré de marchandises.

---

1. Louis-Antoine, comte *de Capellis* (1744-1813). Garde de la marine (1758); chevalier de Saint-Louis (1779); capitaine de vaisseau (1786); émigra en 1792. Passé au service de la Russie (1796-1800). Contre-amiral et décoré de Sainte-Anne (1799). Il avait épousé, en 1784, Félicité de Flahaut.

Le vaisseau et la cargaison appartenaient donc à l'*Ariel;* aussi y eut-il de quoi rire de la comédie que me donna mon ami Capellis : pendant le combat, il se trouvait partout, animant ses canonniers, jurant, criant que les pièces ne tiraient pas assez souvent ni assez vite : lorsque le *Dublin* eut amené, les canonniers dans l'entrepont, occupés à servir les batteries au milieu de la fumée et d'un bruit infernal, tiraient toujours ; Capellis, dont le vaisseau ennemi devenait la propriété, et pour qui chaque boulet qui portait était alors un crève-cœur, avait beau s'égosiller sur un autre ton et crier : « Cessez le feu, cessez donc le feu ! » on ne l'entendait pas. Il vit un canonnier qui, dans son enthousiasme, ne voulant pas perdre un coup bien chargé, fit feu en criant : « Oh ! ma foi, encore celui-là. » Je crois que, dans sa colère vraiment comique, le bon Capellis aurait tué le naïf et brave artilleur, s'il l'avait tenu.

Nous entrâmes triomphalement avec notre prise dans le port de la Corogne [1], où nous mouillâmes auprès de l'*Argonaute*, vaisseau français de 74, commandé par M. de Caqueray [2]. Il donnait justement ce jour-là une belle fête à son bord, et nous reçûmes une invitation.

Avant même de toucher terre, je jouissais d'avance de l'honneur et du plaisir de voir tout le beau sexe espagnol de la Corogne et les dames nobles du pays invitées, pour ainsi dire, exprès pour nous ; mais bien avant le bal, nous fûmes régalés d'un spectacle tout à fait imprévu, et qui commença par nous étonner étrangement.

Pendant que nous étions occupés à jeter l'ancre, parut une multitude de petits bateaux chargés de femmes por-

---

1. Port important d'Espagne, dans la Galice. A la fin du siècle dernier, il avait 4,000 habitants.
2. *De Caqueray-Valmenier*, né en 1724. Enseigne (1751); chevalier de Saint-Louis (1763); capitaine de vaisseau (1772); chef d'escadre (1784).

tant des fruits et grimpant comme des mousses; beaucoup d'entre elles, qui étaient jeunes et jolies, ne portaient que leurs gentils corps; malgré les ordres, elles prirent notre vaisseau à l'abordage : comme les matelots les favorisaient, nous en fûmes bientôt assaillis; excepté dans la sainte-barbe, je crois qu'il y avait des femmes partout, de sorte que nous finîmes par en rire nous-mêmes.

La fête de M. de Caqueray fut fort belle : les femmes me parurent charmantes; il y avait si longtemps que j'en avais les yeux déshabitués!

Je ne fus pas tout à fait aussi enthousiasmé de la ville de la Corogne que des belles dames ou demoiselles qui l'habitaient. Je quittais les États-Unis, pays tout neuf, villes toutes neuves, où la plus grande propreté vivifie l'habitation du plus mince propriétaire, où rien de dégoûtant ne s'offre à la vue; on ne voit ni haillons ni mendiants. A la Corogne, je trouvais de vieilles maisons, la mendicité à chaque borne, une atmosphère infectée par la fumée, par l'odeur de la cuisine à l'huile, enfin par la saleté baptismale des habitants, qui vivent dans la malpropreté comme dans leur élément. Joignez-y le bruit fatigant des voitures, dont les roues, n'étant pas ferrées, résonnent sur le pavé le plus inégal de la terre. Jean-Jacques serait sorti de la Corogne au bout d'une heure de séjour, lui qui prétend avoir quitté son logement à Paris uniquement parce qu'ayant vue sur la rue, il entendait son porteur d'eau crier : *à l'eau!* d'un ton faux.

Arrivant d'Amérique, je vous laisse à penser si j'ai eu à répondre à mille questions. Le duc de Medina-Celi [1],

---

[1]. A cette époque, le duc de Medina-Celi était Pedro Fernandez *de Cordoba* (1730-1789), grand majordome de Charles III. — M. de Moré parle probablement de son fils Luis Maria, XIIIe duc de Medina-Celi, qui avait alors une trentaine d'années. Plus tard grand écuyer de Charles IV et colonel du régiment de Jaen, levé à ses frais (1793).

colonel d'un régiment alors à la Corogne, m'en accabla comme l'interrogeant bailli de l'*Ingénu*[1] : c'était d'ailleurs un très aimable jeune homme. Espagnols et Français, nous vivions fraternellement ensemble : les deux cours, étant alliées, avaient uni leurs forces contre l'Angleterre; les deux armées portaient la cocarde blanche mi-partie des couleurs espagnoles rouge et noir [2].

Nous fûmes retenus par un vent contraire, et nous profitâmes de ce contretemps pour aller voir le port et l'arsenal maritime du Ferrol [3].

On nous disait que c'était Brest en petit : j'ai vu qu'on y entrait par un goulet comme dans ce premier de nos établissements militaires maritimes; mon projet n'est pas de les comparer. Je ne puis que dire : j'ai vu Brest, et j'ai vu le Ferrol.

A notre retour à la Corogne, nous profitâmes des invitations de bal qui nous avaient été faites à la fête de M. de Caqueray. L'intendante, Mme Tenorio, avait un pharaon chez elle tous les soirs. Je me souviens que je m'avisai d'y jouer et d'y perdre une centaine de louis, à peu près tout ce que je rapportais de plus clair de ma campagne d'outre-mer. Je voyais défiler mes pièces d'or, sans proférer une seule parole d'impatience; mais le diable n'y perdait rien. J'étais outré de dépit en dedans : mon front était serein, et je n'en étais pas moins au moment de renverser cette maudite table de jeu, lorsque je fus retenu magiquement par la galerie ; j'entendis très distinctement dire autour de moi : « Comme ce jeune officier est beau

---

1. Conte grivois que Voltaire publia prudemment sous le voile de l'anonyme, en 1767.
2. Les couleurs de l'Espagne sont : rouge et jaune.
3. Une des meilleures places maritimes d'Espagne, au nord de la Corogne, près du cap Ortegal ; son importance date de Charles III.

joueur ! il perd et ne dit mot. » Mes idées s'élèvent sur-le-champ jusqu'à l'héroïsme. Je sentis que j'avais à soutenir l'honneur de mon habit. Je remis mon poing sur la table ; mais si j'avais ouvert ma veste, on aurait vu mon autre main dont les ongles s'étaient enfoncés jusque entre cuir et chair. Je n'en laissai pas moins à la Corogne et mon argent et une réputation établie d'un très beau joueur. Cette épreuve ne me servit que sous un rapport : c'est que *onc* depuis je n'ai joué.

Il nous arriva à la Corogne un incident d'une tout autre nature, et qui pouvait avoir des suites fort graves, quoiqu'il n'y eût aucun tort de notre part.

Nous passions nos soirées dans les principales maisons de la ville, et sur les dix heures nous retournions à bord : nos chaloupes étaient toujours prêtes à nous ramener. Une nuit, et par un temps épouvantable, il nous arriva de rencontrer une cérémonie religieuse dans une rue étroite : on portait le viatique à un personnage considérable, à en juger par l'affluence du peuple qui suivait le dais : il y avait beaucoup de femmes dans la foule. Nous étions trois officiers ; rangés respectueusement, chapeau bas, nous reçûmes l'eau des gouttières qui nous tomba sur la tête par une pluie battante, et nous mouilla jusqu'à la peau. Lorsque la procession fut éloignée d'environ trente pas, nous crûmes que nous pouvions décemment remettre nos chapeaux ; mais le peuple nous les arracha en poussant des vociférations dont nous n'entendions pas les termes, ne sachant pas l'espagnol. Dans cette extrémité, nous mîmes tous les trois l'épée à la main ; alors ces trop excellents chrétiens se bousculèrent les uns sur les autres, et nous laissèrent le chemin libre : nous pressâmes le pas et enfilâmes la première rue de traverse qui s'offrit assez près de nous pour notre bonheur. Le peuple, préférant ne rien perdre de la pieuse cérémonie, ne nous poursuivit pas. Nous connaissions mal la ville et nous ne prîmes pas probablement le chemin le plus direct pour rejoindre nos chaloupes ; mais nous y arrivâmes, et nous nous y plaçâmes à notre grande satisfaction.

Je récapitulais mentalement tout ce qui m'était arrivé depuis Pierre-en-Cize, et je ne pouvais m'empêcher de me dire : Il ne me manquait plus que de me voir dans cette vilaine ville fessé en cadence, figurer dans un autodafé, coiffé d'un san-benito. Mais c'eût été par trop de malveillance de la part de la fortune, que de réunir tant de mésaventures sur un simple individu tel que moi. La Providence veilla donc sur nous tous. Cependant notre aventure fit événement dans la ville : le général commandant nous fit prier de lui donner les vrais détails de cette affaire : après en avoir été instruit, il nous engagea à ne pas descendre en ville de quelques jours, et nous promit de venir dîner à notre bord le lendemain. C'était un Irlandais, homme de beaucoup d'esprit et fort aimable ; nous nous entendîmes parfaitement ; mais nous étions désenchantés du séjour de la Corogne, et, peu de jours après, le vent étant devenu favorable, nous appareillâmes, et nous débarquâmes à Lorient, après quelques jours d'une navigation assez paisible.

CHAPITRE V

Expédition projetée au Sénégal. — Une visite à Pierre-en-Cize. — Réception que j'y reçois. — Célébrité que mon nom avait laissée. — Institution de l'ordre de Cincinnatus, où je suis reçu des premiers. — Loisirs de paix, mathématiques, musique, talent d'amateur sur le violon. — Expédition en Cochinchine. — Du petit prince prétendant qu'il s'agissait de rétablir. — Présents indiens, cornes de bouc. — Année 1789. — Présages physiques et politiques d'une irruption révolutionnaire. — Esprit de vertige à Versailles et à Paris. — Delille. — Nostradamus. — Cazotte. — M. de la Fayette et mes amis Cincinnati français prennent parti pour la Révolution. — J'émigre avec mon frère. — Campagne de Champagne. — Retraite. — Notre arrivée en Suisse. — Établissement à Lausanne. — Dénombrement de la famille qui s'y réunit. — Fondation imperceptible d'une maison de commerce devenue européenne. — Première pierre posée. — Nouvelle inespérée. — Cinquante mille francs de solde arriérée, capital et intérêts, m'appellent aux États-Unis. — Je m'embarque à Hambourg et cours recueillir ma nouvelle fortune.

Nous nous mîmes en route pour Paris, sur-le-champ, mon ami le chevalier de Capellis et moi.

Nous allâmes ensemble à Versailles, chez M. le maréchal de Castries [1], alors ministre de la marine ; je fus très questionné par lui sur tous les détails de la glorieuse affaire d'York-Town, si historique par ses résultats. Je remarquai qu'en nous retirant, le ministre prit à part

---

1. Charles-Eugène-Gabriel *de la Croix*, marquis *de Castries* (1727-1801). Servit brillamment pendant la guerre de Sept ans; vainqueur à Clostercamp. Ministre de la marine (1780). Maréchal de France (1783). Député à l'Assemblée des notables. Émigra, commanda une division de l'armée des princes.

mon ami Capellis, et j'entendis, parce que j'écoutais, qu'il lui disait de venir tel jour et à telle heure, et qu'il en résulterait de la satisfaction pour lui. Je ne me croyais pas intéressé dans l'affaire ; mais deux jours après, Capellis vint me trouver, me dit que le maréchal s'était décidé à envoyer attaquer les comptoirs anglais du Sénégal, qu'on savait en mauvais état de défense, puisqu'on jugeait qu'avec cent cinquante hommes de troupes de débarquement on devait s'en emparer. Il me dit qu'ayant le commandement de l'expédition, composée d'une frégate et d'une corvette, il avait alors demandé et obtenu pour moi le commandement en chef du détachement qui concourait à ce coup de main.

Cette expectative d'être mis sur la liste des conquérants me charma au dernier point ; c'était en petit d'abord, j'en conviens, mais il faut commencer par quelque chose ; le projet me souriait et occupait mes rêveries : je voyais déjà le clergé du pays, les marabouts, venir saluer les vainqueurs ; je touchais dans la main du roi de Dahomey, et la petite reine de Cayor me prenait en remplacement de R.... D.... [1] ; tout cela sans préjudice des dents d'éléphant et de la poudre d'or, qui ne pouvaient pas me manquer, étant maître des comptoirs anglais [2].

---

1. Ces initiales peuvent désigner le comte *Robert*-Guillaume *de Dillon*, devenu, sous Louis XVIII, lieutenant général et membre du Conseil d'administration des Invalides.

2. Tout le monde connaît la situation du royaume de Cayor, dans le Sénégal. En 1778, le roi de France y envoya une première expédition explorative, sous le nom d'ambassade, à la tête de laquelle était ou le chevalier de Boufflers ou le duc de Lauzun, je ne sais lequel des deux. Le comte R.... D.... était aide de camp du général ambassadeur. La jeune reine, femme du roi, aussi belle que la plus belle négresse, avait été élevée à l'île de Gorée, parlait anglais et lisait Clarisse. R.... lui paraissant plus aimable que le roi de Cayor, elle lui donna rendez-vous dans sa tente intérieure, par l'entremise de sa confidente Minetta.

Faracaba, le premier ministre, amoureux de la reine, qui ne pouvait le

Tout en faisant ces beaux châteaux en Afrique, je me hâtai d'en écrire à mon père, ne doutant pas un instant, dans l'excès de ma joie, qu'il ne la partageât avec plaisir : je lui écrivis donc que j'étais le plus heureux des hommes, devant être employé sous peu, avoir une occasion de me distinguer et rencontrer à la fois *gloire et profit*. Mon père, vieillard à idées positives, c'est-à-dire élevées et chevaleresques, ne fut frappé que de ces deux mots : *gloire et profit*. Réduisant les choses au simple, à ma grande surprise, je l'avoue, il m'écrivit très laconiquement et très sèchement, courrier par courrier, qu'il avait pris lecture de ma lettre et qu'il l'avait jetée au feu, pour ne pas laisser de traces des sentiments peu honorables que j'exprimais ; que chez un officier français les mots *gloire et profit* n'étaient faits pour se réunir ni dans sa bouche ni sous sa plume, et qu'enfin je prisse garde désor-

souffrir à cause de son air farouche et de son mauvais œil, devina sur-le-champ que R.... était plus heureux que lui. Il se mit à l'observer et comprit tout lorsque son rival, se levant pour demander à son général : « Trouvez-vous quelque inconvénient à ce que j'aille aimer la reine de « Cayor ? » le général répondit : « Allez, et soutenez l'honneur du nom « français. » Faracaba se promit bien alors de troubler leur entretien ; mais l'exposé des demandes du roi de France au conseil, où il fallait que ce ministre assistât, donna le temps à R.... de satisfaire la curiosité de la reine. Tout à coup, Minetta, la confidente, entre tout effarée, avertissant de l'arrivée de Faracaba ; il y va de la vie de l'étranger, de la reine peut-être : Minetta les sauva tous deux par sa présence d'esprit. R.... aurait été rôti ou bouilli, la jeune reine enterrée vivante jusqu'à la ceinture et lapidée ; tel est l'usage du pays. La dame d'honneur se saisit des pistolets de R...., et quand Faracaba entra dans la tente, où ne doit pénétrer aucun homme impunément, elle lui fit avouer qu'il voulait attenter à la personne de la princesse et qu'il s'introduisait dans cette intention. Au prix de cet aveu seulement, Minetta lui accorde la vie.

R...., plus heureux que sage, s'éloigne alors sain et sauf, et va rejoindre la flotte qui l'attendait pour mettre à la voile.

Voilà, certes, un sujet intéressant, bon pour une nouvelle historique, une romance ou un mélodrame. Celui-là aurait le mérite du respect pour l'unité d'action, l'unité de lieu et la règle des vingt-quatre heures. *(Note de M. de Moré.)*

mais à ne lui écrire rien de semblable. Cette mercuriale paternelle, où il y avait quelque chose de vrai, fut tout ce que je recueillis de l'expédition projetée, qui n'eut pas lieu.

Comme j'avais un congé qui me dispensait de rejoindre mon régiment, en garnison à Auch [1], je me rendis en Auvergne, chez mon père, qui, ses observations faites, ne m'en voulait pas autrement. Me retrouvant, au bout de trois ans, à quarante lieues de mon ancien domicile politique, du château qui ne me faisait plus peur, de Pierre-en-Cize enfin, je dis un jour à notre bon voisin, M. d'Allagnat, dont la protection m'avait été si utile, que nous devrions faire une course jusqu'à Lyon, et que je lui ferais voir par ses yeux les lieux mêmes des événements que je n'avais fait que lui raconter, voulant être cru autrement que sur parole.

Nous arrivâmes à Lyon ; l'usage était de donner à la porte son nom et celui de l'hôtel où l'on devait descendre. Le caporal interrogateur me regarde, et quoique j'eusse une redingote d'officier de dragons : « Oh ! monsieur, me dit-il en riant, je n'ai pas besoin de vous demander votre nom ; nous ne pouvons pas l'oublier : vous nous l'avez donnée bonne. » Le caporal avait précisément été de garde au château le jour du combat. Il me demanda, avec autant de joie que d'empressement, où nous allions loger, et une heure après notre arrivée nous reçûmes de

---

1. Le témoignage de M. de Moré est formel. Toutefois, nous devons dire que son nom ne figure pas dans l'*État militaire de la France,* parmi les officiers de cavalerie de la garnison d'Auch pour les années 1782 et suivantes. Est-ce parce qu'il était capitaine à la suite ? Le régiment caserné à Auch en 1782 était bien celui des « Dragons du Roi, » commandés par La Fayette. Ils sont remplacés, en 1783, par le 6ᵉ chasseurs à cheval (colonel comte de Sarlabous). — Aux archives du ministère de la guerre, il n'existe pas de dossier au nom du chevalier de Pontgibaud. — On trouvera à l'Appendice IV sa commission de capitaine de dragons.

M. de Bellecize, le commandant du château, l'invitation la plus pressante de venir dîner le lendemain [1].

Nous acceptâmes, et nous fûmes reçus à merveille. Dans le court intervalle de trois ans [2], il n'y avait rien d'étonnant à ce que, parmi les quarante hommes de garnison sédentaire à Pierre-en-Cize, il en restât plusieurs qui m'eussent connu et vu de près comme le bon caporal. Au dessert, ne voilà-t-il pas une députation de la compagnie qui vient me saluer et me régaler en sus d'une pièce de vers qu'ils avaient faite eux-mêmes en mon honneur. Elle était parfaite d'intention, je l'ai payée comme telle et de bien bon cœur à ces braves gens, qui reçurent mes pièces d'or de même.

Après le dîner, M. de Bellecize donna des ordres pour que le geôlier nous menât voir la chambre que j'avais habitée; il recommanda seulement qu'on évitât que je ne fusse aperçu d'un prisonnier qui s'appelait de Livry. Mon nom ne sortait pas de la tête de ce malheureux jeune homme; il avait déjà fait plusieurs tentatives d'évasion, citant toujours mon exemple, et se plaignant au ciel de ce qu'un homme ne pouvait pas venir à bout de faire ce qu'un autre avait fait. Le bon commandant pensait que son prisonnier deviendrait fou s'il voyait en personne celui dont on lui avait tant parlé, et dont il parlait toujours : nous ne nous sommes pas rencontrés.

Cependant, le 20 janvier 1783, l'Angleterre, par un traité de paix solennel, et en termes clairs et précis, avait reconnu l'indépendance des États-Unis.

---

1. Le marquis *de Regnault*, seigneur *de Bellecize*, mestre de camp de dragons, lieutenant des maréchaux de France, chevalier de Saint-Louis, commandant de Pierre-en-Cize à partir de 1781.

2 M. de Moré se trompe : il y avait cinq ans. En 1782, aucun des officiers du château n'était du temps où il était prisonnier.

Un des premiers actes de cette nouvelle république fut de fonder l'ordre de Cincinnatus, et de le fonder héréditaire [1]. C'était un ruban bleu de ciel moiré, bordé d'un liséré blanc, au bas duquel on voyait un aigle d'or émaillé, les ailes éployées. Nous ne savions pas en France ce qui se passait outre-mer, lorsqu'il arriva à M. le marquis de la Fayette une pacotille de douze aigles pour distribuer à lui et aux Français, ses compagnons d'armes. Je fus un des douze qu'il honora de cette marque de distinction. Pour juger combien elle était flatteuse, il faut se transporter à l'époque. Je crois me rappeler que le comte de Rochambeau reçut aussi trente-six aigles de Cincinnatus pour lui et les principaux officiers de son corps d'armée.

Les réclamations en droits ou en prétentions ne tardèrent pas à arriver, ainsi qu'il en est de ces sortes de signes dans tous les temps, en France, depuis Louis XIV. La marine française en demanda avec juste raison, de sorte qu'au bout d'un an je ne voudrais pas jurer que Beaumarchais lui-même n'en ait pas été gratifié : le plus petit point de contact avec les Américains avait fini par devenir un titre.

Je reçus donc des premiers l'ordre de Cincinnatus, et avec un sensible plaisir.

Je crus sincèrement que ce serait là tout ce que nous vaudraient jamais nos campagnes dans le Nouveau Monde. Je déclare que je n'avais pas mis sur mes tablettes, même pour mémoire, l'arriéré de mes appointements d'officier

---

[1]. Institué par Washington en 1783, n'exista plus après lui. Sur un médaillon ovale à fond d'or, était représenté un soleil levant au-dessus d'un laboureur dirigeant sa charrue; sur un cercle bleu, ces mots : *Omnia vincit sero Respublica;* et au revers : *Virt. præm. Soc. Cin. inst. 1783.* Deux branches de laurier réunissaient l'aigle au ruban bleu liséré de blanc.

au service du congrès. Je me trompais, et on verra plus tard qu'il n'y a rien à perdre avec d'honnêtes gens.

Quoi qu'il en soit, après plusieurs années d'une vie aussi active, l'état de paix me paraissait monotone : j'allais de Paris à ma garnison, de ma garnison à Paris ; j'imaginai de me remettre aux mathématiques, et je pris un maître. Je me suis toujours rappelé avec plaisir et intérêt que mon professeur de mathématiques était cet homme simple et modeste appelé M. Pinel [1]. Il avait, sans que je m'en doutasse, pendu au croc son bonnet de docteur en médecine qu'il venait d'obtenir à Montpellier, il n'avait ni perruque ni canne à bec-de-corbin, et allait donner ses leçons coiffé en cheveux à boucles et avec une queue. J'ai été aussi aise que surpris d'apprendre, peu d'années après, que le célèbre docteur Pinel et mon ancien maître de mathématiques n'étaient qu'un seul et même homme.

Ne voulant pas en faire mon état, je ne pouvais pas toujours apprendre les mathématiques ; or, la journée est longue, surtout pour quelqu'un qui, comme je l'ai dit, s'était promis de n'être pas joueur : je résolus d'apprendre le violon, et comme, dans mon caractère, les goûts devenaient des passions et que je n'en avais jamais qu'une à la fois, après la gloire, je me mis à aimer les mathématiques, et après les mathématiques la musique. Je me donnai au violon tout entier : je pris, avec une ardeur que je ne conçois plus aujourd'hui, des leçons des virtuoses de

---

[1]. Philippe *Pinel*, médecin célèbre (1745-1826). Directeur de l'hospice de Bicêtre, en 1792, il remplaça par la douceur les usages de brutalité employés contre les fous. Il établit les mêmes réformes à l'hôpital des folles, à la Salpêtrière. Professeur à la Faculté de Paris, membre de l'Académie des sciences et de l'Académie de médecine, il a laissé plusieurs ouvrages, dont le plus célèbre, traduit en toutes les langues de l'Europe, est la *Nosographie philosophique*.

ce temps-là : je me fis l'écolier de Capron, de Jarnowick, de Traversa, de Viotti [1]. J'étais arrivé à exécuter les concertos les plus difficiles ; mais je crois que je n'aurais pas joué une contredanse aussi rondement que tel ménétrier de village.

C'est ainsi que je passais mes hivers à Paris, chez mon bon oncle, le président de Salaberry, entre les arts et l'amitié ; les six autres mois à mes garnisons, allant de l'écurie et du pansement à la parade et aux manœuvres. J'avais bien par occasion quelques regrets de ma vie aventureuse dont le fil devenait d'une soie bien douce, bien égale, bien uniforme : je crus un moment que j'allais être réveillé de cette espèce de sommeil, et que ma destinée m'enverrait guerroyer dans les Indes.

Un Père des missions étrangères [2] conduisit à Paris ce qu'il appelait le prétendant au trône de la Cochinchine.

---

1. *Capron*, violoniste français, auteur de sonates, neveu de Piron.
Jarnowick (1745-1804). Violoniste sicilien qui eut une grande vogue à Paris à la fin du règne de Louis XV. Musicien de la chapelle royale de Berlin (1779). Fit de nombreux voyages en Angleterre, en Russie, en Allemagne. Mourut méprisé et dans la débauche.
Joachim *Traversa*, violoniste piémontais, auteur de quatuor et de concertos ; brilla à Paris en 1770.
Jean-Baptiste *Viotti* (1753-1824). Violoniste piémontais, très apprécié à Londres et à Paris. Protégé de Marie-Antoinette et de la plus haute société. Directeur de l'Opéra italien (1788-1791) ; de l'Opéra (1819-1822).

2. C'était Mgr Pierre *Pigneau de Béhaine* (1741-1799), envoyé aux Indes dès 1765 ; évêque d'Adran et vicaire apostolique du Cambodge et de la Cochinchine (1774), où sa mémoire fut vénérée.
Deux familles rivales se disputaient le trône de Cochinchine ; le chef de l'une d'elles, le roi Nguyen, sollicita le concours de la France et confia son fils, le prince Canh, un enfant de six ans, à Monseigneur d'Adran. Ils arrivèrent à Lorient en février 1787. Reçu à l'audience de Louis XVI (6 mai), Mgr de Béhaine obtint qu'une expédition fût décidée. Un traité (28 novembre) nous concédait, avec Poulo-Condor, de grands privilèges en Orient. L'évêque d'Adran se rembarqua le 27 décembre 1787.
Le séjour du jeune Canh fit sensation à Versailles et à Paris. La mode s'en mêla : Léonard, le coiffeur de la reine, inventa la coiffure au prince royal et les chignons à la chinoise ; toute la cour voulut les porter.

Le jeune prince cochinchinois, dont la légitimité ne me parut pas un instant douteuse, avait à sa suite plusieurs mandarins de sa cour, tous de la plus petite stature; la taille du monarque ne promettait pas d'être plus élevée. Au total, il était difficile de les regarder sans rire. Sur le rapport du révérend Père et dans les intérêts de notre commerce, le gouvernement parut disposé à aider le petit souverain à remonter sur son trône : on ne demandait pour cette opération que deux frégates et cinq cents hommes de troupes. On m'avait dit que le comte de Béhague [1], qui commandait à Belle-Isle, devait être chargé de l'expédition. Je le connaissais beaucoup; je m'empressai d'aller le prier de solliciter le ministre de m'employer dans cette affaire-là sous les ordres du comte. J'avais été induit en erreur; il n'avait pas été question de M. de Béhague, et je ne sais plus qui fut chargé de cette expédition [2].

Je fis encore là un joli rêve de plus; mais j'y gagnai toujours de voir le royal présent que le petit prince avait apporté, par je ne sais quelle préférence, à la comtesse de La Marck [3]. Elle logeait alors aux Tuileries, dans les

1. Jean-Pierre-Antoine *de Béhague*, officier de cavalerie, chevalier de Saint-Louis. Gouverneur de la Guyane. Maréchal de camp (1771); lieutenant général (1791). Gouverneur de la Martinique, où il maintint l'autorité royale contre les révolutionnaires jusqu'en 1793. Réfugié en Angleterre. Nommé, par le comte d'Artois, commandant général de la Bretagne (1798).

2. L'expédition fut d'abord confiée à M. du Fresnes, colonel du régiment de Bourbon, et à son défaut à M. de Chermont, colonel du régiment de l'Ile-de-France. Enfin, la direction échut au comte de Conway, commandant supérieur des forces françaises de l'Inde. Ce gentilhomme irlandais, chassé de l'armée de Rochambeau, en Amérique, fit aussi en Asie la plus fâcheuse figure. Il fut en partie cause de l'avortement du projet patriotique de Monseigneur d'Adran.

3. Marie-Anne-Françoise *de Noailles* (1709-1793), fille du maréchal duc de Noailles et de Mlle d'Aubigné, nièce, par suite, de Mme de Maintenon. Épousa (1744) Louis, comte *de la Marck*, grand d'Espagne. Dame d'honneur de la dauphine Marie-Antoinette. – Voir sur elle : A. GEFFROY, *Gustave III et la cour de France*, I.

appartements qu'occupe aujourd'hui Madame la Dauphine. Je vis sur la cheminée une paire de cornes d'un bouc de la Cochinchine; ce singulier présent fit grandement gloser. Quant à moi, je sortis frappé de la beauté des boucs cochinchinois, plus encore que de l'importance d'un royaume dont on pouvait changer le souverain avec cinq cents hommes et deux frégates; mais, entre nous, je n'ai dit cela qu'après avoir su que je ne serais pas de l'expédition.

Cette impatience du repos, cette inquiétude guerroyante, ou plutôt ce besoin vague d'activité et cet amour du changement qui tient au caractère français, ne me tourmentèrent pas seul; c'était une fièvre qui agitait diversement la société entière à cette époque.

Louvois fit, dit-on, faire la guerre du Palatinat, pour occuper Louis XIV d'autre chose que d'une fenêtre de Trianon, au sujet de laquelle il avait contredit son maître, qui avait raison [1]. Depuis la guerre d'Amérique, toutes les têtes de la jeunesse fermentaient à la cour et à la ville. L'esprit d'imitation était à la mode; les Anglais et les Américains, les deux peuples les plus réfléchis, les plus positifs, les plus lourds, étaient célébrés comme des modèles par le peuple le plus spirituel et le plus léger. Ajoutez à cet engouement l'esprit frondeur particulier à la nation française, il n'y avait pas à balancer : dans sa disposition morale, il fallait que le gouvernement sût lui présenter une forte et brillante distraction, que les Français saisiraient avec fureur; enfin un aliment quel qu'il fût. Ne se battaient-ils pas en duel comme Gluckistes ou

---

1. C'est Saint-Simon qui a propagé cette historiette, à deux reprises, en des termes identiques, dans ses *Mémoires* (année 1699, chap. CCXIX ; année 1715, chap. CDVI : *Origines de la guerre de 1688*). — M. Camille Rousset (*Histoire de Louvois*, t. III, chap. VI, p. 408) a combattu cette assertion.

Piccinistes [1], faute d'autres motifs ? Il fallait saisir le prétexte de la querelle du Stathouder et de la Hollande, et défendre les Provinces-Unies contre les Prussiens [2]. Une guerre avec la Prusse eût occupé l'humeur guerrière de notre ardente et trop nombreuse jeunesse ; avec ce palliatif, la représentation de cet épouvantable drame, appelé Révolution française, eût été du moins retardée de dix ans. Il fallait faire mieux encore : à l'époque où la lutte entre l'Angleterre et ses colonies révoltées donnait à cette puissance précaire les plus justes sujets d'alarmes, la France devait se porter médiatrice et non pas auxiliaire hostile. Nous aurions recouvré le Canada, l'Espagne, Gibraltar; et y avait-il tant d'obstacles, puisque dans le Congrès des treize provinces, pour former l'union, six avaient voté contre la rupture, à commencer par Washington lui-même : mais cela n'était pas écrit ainsi là-haut.

Il est certain que dans ce temps-là, vers 1785 ou 1786, j'ai lu dans un *Mercure* cette prophétique citation ou annonce :

---

1. Christophe *Gluck* (1714-1787). Compositeur allemand d'opéras et de symphonies. Il donna à Paris : *Iphigénie en Aulide* (1774); *Armide* (1777); *Orphée* (1776), etc. Sa musique, pathétique, recherchait surtout l'expression dramatique ; elle contrastait avec les mélodies douces de son contemporain et rival Piccini. Pendant dix ans, tout Paris se divisa en deux camps : Gluckistes et Piccinistes.
Nicolas *Piccini* (1728-1800). Compositeur napolitain qui remporta de grands succès à Rome, puis à Paris (1776-1791). A la Révolution, il retourna en Italie et mourut sans fortune. Ses principaux opéras sont : *Roland* (1778) ; *Atys* (1780); *Iphigénie* (1781); *Didon* (1783), son chef-d'œuvre.

2. Guillaume V de Nassau, stathouder de Hollande (1751-1795), prétendit étendre ses prérogatives; il était soutenu par l'Angleterre et par son beau-frère, le roi de Prusse. Une violente insurrection éclata en 1785. Dix ans plus tard, ses États furent conquis par l'armée française, que Pichegru commandait.

INSCRIPTION TROUVÉE A LISKA, EN HONGRIE, DANS LE
TOMBEAU DE REGIO MONTANUS.

Post mille expletos à partu Virginis annos,
Et septingenos rursùs abindè datos,
Octogesimus octavus mirabilis annus
Ingruet et secum tristia fata feret.
Si non hoc anno totus malus occidet orbis,
Si non in nihilum terra fretumque ruent,
Cuncta tamen mundi rursum ibunt atque deorsùm
Imperia et luctus undique grandis erit.

« Mille ans après la nativité de Notre-Seigneur, et sept cents ans en sus, l'année quatre-vingt-huitième commencera et présentera de tristes événements. Si cette année ce monde pervers n'est pas détruit tout entier, si la terre et la mer ne sont pas rendues au néant, tous les trônes seront mis une seconde fois sens dessus dessous, et il y aura un deuil universel. »

Je sais que Regio Montanus, ou Muller [1], est mort à Rome, et qu'il a été enterré au Panthéon, en 1476. Je crois que Regio Montanus n'était pas plus prophète que Nostradamus; mais qu'il y ait erreur ou non dans le lieu de la sépulture, que les vers prophétique, bons ou mauvais, lui soient ou non faussement attribués, la question n'est pas là. Je les ai vus et lus dans un *Mercure*, en 1785, 1786 ou 1787; et en 1788, nous avons eu en France et en Europe de si violents orages dans l'atmosphère politique, que les vers ont été rappelés dans tous les journaux français et étrangers. Je n'établis que l'observation et me

---

1. Jean *Muller*, astronome allemand du xve siècle qui, dans ses écrits, prenait le nom de *Régiomontanus*. Protégé du cardinal Bessarion et de Sixte IV. S'occupa d'astrologie, de mécanique et de mathématiques. Il publia le premier calendrier populaire (1475).

borne à consigner ce souvenir. A cette année 1788 succéda l'année 1789, c'est-à-dire l'explosion révolutionnaire, dont personne n'a calculé la portée, dont beaucoup ont craint les ravages, et dont tous ont payé chèrement les résultats. Parmi les enthousiastes, se sont fait remarquer tous ceux qui s'étaient engoués des idées nouvelles dont l'Amérique fut la terre classique; à eux se joignaient les jeunes seigneurs de la cour qui s'étaient laissé approcher par les gens de lettres, et qui se croyaient beaux esprits parce qu'ils fréquentaient le spirituel et impertinent Chamfort [1]. Il se moquait d'eux avec raison, celui qui disait impunément à M. le comte de Narbonne [2] et à M. le comte de Choiseul [3], dans un yacht sur le Moërdick : « Mes amis, connaissez-vous rien de plus plat qu'un gentilhomme français ? »

A eux se joignaient les disciples de l'école de l'hôtel de La Rochefoucauld, rue de Seine, présidée par Mme d'A.... [4],

---

1. *Chamfort*, de son vrai nom Roch (Sébastien-Nicolas), était un enfant naturel (1741-1794). Secrétaire des commandements du prince de Condé (1776), puis lecteur de Madame Élisabeth. Membre de l'Académie (1781). Embrassa chaudement les principes révolutionnaires. Conservateur de la Bibliothèque royale (1792). Jeté en prison pendant la Terreur, tenta de se suicider et mourut de ses blessures. Il a laissé un nom dans les lettres, particulièrement par ses *Éloges* de Molière (1769) et de La Fontaine (1774).
2. Louis, comte de *Narbonne-Lara* (1755-1813). Élevé à la cour de Versailles. Colonel du régiment de Piémont. Maréchal de camp (1791). Ministre de la guerre (1791-1792). Avait une grande popularité à l'Assemblée législative, mais il fut débordé par les événements. Émigra. Défendit Louis XVI dans un mémoire éloquent. Rentré en France, fut nommé général de division (1809). Ministre plénipotentiaire en Bavière. Aide de camp de l'empereur (1812), fit la campagne de Russie. Ambassadeur à Vienne, essaya de négocier la paix à Prague (1813).
3. Comte de *Choiseul-Gouffier* (1752-1817). S'occupa à des travaux littéraires et à des voyages scientifiques (en Grèce, en 1776). Membre de l'Académie des inscriptions (1776) et de l'Académie française (1784). Ambassadeur à Constantinople (1784-1792). Pair de France (1815) et ministre d'État.
4. La duchesse *d'Anville* (Marie-Louise-Nicole de la Rochefoucauld). Les réunions de son hôtel, rue de Seine, sont célèbres. Voir les *Mémoires de Mme de Chastenay*, t. I, p. 105.

où figurait parmi les philosophes, les philanthropes, les économistes, tous de la secte des frondeurs, le vicomte de B.... [1], qui n'était qu'un très joli danseur. A eux se joignaient encore les factieux en robes rouges, qui croyaient renouveler le cardinal de Retz [2], et qui ne valaient seulement pas le conseiller Broussel [3]; puis un petit singe d'abbé Le C...., qui, taillé comme Scarron [4], s'était fait assez remarquer par sa turbulence pour que la reine l'appelât dérisoirement le général Jaco; un Hérault de Séchelles [5] ! l'un des plus beaux de la société, et qui n'avait qu'à ne rien dire et ne rien faire pour arriver aux plus hautes dignités de la magistrature, sous les auspices les plus favorables; il réunissait l'intérêt et la bienveillance générale à l'esprit et, disait-on, au talent; il était parent de Mme de Polignac [6] et honoré de la protection publique de la reine de France : voilà pour la ville.

Quant à la cour, on se demande quel esprit de vertige avait donc saisi tous ces admirateurs et sectateurs des systèmes constitutionnels, des idées révolutionnaires, si

---

1. Alexandre-François *de Beauharnais* (1760-1794), général en chef de l'armée du Rhin (1792). Guillotiné pendant la Terreur. Premier mari de la future impératrice Joséphine.
2. Paul *de Gondi*, cardinal *de Retz* (1613-1679), coadjuteur puis archevêque de Paris (1643-1662). Célèbre par son rôle au temps de la Fronde et les *Mémoires* qu'il a laissés.
3. Pierre *Broussel*, conseiller au Parlement, qui prit parti contre la Cour, et dont le nom servit de prétexte à la journée des Barricades, prélude de la Fronde (26 août 1648).
4. Paul *Scarron* (1610-1660). Fameux dans le genre burlesque, avec le *Roman comique* et l'*Énéide travestie*. Ses infirmités l'avaient rendu impotent. Il avait épousé Françoise d'Aubigné, depuis Mme de Maintenon.
5. Jean *Hérault de Séchelles* (1759-1794). Avocat général au Parlement de Paris. Député à l'Assemblée législative (1791); à la Convention (1792). Demanda ou vota les pires mesures. Girondin, se rallia aux Jacobins. Membre du Comité de salut public. Condamné à mort avec les Dantonistes.
6. Yolande-Gabrielle *de Polastron*, duchesse *de Polignac* (1749-1793). Gouvernante des Enfants de France. Émigra après le 14 juillet 1789 et mourut à Vienne.

désireux d'un autre ordre de choses, si affamés de changements de condition, enfin tous ces réformateurs à talons rouges. Les uns étaient égarés par une fausse ambition, et chacun croyait sans doute être appelé à jouer le rôle de Washington, président des provinces. Je suppose que ce rêve appartenait aux Lameth [1], neveux du maréchal de Broglie [2], élevés, dotés par la reine elle-

---

1. Les Lameth, neveux du maréchal de Broglie, étaient sept frères quatre sont connus :
  Augustin, marquis *de Lameth* (1755-1837). Maréchal de camp de cavalerie. Député au Corps législatif (1805-1810).
  Théodore, comte *de Lameth* (1756-1854). Élevé, ainsi que ses frères, par les bienfaits de Marie-Antoinette. Prit part, comme officier de marine, à la guerre d'Amérique. Député du Jura (1791), siégea au côté droit. Maréchal de camp (1791). Réfugié en Suisse. A l'écart sous l'Empire et la Restauration. Député de la Somme aux Cent-jours.
  Charles, comte *de Lameth* (1757-1832). Servit avec courage, sous La Fayette, en Amérique. Colonel du régiment des cuirassiers du Roi, chevalier d'honneur du comte d'Artois. Très courtisan avant 1789, très révolutionnaire comme député aux États généraux de la noblesse d'Artois. Ses délations contre ses anciens bienfaiteurs le conduisirent à un duel avec le duc de Castries, après lequel il excita la populace au pillage de son hôtel. Son cynisme fut d'autant plus remarqué, après la fuite de Varennes, qu'il touchait de Louis XVI une pension secrète de 60,000 livres. Président de l'Assemblée (1791). Maréchal de camp (1792). Arrêté après le 10 août. Quitta la France, se rallia à Napoléon en 1809, commandait sur les frontières d'Espagne à la fin de l'empire, se rallia à Louis XVIII. Lieutenant général (1814). Député de Pontoise (1829-1831). Se rallia à Louis-Philippe.
  Alexandre, chevalier *de Lameth* (1760-1829). Officier, pendant la guerre de l'Indépendance, dans le corps de Rochambeau. Colonel (1785). Député de la noblesse de Péronne (1789). Adopta avec ardeur les idées nouvelles. Après le retour de la famille royale de Varennes, suivit des principes plus modérés. Maréchal de camp (1792). Arrêté avec La Fayette et mis, comme lui, en prison par les Autrichiens. Rallié à Bonaparte ; préfet des Basses-Alpes, de la Roër, du Lot. Baron de l'empire (1810). Lieutenant général et préfet de la Somme, à la première Restauration. Pair de France aux Cent-jours. Député de la Seine-Inférieure (1820), de Seine-et-Oise (1827). Siégea dans l'opposition.
  2. Victor-François, deuxième duc *de Broglie* (1718-1804). Troisième maréchal de France de son nom (1759). Fut un des officiers les plus remarquables du règne de Louis XV. Vainqueur des Prussiens à Sunderhausen (1758) à Berghen (1759); à Corbach (1761). Ministre de la guerre (13-15 juillet 1789). Commanda un corps d'émigrés en 1792. Il mourut à Munster, à quatre-vingt-six ans.

même, ayant chacun un régiment, ce qui était une insigne faveur. Ces révolutionnaires de cour se présentaient à l'opinion publique le front marqué du sceau de la plus noire ingratitude, et avec leur charlatanisme de popularité et de philanthropie ils ne faisaient que singer le chien qui lâchait sa proie pour l'ombre.

D'ailleurs, ils avaient la bonhomie de croire qu'une révolution s'arrêterait là où l'intérêt de ceux qui l'appelaient se trouverait satisfait.

Le duc d'Orléans [1] et ses amis ont pensé que la Révolution amènerait à leur profit un changement de dynastie, et voilà tout; ils se gardaient bien de prévoir qu'ils monteraient sur l'échafaud avant lui, avec lui, ou après lui.

Les parlements ne s'attendaient pas au même sort pour avoir refusé d'enregistrer l'impôt du timbre, l'impôt territorial, et pour avoir demandé les États généraux.

Les rentiers de Paris trouvèrent la Révolution admirable dès que M. Vernier [2] leur eut dit que la nation prenait la dette publique sous sa sauvegarde; ils ne furent déniaisés que quand le même homme déclara, deux ans après, qu'on faisait banqueroute des deux tiers.

Les seuls qui ne se seraient pas trompés dans leurs calculs sont ceux qui, n'ayant rien à perdre, avaient tout

---

1. Louis-Philippe-Joseph, duc *d'Orléans* (1747-1793). Arrière-petit-fils du Régent et père de Louis-Philippe, roi des Français. Décrié par l'infamie de ses mœurs. Ennemi acharné de Marie-Antoinette. Grand maître de la franc-maçonnerie (1771). Soudoya les premiers troubles révolutionnaires. Député de la noblesse du Valois (1789), à la suite d'une tromperie. Devenu Philippe-Égalité (1792). Membre de la Convention, régicide, mort sur l'échafaud (6 novembre).

2. Théodore *Vernier* (1731-1818). Avocat à Lons-le-Saunier. Député aux États généraux (1789). Secrétaire et président de l'Assemblée. Membre de la Convention, vota contre la mort du Roi et parla contre les mesures de tyrannie. Présidait l'Assemblée aux journées de prairial. Membre du Conseil des Anciens (1795); du Sénat (1799); de la Chambre des pairs (1814). Comte de l'empire (1808).

à gagner, et la plupart de ceux-là mêmes ne se sont élevés que pour tomber.

Or, quiconque alors a voulu oser n'a point craint d'oser ; la monarchie elle-même avait déclaré qu'on le pourrait impunément. Le roi Louis XVI, le meilleur et le plus honnête homme de son royaume, avait dit à son lecteur, M. de Septchênes [1], qui lui lisait l'histoire de la révolution d'Angleterre de 1641 : « Pour moi, à la place de Charles Ier, je n'aurais jamais tiré l'épée contre mon peuple. »

Cet excellent prince ne devait ni dire cela ni le penser. Aussi, le 23 juin 1789, le roi dit-il en vain aux États généraux dans la séance royale : « Messieurs, je vous ordonne de vous séparer à l'instant. » Le roi partit ; Bailly [2], le président, resta ; Mirabeau [3] répondit à M. de Brézé [4], qui vint donner itérativement l'ordre de se retirer : « Allez dire à votre maître que nous sommes ici par la puissance du peuple, et que nous n'en sortirons que par

---

1. *Le Clerc des Septchênes*, secrétaire de la chambre et du cabinet (maison du Roi), de 1771 à 1790.
2. Jean-Sylvain *Bailly* (1736-1793). Ses études scientifiques lui ouvrirent les portes de l'Académie des sciences (1763), de l'Académie française (1784), de l'Académie des inscriptions (1785). Député aux États généraux, président de l'Assemblée nationale (16 juillet 1789). Premier maire de Paris ; démissionnaire (novembre (1791). Arrêté après le 10 août ; guillotiné le 12 novembre 1793.
3. Honoré *Riquetti*, comte *de Mirabeau* (1749-1791). Sa jeunesse orageuse le fit enfermer à l'île de Ré, au château d'If, au fort de Joux, à Vincennes. Voyagea en Angleterre et en Prusse, s'y lia avec les « philosophes. » Repoussé par la noblesse d'Aix, se fit nommer député par le Tiers aux États généraux. Une éloquence entraînante lui créa aussitôt une place à part ; il porta à la monarchie, à l'ordre social, à la religion, les coups les plus dangereux. Il se rapprochait du Roi, qui avait acheté son concours, lorsqu'il succomba aux fatigues de la vie publique et de la débauche.
4. Girard-Henri, marquis *de Dreux-Brézé* (1766-1829). Succéda à son père dans la charge de grand maître des cérémonies, dont sa famille était titulaire depuis Louis XIII. Il ne quitta Paris qu'après le 10 août 1792. En 1814, il reprit sa charge auprès de Louis XVIII. Pair de France le 17 août 1815.

la puissance des baïonnettes [1]. » Dès lors la Révolution fut proclamée.

Tous les événements, les crimes, les malheurs, les excès qui se succédèrent, ne furent que la conséquence irrésistible et inévitable des premiers événements ; aussi ne m'appesantirai-je pas sur le 14 juillet et sur les scènes atroces de cette affreuse journée.

Animus meminisse horret luctuque refugit [2].

L'établissement de la garde nationale à Paris régularisa l'insurrection, proclamée le plus saint des devoirs. Le pouvoir royal fut suspendu par le fait : de ce jour la France eut douze cents législateurs, auxquels personne, comme le dit l'impératrice Catherine II [3], excepté le Roi, ne voulut obéir. Aussi, le 16 juillet, ce ne fut pas le Roi, ce ne fut pas l'Assemblée dite nationale, ce fut le peuple qui nomma M. Bailly maire de Paris, et M. de la Fayette commandant général de la garde nationale.

---

1. Si embellie dans les termes qu'elle en devient légendaire, l'apostrophe au marquis de Dreux-Brézé (exagérée par Mirabeau lui-même dans sa *Treizième lettre à ses commettants*) peut être ramenée à ces mots : « Vous n'avez ici ni place ni droit de parler. Si on vous a chargé de nous faire sortir, demandez des ordres pour employer la force. La violence seule pourra nous faire déguerpir. » Mirabeau prononça ces paroles de sa place, dans le désordre bruyant de l'Assemblée ; elles furent entendues de ses voisins seuls ; il ne se substitua point au président Bailly, auquel M. de Dreux-Brézé affecta de parler, sans s'adresser même à Mirabeau, « le député du bailliage d'Aix, » comme il le dit dédaigneusement. — Voir *Revue de la Révolution* (mai 1892).

2. Virgile, *Énéide*, II, vers 12.

3. *Catherine II* (1729-1796). Fille du prince d'Anhalt, mariée au duc de Holstein (1745), qui fut le czar Pierre III. Elle fit déposer, peut-être mourir, son époux (1762). Sa vie privée fut aussi licencieuse que sa vie politique habile. Elle conquit la Crimée, présida aux trois partages de la Pologne, favorisa l'agriculture et les arts, pensionna les écrivains célèbres.

Le même jour 16, M. le comte d'Artois [1], la maison de Condé [2], le prince de Conti [3], sortirent de France, et l'émigration commença.

Depuis le funeste jour du 14 juillet, où Paris renouvela les scènes de Naples du temps de Masaniello [4], jusqu'au 21 janvier, l'histoire de France m'a paru écrite dans ce que je consens à appeler les rêveries de Nostradamus [5].

Il est au moins bizarre et curieux de se rappeler à la fois les faits historiques et les extraits de centuries, où sont les prophéties suivantes :

.... Fuis les deux prochains tarase détroits :
Car Mars fera le plus horrible trône,
De coq et d'aigle en France frères trois.

(Centurie VIII, quatrain 67.)

1. Charles-Philippe, comte *d'Artois* (1757-1836), troisième fils du Dauphin, fils de Louis XV. Mena la vie la plus brillante avant la Révolution ; passa l'émigration à Coblentz et en Angleterre. Lieutenant général du royaume en 1814. Succéda à Louis XVIII en 1824 sous le nom de Charles X ; détrôné par la révolution de 1830. Vécut en exil à Holyrood, à Prague et à Goritz.

2. En 1789, la maison de Condé comprenait le prince Louis-Henri-Joseph (1736-1818), le futur chef de « l'armée de Condé : » son fils, le duc de Bourbon (1756-1830) ; son petit-fils, le duc d'Enghien (1772-1804).

3. Louis-François-Joseph *de Bourbon*, prince *de Conti* (1734-1814). Le dernier de la branche cadette des Condés. Sa vie fut insignifiante ; il émigra en 1789, revint en France en 1790, fut emprisonné deux ans à Marseille et exilé en Espagne ; il mourut à Barcelone.

4. *Masaniello* (1622-1647). Pêcheur d'Amalfi qui se mit à la tête d'un mouvement populaire des Napolitains contre la gabelle (juillet 1647). L'émeute fut victorieuse, et après des violences atroces, le vice-roi contraint de céder à la populace. Masaniello devint fou d'orgueil de ce succès ; ses partisans l'abandonnèrent bientôt à ses extravagances, et il fut assassiné après une dictature de huit jours.

5. *Nostradamus* (1503-1566). Né en Provence, d'une famille juive. Étudia la médecine à Montpellier. De nombreux voyages, quelques guérisons, lui firent une réputation. Il s'adonna à l'astrologie, publia des prédictions (*Centuries*, à Lyon, 1555), qui eurent une vogue considérable. Catherine de Médicis, Charles IX, les princes de Savoie, le consultèrent.

La part *solus* mari sera mitré [1],
Retour conflict passera sous la tuile [2],
Par cinq cent un trahir sera titré,
Narbonne et Saulce par quarteaux aurons d'huile [3].

(Centurie IX, quatrain 34.)

Le trop bon temps, trop de bonté royale,
Faits et défaits, prompt, subit, négligence :
Léger croira faux d'épouse loyale,
Lui mis à mort par la bénévolence.

(Centurie X, quatrain 43, édit. de 1567.)

Et la chanson de Delille [4] en 1776 :

Vivent tous nos beaux esprits
  Encyclopédistes,
Du bonheur Français épris,
  Grands économistes, etc.

Et ce couplet prophétique des crimes législatifs et des farandoles de 1792, 93 et 94 :

Plus de moines langoureux,
  De plaintives nonnes ;
On verra les malheureux
Danser, abjurant leurs vœux,
  Galante chaconne !!!....

---

1. Le bonnet rouge mis, le 20 juillet 1792, sur la tête du Roi.
2. Retour de Varennes aux Tuileries. *(Note de M. de Moré.)*
3. Narbonne.... Saulce était procureur de la commune de Varennes et marchand épicier. *(Note de M. de Moré.)*
4. Jacques *Delille* (1738-1813). Littérateur français. Donna une traduction des *Géorgiques* (1769), de l'*Énéide* (1804), du *Paradis perdu* (1808); publia des poèmes qui eurent un grand succès : *Les Jardins* (1782), *La Pitié* (1803), *Les trois règnes de la Nature* (1809), etc. Membre de l'Académie (1774). Professeur au Collège de France.

Que dire enfin de la conversation de Jonas Cazotte [1], rapportée par La Harpe, à moins qu'on ne l'explique par la clairvoyance intuitive, qu'il faudrait ensuite expliquer elle-même, ce qui mènerait fort loin, mais où? La seule chose certaine, c'est qu'il n'y a dans ce monde de hasard nulle part, en rien, et qu'il n'y a pas d'effet sans cause.

Le principe moteur des causes et des effets se trouve dans Balzac [2], qui tirait, sous Louis XIII, l'horoscope du passé, du présent et de l'avenir de l'ordre social en France comme ailleurs, quand il a dit : « Il faut toujours en venir « là; il est très vrai qu'il y a quelque chose de divin; « disons davantage : il n'y a rien que de divin dans les « maladies qui travaillent les États. Ces dispositions, « cette humeur, cette fièvre chaude de rébellion, cette « léthargie de servitude, viennent de plus haut qu'on ne « s'imagine. Dieu est le poète, et les hommes ne sont que « les acteurs. Ces grandes pièces qui se jouent sur la « terre ont été composées dans le ciel, et c'est souvent un « faquin qui doit en être l'Atrée ou l'Agamemnon » (*Socrate chrétien*) [3].

Le 16 juillet, M. de la Fayette était donc le commandant général de la milice parisienne, le Fairfax [4] de la

---

1. Jacques *Cazotte* (1720-1792) publia quelques romans agréables, s'occupa beaucoup d'illuminisme. Ses principes religieux et monarchistes le désignèrent aux assassins de septembre et le firent monter sur l'échafaud. On sait que la « prédiction » de Cazotte sur le supplice de Louis XVI n'est qu'une fiction littéraire de La Harpe.

2. Louis *Guez de Balzac* (1596-1655). D'une bonne famille d'Angoumois. Écrivain agréable, historiographe de France, conseiller d'État, protégé de Richelieu, l'un des premiers membres de l'Académie française. Il a laissé des *Entretiens littéraires, le Socrate chrétien*, etc. On a recueilli de lui des *Lettres* élégantes à Chapelain, Conrart, etc.

3. Discours VIIIe. « Considérations sur quelques paroles des *Annales* de Tacite. »

4. Lord Thomas *Fairfax* (1611-1704). Protestant anglais que l'exaltation religieuse mit aux ordres de Cromwell. A la tête des troupes du Parlement,

révolution française. Beaucoup de personnes me proposèrent de me joindre à mes anciens frères d'armes d'outremer, et de servir sous les ordres de ce général. Mon attachement pour lui n'alla pas jusqu'à suivre la route qu'il crut sans doute pouvoir prendre, et je refusai. On a dit avec raison qu'en révolution, le plus difficile n'est pas de faire son devoir, c'est de le connaître. J'ai fait le mien, parce que je le connaissais ; j'aurais agi de même, eussé-je prévu les événements. De toutes les positions à choisir, la pire, c'est d'être entre le marteau et l'enclume ; or, en France, c'était d'être entre la révolution et la monarchie ; il fallait opter. Je crus me mettre du côté de la monarchie en émigrant ; un plus grand nombre peut-être encore de personnes, que je ne condamne pas, ont cru se mettre du côté de la monarchie en restant en France ; beaucoup d'autres encore n'ont pas pu faire autrement. Je ne traite nullement cette question ; des milliers de pages ne suffiraient pas, et l'éclairciraient encore moins : je ne veux recueillir dans les événements que les circonstances qui me sont personnelles et qui peuvent me fournir des souvenirs féconds en observations utiles aux autres encore plus qu'à moi.

Nous émigrâmes donc, mon frère et moi, aussi persuadés l'un que l'autre, ainsi que tous les émigrés qui formaient l'armée des princes, que nous pouvions mettre sur nos drapeaux : *Veni, vidi, vici*, et nous entrâmes en Champagne, en 1792, avec le roi de Prusse.

Verdun fut pris le 2 septembre ; le lendemain, l'armée devait et pouvait assurément arriver à Châlons, à trente lieues de la capitale, où le roi Louis XVI et sa famille

il battit celles de Charles Iᵉʳ (1645-1646). Il refusa de siéger parmi les « juges » du malheureux roi et se retira dans ses terres. Il prit parti pour les royalistes, à la restauration de Charles II.

étaient alors prisonniers au Temple. L'armée française, en nombre inégal, occupait une ligne immense, et n'aurait pas empêché quatre-vingt mille hommes, commandés par le duc de Brunswick [1], d'arriver à Paris ; mais il ne fallait pas perdre un jour, et l'on perdit des semaines.

La guerre de 1792 ne fut qu'une guerre d'intrigues de cabinet, de négociations fallacieuses, de faux calculs, où chacune des puissances fut trompée, où la cause des princes français, de la monarchie des Bourbons et celle de l'infortuné Louis XVI et de sa famille, fut comptée pour rien ; les révolutionnaires seuls ne se trompèrent point, aussi triomphèrent-ils sans combat.

Dans la fameuse campagne de 1792, dirigée par le premier général de l'Europe, le célèbre *prince héréditaire*, ayant sous ses ordres soixante mille Prussiens et le roi de Prusse, et vingt mille Français avec les frères du Roi, les deux armées purent dire qu'elles ne virent pas l'ennemi. Quelques affaires de postes et d'avant-garde furent décorées par les révolutionnaires du nom de batailles et de victoires. Ils eurent raison, puisqu'en tout c'est le résultat qu'il faut voir ; et en définitive, tout cet *invincible armement* se borna à la prise de Verdun : les magistrats apportèrent à Frédéric les clefs de la ville ; de jeunes confiseuses, leurs anis ; hommages que les féroces jacobins

1. Charles-Guillaume-Ferdinand, duc *de Brunswick-Lunebourg* (1735-1806). Servit avec distinction dans l'armée prussienne pendant la guerre de Sept ans (1756-1763). Il jouissait d'une grande réputation militaire qui, en 1792, le fit choisir comme généralissime des armées alliées contre la France. Sa conduite fut alors si obscure et si extraordinaire qu'on put croire à sa connivence avec les généraux de la Révolution, devant qui il se retira sans même combattre. Il était, d'ailleurs, grand maître de la franc-maçonnerie et en relations constantes avec les Loges de Paris. Sa retraite fut, dit-on, achetée par une partie des diamants de la couronne ; il est certain que sa fortune immense date de cette même époque. Il vivait dans la retraite, quand il fut mis à la tête des armées prussiennes, en 1806. Il mourut d'une blessure reçue à Auërstaedt.

firent plus tard expier à ces inoffensives créatures en les envoyant à l'échafaud [1]. Le duc de Brunswick capitula, rétrograda, repassa la frontière avec l'indignation des princes français et des vingt mille serviteurs armés qui les avaient suivis ; avec l'indignation des vrais soldats à l'âme généreuse, tels que le général Clairfait [2] ; à l'étonnement de toute la France et des révolutionnaires eux-mêmes ; car la multitude ne croit jamais cette éternelle vérité, que les plus grands événements tiennent souvent aux plus petites causes, et même aux plus basses et aux plus absurdes inspirations.

Proh pudor! La retraite se fit par capitulation, et cependant les hussards français pillaient les bagages de l'arrière-garde. Un ciel nébuleux, des pluies continuelles, des boues où les chevaux s'enfonçaient jusqu'au ventre, et les chariots et les caissons jusqu'aux moyeux, accompagnaient de leurs sinistres présages notre marche rétrograde. Joignez-y les plaintes, la consternation des habitants, dont les vœux indiscrets avaient salué notre entrée triomphante, et qui craignaient, avec juste raison, de rester exposés à la vengeance du parti sanguinaire, dont les fureurs n'allaient plus connaître de frein.

Des familles entières d'Alsaciens suivirent l'armée ; un plus grand nombre encore resta sous le couteau ; et depuis ce jour fatal, qui termina la campagne de 1792 par une honteuse et inconcevable retraite, au dehors comme au dedans de la France, c'est une question de savoir où furent les Français les plus malheureux. Sur le sol français, la

---

1. Victor Hugo a immortalisé, dans ses *Odes*, les « Vierges de Verdun. »
2. François-Charles *de Croix*, comte *de Clerfayt* (1733-1798). Officier autrichien, né en Belgique. Prit part à la guerre de Sept ans. Lieutenant général en 1788 et 1789 contre les Turcs. Commanda une division autrichienne en 1792. Feld-maréchal (1795). Chevalier de la Toison d'or (1796).

mort plana sur toutes les familles, sur toutes les têtes, sur tous les âges.

Depuis le 10 août 1792 jusqu'au 9 thermidor 1794, aucun citoyen, fût-il de la faction qui dominait alternativement, n'était sûr de coucher dans son lit, et de ne pas aller de la prison à l'échafaud.

Au dehors, depuis la retraite de Champagne, tous les Français émigrés en famille n'ont fait, généralement parlant, que se débattre dans un vaste naufrage. Heureux ceux qui ont trouvé une planche de salut, et une pierre où reposer leur tête. L'Europe n'a pas suffi à telle célébrité éphémère que j'ai retrouvée plus tard au delà de l'Océan, dans cette Amérique du nord, où ma bonne fortune cette fois me rappela au bout de dix années : ce ne sera pas le moins curieux de mes souvenirs ; mais n'anticipons pas sur les événements.

Les hommes les plus froids, les plus prévoyants, les plus sages de notre armée entrée en France, avaient cru que la campagne ne durerait que quinze jours. Chacun avait émigré avec les gentilshommes de sa province, ou les officiers de son régiment. Excepté les officiers du génie, une grande partie des officiers d'artillerie, presque toute la marine royale et la grande majorité des officiers d'infanterie et de cavalerie avaient répondu à l'appel du frère du Roi, du prince de Condé [1], et des maréchaux de Broglie et de Castries.

Le signal de la retraite, qui ressemblait presque à une déroute, avait désenchanté les hommes les plus confiants.

---

1. Louis-Joseph *de Bourbon*, prince *de Condé* (1736-1818). Grand maître de la maison du Roi (1750). Vainqueur du duc de Brunswick à Johannisberg (1762). Émigra en 1789. Réunit sur les bords du Rhin la noblesse émigrée (armée de Condé) (1792-1801), et avec elle se distingua à Berstheim (1793). Il rentra en France en 1814 et se fixa dans la retraite, à Chantilly.

En France, une loi de mort proscrivait tous les émigrés ; chacun de ceux qui avaient une famille à protéger, à soutenir, chercha un port, un lieu de salut et de repos. Mon frère et moi nous gagnâmes la Suisse, et nous nous arrêtâmes successivement sur les bords du lac de Genève, à Lausanne et dans le pays de Vaud.

Mon frère, l'homme du monde le plus réfléchi, le plus calme, le moins aventureux par caractère, avait si complètement partagé l'erreur générale et la sécurité où nous étions tous sur le succès, que son avoir disponible, qui s'élevait peut-être à quarante mille francs, avait été réuni aux sommes que la compagnie de notre province offrit à Coblentz pour les besoins de l'armée. Il entra en campagne avec cinquante pièces d'or dans sa poche, et un cheval de quatre-vingts louis entre ses jambes. Nous n'étions pas arrivés à Bâle que le premier signe de détresse se manifesta. Sans domestique, le portemanteau en trousse, nous pouvions redire le mot de Bias : mon frère vendit son cheval pour ne pas être obligé de le nourrir. Le Bucéphale de quatre-vingts louis fut vendu vingt-cinq. Je ne le remarquerais même pas s'il ne me rappelait encore un souvenir. Longtemps après, mon frère racontait cette particularité de ses adversités à de bons et braves Suisses devenus ses amis de cœur, et qui prêtaient autant d'intérêt que d'attention au récit de ses tribulations politiques et pécuniaires : quand il parla de la vente de son beau cheval à si bas prix, un bon Suisse, qui ne voyait que le fait, lui dit avec une simplicité territoriale : « Vous auriez bien dû nous garder ce bon marché-là. » C'était un excellent homme, et il n'y avait qu'un excellent homme qui fût capable d'être aussi naïf.

Cependant l'orage révolutionnaire s'étendait sur la France entière, couvrait tout son horizon ; mais on croyait que ce ne serait qu'un orage, et qu'il s'agissait de souffrir ce qu'on n'avait pas pu empêcher : pendant la durée des mauvais jours, chacun s'occupait d'appeler à lui sa famille pour la mettre en sûreté sous l'abri que l'on trouvait aux terres hospitalières.

Les prévoyances et les craintes n'allaient pas jusqu'à penser que les révolutionnaires confisqueraient et vendraient les propriétés des absents sans distinction d'état, d'âge et de sexe; ma belle-sœur et ses deux fils nous rejoignirent donc. Elle quitta le château de Pontgibaud, qu'habitait mon frère depuis la mort assez récente de notre père, mort antérieure de quelques mois à la Révolution, qu'il n'eut pas du moins la douleur de voir. Ma belle-sœur avait laissé tout son mobilier dans le manoir, les clefs pour ainsi dire à toutes les portes; cette belle dame-là ne croyait faire qu'une absence. Le maximum des alarmes s'étendait jusqu'à l'idée du séquestre et n'allait pas plus loin. Elle arriva donc avec peu de bagages pour éprouver moins de difficultés en passant la frontière, mais avec son écrin : cet accessoire d'une grande fortune se trouva la ressource essentielle, la ressource du salut commun, à cette heure où le malheur sonnait pour tous.

La famille se composait de mon frère [1], de sa femme, de leurs deux fils, l'un adolescent, l'autre en bas âge, d'une femme de chambre qui avait voulu suivre sa maîtresse, et d'un musicien nommé M. Leriche, homme de talent, et qui valait plus encore par les qualités de son cœur.

Dans cette situation, la famille naufragée tint dès le

---

1. Le comte de Pontgibaud, sa femme, née Pecquet de Champlois, et leurs deux fils : 1° Albert-Victoire, né le 29 mars 1776, à Paris; il mourut à l'âge de trente et un ans, à Milan, sans postérité; 2° Armand-Victoire, né à Paris, le 13 août 1786. Marié (1818) à Mlle Amantine de la Rochelambert (1797-1873). Pair de France en 1827. Mort le 23 janvier 1855.

moment conseil pour l'avenir, et le plan, une fois arrêté, fut suivi. L'adversité est la pierre de touche des âmes fortes, et les âmes ainsi trempées manquent rarement de la combattre victorieusement. Mon frère et ma belle-sœur offrirent l'exemple instructif et encourageant de ce que peuvent un père et une mère bien unis, ayant confiance en Dieu et en eux-mêmes ; ils mirent en commun, pour vaincre la mauvaise fortune, la résignation, le courage, l'activité, la persévérance, et ils y joignirent de la prévoyance, de l'économie et de l'aptitude naturelle ou acquise.

C'est avec un souvenir toujours mêlé d'admiration et de respect que je pense au travail de jour et de nuit, aux progrès lents, successifs, annuels de ce ménage, et que je me rappelle les essais plus ou moins heureux qui ont caractérisé la reconstruction, la réédification de la fortune de mon frère. Riche en terres et en maisons à Paris, il avait tout perdu, et ses ressources en pays étranger ne s'élevaient pas à dix mille francs.

Ils eurent, lui et sa femme, la patience et le courage des castors dont les débordements du fleuve ont emporté l'habitation ; ils commencèrent à travailler ce qui s'appelle pour vivre et pour faire vivre la famille qui les entourait. Mon frère, qui dans l'opulence avait cultivé pour son plaisir et par goût les arts et les sciences, utilisa comme ressources, comme auxiliaires du commerce qu'il voulait fonder, les diverses connaissances qu'il avait acquises pour intéresser ses loisirs. Le dessin, la mécanique, la chimie, l'agriculture, la minéralogie, le calcul, lui étaient familiers ; il trouva ou sut faire naître les occasions successives d'employer toutes ces connaissances.

Je ne puis, sans être ému d'attendrissement, sans avoir foi à la Providence qui a dit : « Aide-toi et je t'aiderai, » penser à ce faible filet d'eau, à cette source imperceptible qui devint un Pactole par les soins, les veilles, l'industrie de dix années au plus. Il faut dire aussi à la louange de l'humanité que, dès le commencement de son plan industriel et commercial, toujours et partout son courage, sa persévérance, son calme imperturbable, sa probité, son exactitude à remplir tous ses engagements, enfin ses essais continus, aussi prudents qu'ingénieux, furent récompensés, favorisés par l'intérêt et la bienveillance qu'inspira universellement l'homme qui possédait ces qualités.

Ma belle-sœur, à l'époque dont je parle, accoutumée la veille encore à toutes les jouissances du luxe, à toutes les douceurs de la vie, ou plutôt à l'honorable usage de l'opulence, devint en vingt-quatre heures femme de ménage et travailla de ses mains. Elle brodait, et sa fidèle femme de chambre avançait le même ouvrage sur le même métier. Le mari, devenu artiste, inventait des dessins de broderie qu'il vendait un écu le modèle ou que les femmes exécutaient. Revenu millionnaire, j'ai vu à Paris mon excellent frère toujours aussi calme, aussi simple dans la prospérité qu'il l'avait été dans la mauvaise fortune, aller voir souvent le comte de Ch.... [1], qui est de notre province et notre voisin et ami, et ne manquer jamais de demander N...., son vieux valet de chambre. N.... était, à Lausanne, le petit négociant en broderies qui commandait alors les modèles à mon frère, et qui les lui payait un écu, à leur satisfaction réciproque : ainsi va le monde. Pendant que les femmes et mon frère travaillaient, M. le Riche, notre commensal, le musicien, allait donner des concerts dans les villes de la Suisse : à la suite de sa

---

[1]. Comte *de Chabrol-Chaméane* (1770-1859), servit dans l'armée de Condé. Député de la Nièvre (1818-1827) et maire de Nevers sous la Restauration.

tournée musicale, il revenait au bercail commun rapporter sa collecte, les sons harmonieux de son stradivarius que notre Amphion avait changés en ducats ; et il exigeait que ce fruit de son talent servît à payer le quartier de pension de mon jeune neveu chez son instituteur : « Monsieur le comte, avait dit ce brave M. le Riche à mon frère en venant se réunir à lui, ne me faisiez-vous pas une pension chez vous quand vous étiez riche ; c'est bien assez que vous ayez perdu la fortune, il ne faut pas que vous perdiez l'ami ; il n'y a que la pension de moins ; vous me la rendrez quand nous serons rentrés en France. » Mon autre neveu, étant plus âgé, servait à l'armée de Condé.

Cependant la manufacture [1] prospérait, aidée de quelques ouvriers nouveaux ; c'étaient des naufragés, officiers du régiment que mon frère avait commandé, et qu'il avait appelés auprès de lui, en les avertissant qu'ils pourraient vivre honorablement du travail de leurs mains. Les malheurs de Lyon amenèrent à Lausanne beaucoup de négociants qui avaient sauvé une grande quantité de marchandises. Ils partagèrent bientôt l'intérêt qu'on portait à notre famille et la haute opinion de confiance dont jouissait mon frère.

On lui proposa d'aller courir les foires de Leipsick et de Francfort avec des marchandises et un droit de commission. Très intelligent, et d'une probité scrupuleuse, il fut heureux dans toutes ses ventes, dans tous ses voyages. On lui ouvrit des crédits à l'aide desquels il put commencer un commerce pour lui-même : il expédiait des broderies même en Italie ; il en portait à Francfort et à

---

1. *Manufacture* est un terme impropre. *Ouvroir* est l'expression qui rendrait le mieux l'idée que nous nous faisons de l'atelier de broderies présidé par Mme de Pontgibaud à Lausanne.

Leipsick de ses ateliers propres; il y fit même des affaires de diamants, l'étude de ses loisirs lui avait appris à s'y connaître. Il recueillit encore là ce qu'il avait semé, le fruit de l'instruction variée acquise dans sa jeunesse.

Pour moi, il m'arriva un jour d'apprendre que les Américains, s'élevant d'année en année à une prospérité toujours croissante, faisaient un état et un rappel de toutes leurs dettes arriérées ; ils avaient décidé que la solde des officiers qui servirent dans la guerre de l'Indépendance serait liquidée avec les intérêts à tous ceux qui se présenteraient. C'était bien pour moi le véritable *peculium adventitium* : j'avais fait mon deuil de cette créance-là. Je fus charmé d'apprendre qu'elle pouvait produire pour moi un actif, et je ne perdis pas un moment pour aller m'embarquer à Hambourg sur le premier vaisseau qui partirait pour l'Amérique du Nord.

Je trouvai un vaisseau américain à trois mâts, de bonne apparence, et leurs constructions avaient justement la réputation d'être parfaites ; cependant, comme à cette époque il n'y avait pas encore d'Amirauté aux États-Unis, beaucoup de vaisseaux se perdaient à la mer par la témérité et l'imprévoyance de leurs marins. Je me trompai dans mon choix : le navire était nouvellement repeint et la peinture cachait les défauts, comme sur les vieilles voitures : je ne m'aperçus qu'il ne valait rien qu'au premier gros temps. J'en fis l'observation au capitaine; et ce qui ne me rassura pas, c'est qu'il en convint, en me disant froidement qu'il croyait néanmoins que nous arriverions, mais que ce serait le dernier voyage du bâtiment : néanmoins, j'entrai sans accident dans la Delaware, et, favorisé par la marée, je débarquai à Philadelphie.

CHAPITRE VI

Troisième voyage aux États-Unis. — Philadelphie transformée en nouvelle Salente. — Même simplicité de mœurs. — M. Mac-Henri, ministre de la guerre. — Je revois mes anciens amis. — M. Duportail. — Moreau de Saint-Méry. — Triple alliance, sous la raison : Sénateur Morris. — Prophétie de Burke. — Propositions qui me sont faites. — Vicomte de Noailles. — Évêque d'Autun. — Députation au Directoire en réclamation d'indemnités. — Le pâtissier Marino et M. de Volney. — Les princes d'Orléans. — Rencontre d'un éléphant et du Français son cornac. — Course à New-York. — Le colonel Hamilton. — Passé, présent et avenir des États-Unis. — Rencontre du chevalier de la Colombe. — Nos souvenirs sur M. de La Fayette. — Son évasion de la citadelle d'Olmutz. — Le docteur Bollmann. — Mon retour en Europe et mon arrivée à Hambourg.

Je supposais bien que six [1] années de paix et de stabilité avaient réparé les ravages d'une longue guerre et relevé les maisons qui menaçaient de tomber en ruine ; car, pendant la guerre, le défaut de ressources empêcha l'État de rien entretenir, puisque les besoins de l'armée absorbèrent tout l'argent ; mais j'étais loin de m'attendre au spectacle magique que les premiers rayons du soleil développèrent à mes regards dans toute sa magnificence.

Ce n'était pas Philadelphie recrépie, relevée, restaurée, que je vis ; c'était à la fois une nouvelle Thèbes, une nouvelle Sidon. Dans le port je n'aperçus que bâtiments de guerre et de commerce tout équipés ou en construction ; partout une activité prodigieuse ; sur les quais, mille habitations nouvelles ; enfin des monuments publics qui ressemblaient à

[1]. Il faut sans doute lire *dix* ans, 1783 à 1793, dates qui coïncident mieux avec la présence des Français que M. de Moré rencontra en Amérique.

des palais : c'était une Bourse toute en marbre, la Banque des États-Unis, la salle du Congrès : tout m'annonçait que Philadelphie était devenue en six ans aussi populeuse, aussi commerçante, aussi industrieuse que riche et puissante.

Si je ne reconnaissais plus la ville, je reconnus les habitants, ceux du pays, je m'entends. Quant aux étrangers, population flottante, je ne manquai pas de sourire à certaines figures que j'avais vues autre part : je parlerai d'elles plus tard : je leur dois un chapitre tout entier.

Mon premier soin fut de m'occuper de l'objet essentiel de mon voyage, le recouvrement de mes appointements et des intérêts arriérés; car l'admiration ne pouvait me faire perdre de vue mon affaire. Tous comptes faits, il me revenait environ cinquante mille francs; mais j'avais laissé à Paris le titre qui établissait mon droit à réclamer : au défaut de ce titre il me fallait deux propriétaires pour témoins; je retrouvai bien d'anciens officiers, mais ils ne possédaient pas de propriétés suffisantes pour me servir de cautions politiques. Le président des États-Unis, le général Washington lui-même, eut l'extrême bonté de me reconnaître et de me tirer d'embarras; mes cinquante mille francs me furent comptés et remis de suite d'après ses ordres.

De ce moment, mon objet rempli, le séjour que je fis à Philadelphie jusqu'à mon retour en Europe fut employé à des observations de voyageur oisif, et que je fis en amateur avec la plus grande liberté d'esprit et un très philosophique amusement.

Les membres du gouvernement n'avaient rien changé à la simplicité de leurs mœurs. J'eus occasion de visiter M. Mac-Henri, ministre de la guerre [1]. J'y allai à onze

---

[1]. Avait été aide de camp de La Fayette et le compagnon du chevalier de Pontgibaud pendant la guerre d'Amérique.

heures du matin; je ne vis pas de sentinelle à sa porte, tous les appartements étaient ouverts, et les murs tapissés de cartes de géographie : au milieu de cette solitude, deux commis, chacun à leur table, étaient occupés à écrire. Enfin je rencontrai un domestique, le seul qu'il eût à son service, et, lui ayant demandé le ministre, il me répondit que son maître était absent pour le moment, parce qu'il se faisait raser chez le barbier. M. Mac-Henri était compris sur le budget de l'État pour deux mille piastres (dix mille cinq cents francs), traitement suffisant dans un pays où un ministre de la guerre va le matin se faire faire la barbe chez son voisin, le perruquier du coin.

Je ne fus pas plus surpris de voir les bureaux du ministère de la guerre menés par deux commis, que de savoir le ministre aller chez son barbier; et le bureau de la guerre et le ministre étaient en harmonie avec cette nation, qui savait payer ses dettes. Cette scène me rappela la singulière récompense que le Congrès américain décerna au général Starck, le vainqueur de Burgoyne.

Le brillant général anglais, doré comme un calice, vêtu d'un magnifique uniforme, portant un chapeau à plumes, avait remis son épée au général Starck, qui, de son côté, enveloppé d'une mauvaise couverture, ayant un bonnet de coton sur l'oreille, de gros souliers aux pieds, m'avait bien représenté alors un peuple pauvre et opprimé triomphant d'une insolente et riche monarchie; le Congrès, dans un accès de munificence, ordonna qu'il serait fait présent au vainqueur de deux aunes de bleu et d'un tiers de drap jaune pour un habit, et de six chemises de toile de Hollande.

Je me souviens très bien d'avoir entendu le général Starck se plaindre vivement devant moi, à l'occasion de cette récompense nationale, de ce que le Congrès avait oublié de lui donner de la batiste pour les manchettes.

Ce fait, qui aujourd'hui semblerait incroyable, devint la matière d'intarissables plaisanteries que les journaux anglais du temps se permirent sur leurs vainqueurs.

Quelles réflexions cette simplicité vraiment antique ne suggère-t-elle pas? surtout si l'on vient à penser qu'aujourd'hui même, trente-cinq ans après, ce gouvernement-là ne s'est pas démenti. Que deviendra la vieille Europe avec ses budgets d'un milliard, en présence de ces républiques, gouvernées à si bon marché qu'il semble que l'administration s'y fasse à l'entreprise, où enfin le président ne reçoit que cent vingt-cinq mille francs de traitement, avec lequel il est obligé de représenter son pays; et où il est le seul à la porte duquel il y ait *un factionnaire*.

M. Mac-Henri, le ministre de la guerre américain, me rappelle tout naturellement le nom d'un ex-ministre de la guerre français, notre ancien camarade, M. Duportail. J'appris, en causant, que mon vieil ami était aux États-Unis, et qu'il avait acheté une petite ferme près de la ville; je courus le voir et l'embrasser. Je le rencontrai à peu de distance de sa maison : quel fut mon étonnement, ou plutôt quelle ne fut pas mon envie de rire en le voyant bien coiffé, le chapeau sous le bras, en habit habillé à la française, à dix-huit cents lieues de Paris! Quoique la révolution eût dix années de date, il avait l'air d'attendre sous les armes la nouvelle que le portefeuille de la guerre lui était rendu. C'était pour lui tellement l'idée journalière, le *dada* de mon oncle Tobie [1], qu'après les premiers compliments sur le plaisir de nous revoir, il me parla et me reparla uniquement de l'ingratitude de la nation française, et des admirables projets qu'il voulait faire exécuter pour l'armée.

---

1. Xavier de Maistre. *Voyage autour de ma chambre.*

« Ah! me dit-il, que de peines me fait votre émigration! Quelles belles chances d'avancement vous aviez en restant avec nous. Vous aviez fait la guerre d'Amérique! Quand j'étais ministre, je vous aurais donné tout ce que vous auriez voulu. » Il est certain que cela lui eût été facile; mais, toute autre considération à part, son exemple n'était pas fait pour me donner le plus petit regret; car il me semble que de toutes ses grandeurs il ne restait à son Excellence, dont le règne avait duré six mois [1], qu'une petite ferme dans le Nouveau Monde, à deux lieues des forêts antédiluviennes, et à trois journées de ce qu'on appelle les sauvages.

Mais cette chute qui lui paraissait si impossible, ce mécompte politique, que mon ami Duportail trouvait si inconcevable quant à lui, n'était qu'une circonstance, un accident de fortune qui tenait à son élévation même, à laquelle il n'aurait jamais dû s'attendre.

Hélas! mon Dieu! je ne rencontrai dans les rues de Philadelphie que des grands devenus petits, des ambitieux trompés, des niais punis et des hommes d'hier qui n'étaient plus rien aujourd'hui; que des parvenus étonnés de ce que la roue de fortune ne fût pas restée stationnaire pour eux, quand leur étoile était montée jusqu'à son zénith.

Mon ami Duportail me nomma, pour mon instruction particulière, les réfugiés français marquants que Philadelphie renfermait, comme l'arche de Noé. Le vaisseau de la monarchie française ayant sauté par suite de leurs faux systèmes et de leurs folies, l'explosion avait jeté un bon nombre d'entre eux jusqu'aux États-Unis. Aucun d'eux n'était corrigé, désabusé, n'était revenu à des idées

---

1. Duportail fut ministre de la guerre treize mois : novembre 1790-décembre 1791.

plus saines; ainsi, constituants, conventionnels, thermidoriens, fructidoriseurs, tous ne voyaient dans leur défaite politique qu'une opération à laquelle il n'avait manqué presque rien pour réussir. Ils jetaient toujours les yeux sur la France, comme sur une terre d'expériences, qu'ils regagneraient tôt ou tard, pour y recommencer ce que chacun d'eux appelait le *grand œuvre* : car il existait autant de plans et de systèmes politiques qu'il y avait parmi eux de fugitifs notables. Aux États-Unis, on pouvait se croire aux Champs-Élysées décrits au sixième livre de l'Énéide, où chaque défunt se nourrissait dans l'autre monde de l'idée qu'il avait caressée de son vivant.

Mais comme avant tout il fallait vivre, chaque Français déchu de sa grandeur exerçait une industrie : c'était là le curieux du spectacle.

J'entrai un jour dans une boutique pour acheter du papier et des plumes; j'y aperçus Moreau de Saint-Méry, un des fameux électeurs de 1789 à l'Hôtel de ville de Paris [1]. Quand j'eus fait mon emplette : — « Vous ne soupçonnez pas, me dit-il avec emphase, qui je suis, et ce que j'ai été? — Ma foi, non, lui répondis-je. — Eh! bien, me dit-il, tel que vous me voyez, j'ai été roi de Paris pendant trois jours, et aujourd'hui pour vivre je suis obligé de vendre de l'encre, des plumes et du papier à Philadelphie. » Je ne fus pas si surpris de ce grand exemple de l'instabilité des choses humaines que de voir ce petit bourgeois croire réellement devoir étonner la postérité. Je ne fus même pas plus étonné d'apprendre quelques mois après

---

[1]. Médéric-Louis-Hélie *Moreau de Saint-Méry*, né à la Martinique (1750), mort à Paris en 1819. Membre du Conseil supérieur de Saint-Domingue (1780). Président des électeurs de Paris (1789). Député de la Martinique. Arrêté après le 10 août, émigré aux États-Unis. Conseiller d'État (1800). Administrateur de Parme, Plaisance et Guastalla (1802-1806).

qu'il faisait faillite : tout ce que je remarquai, c'est qu'elle fut de vingt-cinq mille francs, et je n'aurais pas donné mille écus du fonds de boutique de M. Moreau de Saint-Méry./ Chose remarquable! il n'y a pas de pays où les banqueroutes soient plus multipliées, on voit chaque matin des ventes publiques par autorité de justice dans toutes les rues.

Bien des personnages, autres que cet électeur de 1789, et qui avaient fait en France une tout autre figure, s'agitaient et allaient à pied dans les rues de Philadelphie.

Le vicomte de No.... [1], le duc de L.... [2], M. Ta.... [3], Volney [4], M. l'évêque d'A.... [5], *e tutti quanti*.

1. Louis-Marie, vicomte *de Noailles* (1756-1804). Colonel des chasseurs d'Alsace et des dragons du Roi (1782-1788). Suivit en Amérique son beau-frère La Fayette. Membre de l'Assemblée des notables (1787); des États généraux. Président de l'Assemblée (1791). Émigra en Angleterre, passa aux États-Unis. Sous le Consulat, général de brigade, fut tué pendant l'expédition de Saint-Domingue.

2. François-Alexandre-Frédéric *de la Rochefoucauld, duc de Liancourt* (1747-1827). Grand maître de la garde-robe (1763). Fit de nombreux voyages et fonda des œuvres de philanthropie Député aux États généraux et président de l'Assemblée (1789). Émigra après le 10 août. Passa en Angleterre, aux États-Unis. Rentra en France et vécut sous l'empire dans la retraite. Pair de France (1814), s'occupa avec beaucoup de zèle de sociétés charitables ou d'utilité publique. Ses obsèques sont célèbres pour avoir été l'occasion d'un scandale exploité par les adversaires du ministère de Villèle.

3. Antoine-Omer *Talon* (1760-1811). Lieutenant civil au Châtelet (1789), démissionnaire après le procès de Favras. Aida Mirabeau à se rapprocher de la Cour. Passa en Amérique; revint avec une grosse fortune. Agent royaliste; emprisonné à l'île Sainte-Marguerite (1804-1807). Mourut fou. — Il fut le père du général Talon, colonel des lanciers de la garde sous la Restauration, et de la célèbre comtesse du Cayla.

4. François *Chassebœuf*, dit Boisgirois, dit *Volney* (1757-1820). Après un voyage en Orient (1782-1787), s'occupa d'assyriologie. Député de l'Anjou aux États généraux (1789). Député aux Cinq-Cents. Membre de l'Institut (1795). Fit un voyage en Amérique et y fut mal accueilli. Après le 18 brumaire, vice-président du Sénat. Comte de l'empire (1808). Pair de France (1814). Il écrivit *les Ruines* (1791), où il professait l'athéisme et appuyait ses opinions sur des affirmations « scientifiques » que la science actuelle proclame erronées.

5. Charles-Maurice, prince *de Talleyrand-Périgord* (1754-1838), est trop connu pour que sa biographie soit nécessaire. Voici les principales dates de sa vie :

Les uns agiotaient, jouaient sur les fonds publics, et presque tous avec succès ; d'autres ne spéculaient pas toujours aussi heureusement ; mais souvent leurs spéculations cachaient de grands dangers, dont ne se garantissaient pas toujours les nouveaux débarqués qui donnaient dans leurs panneaux.

Le sénateur Morris [1] avait conçu une vaste et aventureuse entreprise : le célèbre Burke [2] avait écrit que l'Europe continentale allant immanquablement tomber en lambeaux, l'Amérique du nord serait destinée à recevoir les naufragés, corps et biens; or le sénateur, auquel se réunirent M. Talon et le vicomte de Noailles, établit une spéculation sur cette prédiction-là. L'entreprise consista dans l'acquisition de plus d'un million d'acres de terres situées sur les bords de la Susquehannah [3]; et ces territoires, divisés en lots plus ou moins considérables, figuraient dans les journaux, à l'article : *Belles terres à vendre*. On ne parlait pas d'habitation de maître; l'acquéreur devait la bâtir à son gré. Pour faciliter leur spéculation, ils construisirent dans la ville un immense bâtiment destiné

évêque d'Autun (1788). Député aux États généraux (1789). Quitte la France et se réfugie en Amérique (1794-1796). Ministre des relations extérieures (1797-1807). Prince de Bénévent (1806). Vice-grand électeur de l'empire (1807). Président du gouvernement provisoire (1814). Pair de France. Plénipotentiaire au Congrès de Vienne (1814). Grand chambellan (1816). Ambassadeur de Louis-Philippe en Angleterre (1830-1834).

1. *Gouverneur Morris* (1752-1816). Homme d'État et financier américain très mêlé aux affaires diplomatiques de la guerre de l'Indépendance. Député de la Pensylvanie (1787). Ministre auprès de Louis XVI (1792), dont il essaya de protéger les jours. Après un long séjour en Europe, il revint dans son pays. Sénateur, il s'occupa de travaux politiques et historiques. Il a laissé des papiers qui furent publiés en 1832, sous le titre de *The Life of Gouverneur Morris*.

2. Edmond *Burke* (1730-1797). Avocat anglais qui acquit une grande renommée dans le procès d'Hastings. Membre de la Chambre des communes, il s'éleva avec véhémence contre les principes de 1789. Son livre : *Réflexions sur la Révolution française* (1790) eut une vogue européenne.

3. Rivière de la Pensylvanie et du Maryland.

à loger convenablement tous les grands personnages qu'ils attendaient sur la foi d'Edmond Burke : le Pape, le sacré collège, même les souverains détrônés, encore étourdis du bateau à leur arrivée, devaient y occuper des appartements et acheter le territoire américain.

Ces premières dispositions établies, il est littéralement vrai d'affirmer que cette société de commerce rural avait des agents placés en vigies qui attendaient comme à l'affût les passagers venant d'Europe. Le factionnaire factotum de ces messieurs tendait, aux naufragés qui avaient l'air d'avoir sauvé quelques bagages, une main protectrice, et leur offrait, avec l'empressement de la compassion, les moyens de réparer leurs pertes, en achetant, sur une terre hospitalière, une seconde patrie d'une dimension proportionnée aux moyens de chaque nouveau venu. Six francs l'acre, c'était pour rien ; mais on ne disait pas que l'acre revenait à quinze sous à la compagnie spéculatrice.

Je sais bien que j'ai vu une marchande de modes qui, avec le prix de ses marchandises, avait acquis des terres à Asylum, soi-disant capitale de cette colonie imaginaire ; la pauvre dupe fut obligée d'abandonner sa propriété, après avoir contemplé la place où on lui avait vendu le droit de bâtir, de cultiver, et de vivre. La malheureuse fut réduite à revenir à Philadelphie pour y gagner sa vie avec ses dix doigts, comme devant.

Un de ces agents, qui n'avait pas plus d'esprit que le diable de Papefiguière [1], s'avisa, pour son malheur, de venir chez moi, trompé par ma qualité d'émigré français, mais plus encore par des notions trop vagues : il avait peut-être appris que je possédais quelque argent ; et là-

---

1. Rabelais, *Pantagruel*, livre IV, chap. XLV.

dessus, sans s'informer d'où il me venait et à quel titre, cet entremetteur, après un long préambule sur les principes d'humanité qui animaient sa philanthropique entreprise, me vanta la beauté des sites, la fertilité du terroir, et la richesse des prairies qu'on ne suffirait pas à faucher. « Il y a, disait-il, tous les matériaux possibles, et un maître maçon payé par la compagnie ; tout est prévu : nous avons même un restaurateur, pour épargner jusqu'aux premiers embarras d'un établissement aux colons. » Enfin il m'engagea fortement à acquérir cinq cents acres de cette nouvelle terre promise ; le tout, pour la modique somme de mille écus.

Me gardant bien de l'interrompre, je le laissai se persuader qu'il m'avait convaincu et que je le croyais sur parole ; mais quand il eut fini, je lui répondis qu'il n'y avait pas de pierres dans le pays ; que deux cents acres ne pourraient pas y suffire à nourrir une vache ; que pour manger de la viande il fallait tuer un cerf ; qu'ayant fait toute la guerre de l'Indépendance, je connaissais dans tous les sens le pays dont il avait la bonté de me parler ; et que, pour tout dire en peu de mots, la spéculation philanthropique qu'il venait me vanter n'était qu'une déception, une perfidie. Je terminai en lui disant que c'était le dernier coup porté par leurs propres compatriotes aux malheureux émigrés français, assez crédules pour acheter des terrains de sable couverts de sapins, qu'on avait la barbarie de leur présenter comme un nouvel *Eldorado*. Je n'ai jamais vu un homme plus déconcerté que ce négociateur ; mais j'aurais voulu être témoin de l'accueil que le triumvirat spéculateur, dont j'avais l'honneur d'être connu, dut faire à cet agent maladroit quand il lui rendit compte de la visite.

Au reste, la Providence a permis qu'une pareille entreprise ne réussît pas. Les trois spéculateurs ont même fait une mauvaise fin. Le sénateur Morris, criblé de dettes, est mort en prison ; M. Talon est mort fou ; le vicomte de Noailles, après avoir gagné quatre ou cinq cent mille francs à la bourse de Philadelphie [1], se rendait à Saint-Domingue, quand il fut tué à bord d'un corsaire. Celui-ci, du moins, mourut en brave, comme il avait vécu : c'est un éloge qu'on ne peut refuser à sa mémoire ; ce qui ne m'empêche pas d'avoir, à son sujet, une réminiscence que je consigne comme une preuve de plus des inconséquences de l'esprit humain chez nos plus illustres *faiseurs* pendant la Révolution. La chose s'est passée sous mes yeux : j'en ai ri avec tout le public.

Ce ci-devant vicomte fit faire à Philadelphie un acte chez un notaire de la ville, et s'apercevant à la lecture qu'on ne le désignait que sous le nom de M. de Noailles, il se récria, se fâcha, exigea que l'acte fût refait, et qu'aucun de ses titres ne fût oublié : Vicomte, chevalier de Saint-Louis, chevalier de Malte, etc. Dès le lendemain les papiers publics, qui ont l'impertinence de répéter tout haut ce qu'on a dit tout bas, *con licenza superiori*, apprirent à tout Philadelphie le débat de M. le vicomte avec son notaire, le tout accompagné de cette réflexion : « *Il*
« *est singulier qu'un membre de l'Assemblée constituante*
« *qui a inventé la législation des ci-devant, qu'un*
« *grand seigneur français qui, dans la fameuse nuit du*
« *quatre août, a fait un holocauste des titres, des qua-*
« *lités et des armoiries de la noblesse, en commençant*
« *par les siens, vienne ici exiger qu'on les lui restitue*
« *par un acte public, dans un pays d'égalité politique*
« *où toutes les distinctions sont inconnues.* »

---

1. Dans les opérations commerciales de la maison Bingham.

Il paraît que c'était ce qu'on appelle une idée fixe chez M. le vicomte. « Vous allez nous rendre nos titres, nos « armes, vous autres ! » disait-il en 1792 à J.... de J.... [1], membre de l'Assemblée législative, qui me l'a raconté. « Comment ! lui dit le député de l'ancienne Austrasie, je « n'ai pas d'avis à émettre à cet égard : il n'en est pas « question ; mais comment tenez-vous ce langage, vous « qui avez fait la nuit du 4 août ? — Vous n'êtes pas au « fait, reprit M. le vicomte ; la nuit du 4 août, nous « avions une arrière-pensée : c'est à vous de l'achever ; « nous n'en avons pas eu le temps. Nous voulions avoir « deux Chambres : il y a un tas de nobles aujourd'hui ; « on ne s'y reconnaît plus depuis longtemps. Nous nous « serions mis dans la Chambre haute ; la petite noblesse, « la noblesse de province, aurait occupé la Chambre « basse : elle aurait formé le bas-chœur. — Je comprends « à présent, monsieur le vicomte, dit le bon J.... de J.... « en souriant ; il n'y a point d'inconséquence de votre « part : c'est moi qui ai tort, et je vous remercie très « humblement de vos intentions au nom de la petite no- « blesse de province, la seule dont j'aie l'honneur de faire « partie. »

Passons à un autre. M. l'évêque d'Autun, qu'on avait prié en Angleterre d'*entrer dehors*, était établi en Amérique, déclarée terre française ?. Monseigneur avait une queue, et aurait volontiers dit comme l'abbé Raynal : « *Quand j'étais prêtre.* » Nullement embarrassé du présent, de l'avenir encore moins, il agiotait, en se moquant

---

1. Nous n'avons pas su identifier l'homme politique dont M. de Moré ne donne que les initiales. Dans la liste des membres de l'Assemblée législative, le nom de M. de Jaucourt paraît offrir le plus de vraisemblance, mais nous ne le proposons qu'avec réserve.

2. Talleyrand, expulsé d'Angleterre par l'application de la loi sur les étrangers *(Alien Bill)*, en janvier 1794, arriva en Amérique au mois de mai.

de tout et de tout le monde : il n'en était pas moins recherché, grâce à l'amusement qu'il procurait à tous ; car on ne lui a jamais refusé plus d'esprit qu'à qui que ce soit ; on lui a même souvent prêté l'esprit des autres.

Malgré toute son amabilité, monseigneur n'obtint pas dans la société de Philadelphie autant de succès qu'en méritait la légèreté de son ton et de ses manières. En effet, les Anglo-Américains ont des mœurs simples et positives, et le mépris cynique de leur hôte pour le respect humain d'Amérique les scandalisa très fortement. M. de Talleyrand devait déjà beaucoup d'égards au souvenir de l'habit qu'il eut alors le droit de *jeter aux orties* ; mais à cette époque il en devait encore plus à sa position d'émigré français, car, en abdiquant pour lui les droits acquis partout au malheur, il diminuait indirectement ceux des autres. Les Américains avaient-ils raison de se fâcher ? Chacun va pouvoir en juger [1].

Si le cardinal de Richelieu n'a pas échappé au ridicule, bien qu'il eût le soin de n'aller qu'à la nuit chez Marion de Lorme, vêtu en cavalier et chaussé en bottines à éperons [2], que pensera-t-on de la singulière interprétation que l'évêque d'Autun donnait aux droits de l'homme et à la liberté illimitée du Nouveau Monde ? Chacun, à Philadelphie, pouvait le voir, ayant à son bras, dans les rues et en plein jour, une femme de couleur !.... Injure gratuite faite aux convenances, aux habitudes, et aux usages reçus, à tort ou à raison, dans un pays où les préjugés à cet égard ont un tel empire qu'un sous-lieutenant de hussards n'oserait s'y soustraire.

---

1. Voir sur son séjour en Amérique les *Mémoires* de Talleyrand, t. Ier 3e partie.
2. Cette affirmation ne se trouve que dans les pamphlets des ennemis de Richelieu ; elle est donc plus que sujette à caution.

Les Américains étaient certes accoutumés à voir des quakers qui n'ôtent jamais leurs chapeaux, des sauvages sans chemise ; mais depuis le membre du Congrès jusqu'à l'artisan, tous lisaient un journal parmi les milliers qui paraissaient ; et aucun d'eux n'ignorait la responsabilité d'honneur et d'illustration dont était chargé M. de Talleyrand ; tous connaissaient même sa vie, dont le premier acte sacerdotal commença par l'évêché d'Autun, et le dernier fut commis sur l'autel de la patrie, dans le milieu du Champ de Mars, au jour fameux de la fédération de 1790. Un émigré aussi célèbre ne pouvait donc pas tout se permettre dans sa vie privée.

Mais ce n'est pas tout dans cette anecdote ecclésiastique dont la scène était hors du giron de l'Europe catholique, apostolique et romaine : M. de Talleyrand avait avec lui un chien sauvage qui tenait de son éducation ou de son instinct un esprit de conduite très remarquable. Avant d'entrer chez monseigneur il avait soin de sonner ; et quand on ne lui ouvrait pas, par un raisonnement d'homme, il allait chez la maîtresse et se couchait sur le lit jusqu'au retour des deux amants, au lieu d'attendre : c'était un chien vraiment diplomate.

Mais au lieu de me souvenir d'une partie de ce que M. l'évêque disait, je préférerais, sans comparaison, pouvoir me rappeler tout ce qu'il nous disait.

Il nous raconta entre autres choses, mais d'une manière qui n'appartient qu'à lui, son aventure ou sa conversation à Londres avec un émigré gascon. De grand matin il entend frapper à sa porte et demande : « *Qui est là ?*

— *C'est le chevalier de....,* » dit une voix insinuante accusant le sol natal de la Garonne.

M. l'évêque d'Autun ouvrit, et le chevalier gascon reprit après force révérences : « *Monsieur de Talleyrand,* on m'a toujours dit que vous étiez l'homme qui avait le plus d'esprit de tout le monde connu ; » et M. de Talleyrand de croire que le quidam venait lui emprunter de l'argent ; et lui de se tenir prêt à lui répondre : *J'allais vous en demander.*

Point du tout ; l'objet de la visite était une consultation, et le Gascon ne venait chercher qu'un bon avis. — « *Au fait, Monsieur,* dit alors l'évêque d'Autun.

— *Le fait est, monsieur de Talleyrand, que tel que vous me voyez j'ai quitté le manoir pour aller à Coblentz, que je suis donc ce qu'on appelle un émigré, et maintenant je voudrais savoir le meilleur moyen de rentrer : vous qui avez tant d'esprit, ayez la complaisance de me donner un bon conseil.*

— *Quelle figure faisiez-vous dans votre province ?*

— *Petite figure.*

— *Quelle existence, quelle fortune avait votre famille ?*

— *Nous sommes quatre frères, et il y a dans la maison cinq mille livres de rente qui sont au papa.*

— *Allons, cela n'offusque personne.... Il vous reste sûrement quelques écus ; allez jusqu'à Huningue, Neufchâtel ou Saint-Claude ; vous trouverez quelque guide, quelque bonne âme, qui vous fera passer la frontière : vous éviterez les villages, vous n'irez que de nuit ; et ignoré comme vous avez le bonheur de l'être, vous arriverez inaperçu jusque chez le papa. Là, vous vous tiendrez coi, sage, discret ; vous ne parlerez ni d'émigration ni de Coblentz, et vous attendrez les événements.*

— *Oui, monsieur de Talleyrand ; que de reconnaissance ! On m'avait bien dit que vous aviez plus d'esprit que tout le monde ensemble. Je m'en vais retourner chez le papa ; mais s'il arrive une seconde révolution, je vous réponds que je prendrai le parti du peuple.*

— *Gardez-vous-en bien!* s'écria monseigneur. *Gardez-vous-en bien, Monsieur! cette fois-là vous pourriez manquer votre coup.* »

Ce dernier mot contient le trait caractéristique et tout le piquant de l'anecdote.

En effet, ce diable d'homme, je parle de l'évêque d'Autun, sourit en voyant arriver le Directoire à la puissance : un Génie diaboliquement incarné dans sa personne l'avertit de retourner en France.

Il nous en manifesta le dessein, et alors le colonel Hamilton lui fit observer que le pays était très agité, tandis qu'aux États-Unis monseigneur vivait bien tranquille. « Oui, dit-il, mais je sais que penser de la France et des « Français : n'êtes-vous jamais entré dans une écurie « quand les cochers ont négligé de donner l'avoine aux « chevaux : les chevaux hennissent et frappent du pied. »

Pour nous, nous lui représentâmes les dangers qu'il courrait à son arrivée comme prêtre, comme émigré, enfin comme étant *lui*; et il y avait bien assez d'une seule de ces conditions pour arrêter l'homme le moins timide : « Non, nous dit-il en riant, quand il mit le pied sur le « vaisseau qui devait le ramener, je n'ai rien à craindre « là-bas; je connais tous les jeux des révolutions. »

Enfin ce ne fut pas même sans peine qu'il trouva le vaisseau à bord duquel il montait. Aucun capitaine américain ne voulut lui accorder passage, soit à cause de son importance politique, soit à cause de la haine que l'on conçut pour lui.

En effet, outre les causes que j'ai déjà signalées, le bruit avait couru que dans une conversation relative à la perte de Saint-Domingue, et au milieu de laquelle on vint à parler et de la difficulté de la reconquérir et de celle de se procurer des noirs, il aurait dit : « Pourquoi ne pas

« faire la traite ici ? Ces bonnes gens-là sont plus près
« des îles que l'Afrique. »

Ce mot et la dame de couleur ne devaient pas le mettre en odeur de sainteté à Philadelphie. Une tempête avait jeté dans la Delaware un vaisseau portant pavillon prussien [1]; le capitaine alors consentit à se charger de notre ex-évêque, mais l'équipage ne nous parut pas très enchanté de cette cargaison ; et à la place du passager j'aurais furieusement appréhendé qu'une tempête arrivant, les matelots ne se souvinssent de ce joli conte de Bacon, où il dépeint la joie des matelots anglais, qui croient apaiser le ciel en courroux en jetant à la mer un capucin qui les avait tous confessés.

Nous vîmes ainsi partir le diable boiteux, qui depuis.... qui depuis, sous le nom de prince de Bénévent, décida au congrès de Vienne les rois de l'Europe à marcher de nouveau contre Bonaparte, à remettre une seconde fois les Bourbons sur le trône de France. *Suum cuique.*

Tant il y a que, parmi les pentarques qui demeuraient au Luxembourg à cette époque, figurait le citoyen Reubell [2], ami du citoyen Talleyrand : et à son débotté, notre ex-constituant reçut par les soins du conventionnel jacobin, son ami, sa radiation dans un portefeuille : c'était celui des relations extérieures.

Les bons Anglo-Américains n'eurent pas plus tôt appris que leur *hôte* était devenu ministre qu'ils eurent la simplicité de croire l'occasion et le moment favorables pour

1. Talleyrand (*Mémoires*, I, p. 246) dit un vaisseau danois en partance pour Hambourg. C'était dans l'été de 1796.
2. Jean-François *Reubell* (1746-1807). Avocat alsacien. Député aux États généraux. Se signala, protestant, contre le clergé catholique. Président de l'Assemblée (1791). Membre de la Convention (1792). Régicide. Agiota dans les fournitures militaires. Membre du Comité de salut public ; du Conseil des Cinq-Cents. Un des cinq directeurs (1795-1797). Membre du Conseil des Anciens (1797). Méprisé de tous, il disparut après le 18 brumaire.

réclamer et obtenir justice. Oubliant la dame de couleur et le projet de faire chez eux la traite, ils députèrent trois membres du Congrès que j'ai vus partir et revenir : il s'agissait d'une indemnité au profit des États-Unis pour deux cents vaisseaux marchands à pavillon américain que la république française avait pris *per fas et nefas*, pendant les trois années que le bonnet rouge orna sa tête.

Il fallait voir au retour le désappointement et la surprise de ces hommes simples lorsqu'ils racontèrent la marche que suivirent leurs négociations, l'espèce de diplomate qui vint l'entamer avec eux, et ce qu'ils eurent la bonhomie d'appeler par le vrai nom, c'est-à-dire l'impudence des propositions qu'on ne craignit pas de leur faire.

Le premier ambassadeur était du sexe féminin : une madame de.... se présenta chez les envoyés du Congrès à titre d'amie de la cause de l'indépendance des États-Unis, et de tous les Anglo-Américains, qu'elle avait toujours portés dans son cœur : les premières voies préparées, elle annonça la visite du très fameux M. R.... de S....-F.... [1], qui viendrait traiter l'affaire à fond. Ce second envoyé laissa entendre qu'il serait indispensable, pour le succès de la réclamation, qu'on fît un sacrifice d'argent. L'ambassadrice alors reparut, et finit par articuler que l'affaire pourrait s'arranger, moyennant cinquante mille livres sterling, dont elle donna le bordereau en ces termes : tant à Son Excellence, sous le titre de *douceurs*, *sweltness* (c'est le mot propre dont les envoyés se servirent dans leur rapport public au Congrès); tant pour le négociateur M. R. de Sainte-Foy, et tant pour les *faux frais* ; là, probablement, se trouvait la part de madame l'ambassadrice.

1. R. *de Sainte-Foy*, ancien secrétaire du comte d'Artois. Dans les « affaires » avec les États-Unis, il fut l'un des trois entremetteurs de Talleyrand, avec Montrond et André d'Arbelles.

Bref, les députés revinrent avec tous leurs états, des volumes d'écritures et point d'argent : j'étais à la séance mémorable où l'un d'eux lut leur rapport : il eut un mouvement oratoire superbe, et qui fut mentionné dans tous les journaux américains, où le citoyen Talleyrand a pu le lire lui-même dans le temps.

« *Cet homme*, dit l'orateur, *envers qui nous avons exercé la plus bienveillante hospitalité, est le même ministre du gouvernement français devant qui nous ne nous présentions que pour demander justice. Et cet hôte sans reconnaissance, cet évêque qui a renié son Dieu, n'a pas craint de nous taxer à cinquante mille livres sterling de douceurs,* sweltness.... *cinquante mille livres sterling! pour alimenter ses vices!!!* [1] »

Et moi je disais : Les braves gens! ils sont bien de leur pays ! un Anglais qui aurait eu la même affaire à traiter à Paris aurait trouvé cela tout simple!

Mais quels sont ceux de nos illustres que je n'ai pas vus à Philadelphie dans ce troisième voyage d'Amérique, si différent de ceux que j'y fis précédemment! Voici une parade d'un autre genre sur le même théâtre, c'est-à-dire dans la même ville.

Marino, l'ancien cuisinier de mon ancien ami le chevalier de Capellis, par suite des événements publics et privés, se trouvait établi traiteur dans la ville, et avait la réputation d'excellent pâtissier. Nous nous connaissions de vieille date. J'étais donc chez Marino, occupé à lui commander quelque article de son métier (c'était, outre son habileté, un très honnête et brave homme), lorsque je vis entrer un particulier que je ne connaissais pas plus

---

[1]. Je ne doute pas que tous ces intrigants des deux sexes, qui avaient abusé ainsi du nom de M. de Talleyrand à son insu, n'aient été recherchés et punis sévèrement. (*Note de M. de Moré.*)

que lui, et c'était cependant un Français très connu, vous allez en juger. Ce monsieur commande un pâté bien soigné et composé de ce qu'il y a de plus recherché et de plus délicat : il a prié, dit-il, vingt personnes à dîner ; je crois même que le duc d'O.... [1] et ses frères étaient invités : le pâté, le prix du pâté, tout est convenu, il ne s'agit plus que de savoir le nom de l'inconnu et son adresse.... « Volney, dit l'autre. — Volney ! s'écria avec une sainte colère l'ex-cuisinier de Capellis, demeuré aussi royaliste que son ancien maître, Volney !.... Volney ! »

Il était superbe à voir, on aurait pu le peindre : son bonnet de coton sur la tête, son tablier blanc retroussé et le grand couteau de l'état à la ceinture. Quittant tout à coup sa casserole et ses fourneaux en activité, il se mit à crier d'une voix de tonnerre, que l'indignation rendait tremblante : « Sors d'ici, misérable, sors de ma cuisine, maudit athée !.... Révolutionnaire maudit, tu m'as fait banqueroute des deux tiers de ma rente sur l'État !.... Je ne travaille pas pour des gens (je pallie l'expression) de ton espèce, et ce n'est pas pour toi que mon four chauffe. »

C'est ainsi que je vis entrer et sortir de chez le pâtissier le plus fameux de Philadelphie, le très fameux et trop fameux monsieur Chasseboeuf de Volney.

J'ai dit que les princes d'Orléans devaient être du dîner où ne figura pas le pâté de l'ami Marino ; ils étaient venus en effet depuis quelque temps dans le pays ; ils y passèrent six mois. Il arriva même qu'allant tous trois chez un colon à une certaine distance de la ville, les princes per-

---

[1]. Le duc d'Orléans (le futur Louis-Philippe), que ses deux frères, le duc de Montpensier et le comte de Beaujolais, avaient rejoint, était parti d'Europe le 24 septembre 1796, pour aborder à Philadelphie le 21 octobre. Ils quittèrent l'Amérique en janvier 1800.

dirent un de leurs frères en traversant une forêt ; ce fut un sauvage qui le retrouva, en le quêtant comme un chien de chasse. Au bout d'un certain temps, les princes d'Orléans prirent la route du sud, et se rendirent dans la Louisiane, alors encore sous la domination du roi d'Espagne. Le chevalier de Carondelet, qui commandait au nom du roi [1], les reçut à la Nouvelle-Orléans avec tous les honneurs dus à leur rang ; mais pendant leur séjour aux États-Unis, excepté tous les Français, qui, quelles que fussent leurs opinions, ne pouvaient pas prendre des princes du sang de France pour des hommes comme d'autres, tout le monde ne les connaissait, ne les saluait ou ne les désignait que sous le nom d'Égalité ; cela paraissait aux Américains la chose du monde la plus simple. On lisait dans la feuille du jour : Hier, les frères Égalité ont couché à tel endroit ; ou : L'on mande de telle ville que les frères Égalité viennent d'y arriver.

Les trois princes rendant un jour visite au général Washington à Mont-Vernon, un nègre accourut lui dire : « Excellence, Excellence, il y a trois Égalité à la porte. » Telle est la différence des pays et des habitudes.

Le général Washington reçut les princes d'Orléans ; mais il ferma constamment sa porte au vicomte de Noailles, à l'évêque d'Autun et même à mon ami Duportail [2]. L'homme si justement célébré comme le libérateur de son

1. Charles IV. — M. de Carondelet était naturalisé Espagnol depuis de longues années.
2. Ce pauvre Duportail était primitivement un officier du génie très distingué. Aussi, M. de Gribeauval l'envoya-t-il à Naples, d'où l'on avait demandé à Louis XVI des officiers pour instruire l'armée napolitaine. Duportail revint et fut ministre de la guerre en 1790. Je voudrais ne pas me souvenir qu'il compléta la révolution dans l'armée en permettant aux soldats de hanter les clubs. Poursuivi, proscrit, il revint en Amérique chercher son refuge, comme on l'a vu ; il avait obtenu son rappel en France sous Bonaparte, mais il mourut dans la traversée en 1802. *(Note de M. de Moré.)*

pays portait Louis XVI dans son cœur : il avait dans son salon le portrait du roi, il le regardait souvent, et toujours les larmes aux yeux.

A ce sujet-là, je me rappelle que pendant mon séjour à Philadelphie, un chef de sauvages se trouvant dans une maison où était le tableau du roi Louis XVI, d'après Muller de Stuttgard [1], et assistant à un repas où l'on portait des toasts, se leva, et, se mettant debout devant le tableau, dit, au grand étonnement de tous les convives : « Je bois « à la mémoire de ce monarque infortuné, égorgé par ses « sujets. »

Un grand nombre de Français de tout sexe, de tout rang, de toutes opinions, se trouvaient ainsi rassemblés depuis Philadelphie jusqu'à New-York. Hors de ces deux villes, et dans un intervalle de trente lieues, beaucoup de colons échappés aux massacres de Saint-Domingue étaient venus chercher un asile. Suivis de quelques nègres qui leur étaient restés fidèles, ils avaient loué des fermes entre New-York et Philadelphie, et après avoir ainsi sauvé leurs têtes, chacun d'eux s'ingéniait pour trouver des moyens d'existence, dans ce pays où la vie est très chère. Mme la comtesse de La Tour du Pin [2] avait été jusqu'à Albany

---

1. *Muller*, graveur et professeur de dessin, dont le fils (1782-1816), graveur également, eut une certaine célébrité.

2. La comtesse *de La Tour du Pin Gouvernet*, réfugiée pendant l'émigration à Albany, où elle vivait avec son mari du travail de ses mains, est celle dont il est question à ce moment dans les Mémoires de Talleyrand et dans ceux de la duchesse d'Abrantès. Elle était fille du général Arthur-Richard Dillon et s'appelait Henriette-Lucy. Elle avait épousé, en 1787, le comte de Gouvernet, fils de celui qui fut le premier ministre constitutionnel de la guerre, en revendiqua la responsabilité au procès de la Reine et périt ainsi sur l'échafaud. Son mari, colonel de Royal-vaisseaux, aide de camp du ministre son père, puis chef d'état-major des gardes nationales sous La Fayette, dont il avait été aide de camp en Amérique, resta longtemps proscrit; fut, sous l'Empire, préfet de Bruxelles et d'Amiens; en 1814, ambassadeur au Congrès de Vienne et créé pair de France, sous le titre de marquis de La Tour du Pin et « d'allié

s'établir dans une petite ferme ; elle allait elle-même vendre son lait, son beurre et ses volailles au marché ; et tous les gens du pays avaient beaucoup de considération pour elle.

Je me souviens que je rencontrai un ancien garde du corps, échappé aux journées des 5 et 6 octobre ; il avait vendu une petite ferme dans le pays, pour avoir les moyens d'acheter, avec le prix, un éléphant, qu'il eut la précaution de faire assurer ; car aux États-Unis, il y a des compagnies d'assurances pour tout. Je m'amusai beaucoup en voyant ce nouveau genre d'industrie. Ce garde du roi, parti de Versailles pour devenir cornac dans l'Amérique du Nord, avait déjà eu l'esprit de gagner quatorze mille francs à montrer son noble animal, qui descendait peut-être de l'éléphant du roi Porus.

Me trouvant ainsi à trente lieues seulement de New-York, j'eus la curiosité d'aller revoir ce théâtre de nos combats, et de connaître cette ville que je n'avais vue qu'en dehors, pendant que notre armée la bloquait. C'est avec intérêt et émotion que je me retrouvai sur les bords de la rivière d'Akensie, à Topanah, lieu de l'exécution du malheureux major André ; enfin je reconnus avec plus ou moins de plaisir, selon nos succès ou nos revers passés, les différentes positions que notre armée avait successivement occupées.

J'entrai dans New-York avec une surprise qui égala ma curiosité. J'admirai, en dedans cette fois, et cette jolie ville où il n'y avait encore que 25,000 habitants (elle en compte aujourd'hui 120,000), et cette délicieuse île de Long-Island qui l'avoisine. J'étais enchanté de tout ce que

---

du Roi. » Il fut de nouveau proscrit en 1832 et mourut à Lausanne en 1837. Sa femme mourut à Pise en 1853, âgée de quatre-vingt-quatre ans, très pauvre, mais très honorée.

je voyais : l'élégance et la propreté des habitations sont jointes dans tout ce pays aux beautés d'une nature encore vierge : puis, la largeur et la masse des cours d'eau, qui ne sont presque tous que des fleuves ; les colosses végétaux qui forment les forêts primitives du nouveau monde ; enfin tout ce qu'on n'admire pas comme ouvrage des hommes étonne tellement, par des proportions imposantes et gigantesques, qu'en revoyant l'Europe, il me sembla voir un autre monde, un immense tableau réduit au pantographe ; à mon retour, le continent ne me parut plus qu'une jolie miniature.

Je retrouvai avec autant de plaisir que d'intérêt d'anciens frères d'armes, américains et français ; entre autres le brave et sage colonel Hamilton, l'ami de Washington, et qui depuis fut si malheureusement tué en duel par le colonel Burgh [1]. Hamilton, rentré alors dans la vie civile, exerçait la profession d'avocat, il plaidait et donnait des consultations. Je me souviens que nous causâmes beaucoup ensemble, et avec profit pour moi, des causes de la guerre, de l'état actuel des États-Unis et de leur destinée probable. Qui nous eût entendus causer ainsi, sur des événements alors devenus l'histoire du pays, nous aurait pris pour deux interlocuteurs des dialogues des morts de Lucien [2] ou de Fénelon [3].

« La guerre d'Amérique, lui disais-je, a singulièrement

---

1. *Burgh* ou *Burr*. Fut vice-président de l'Union.
2. *Lucien*, philosophe sceptique qui vécut en Grèce sous les Antonins. Moraliste et satirique, il a laissé un grand nombre d'ouvrages : *Dialogues des dieux, Dialogues des morts, le Songe, De la manière d'écrire l'histoire*, etc.
3. François *de Salignac de Lamothe-Fénelon* (1651-1715). Précepteur du duc de Bourgogne, archevêque de Cambrai (1694). Très mêlé aux querelles théologiques de son temps, principalement le mysticisme de Mme Guyon, où Bossuet fut son adversaire redoutable. Son mérite littéraire est trop connu et ses ouvrages sont trop célèbres pour avoir besoin d'y insister.

« commencé, et a été menée, dans le principe, plus singu-
« lièrement encore : il me semble, en résumant toutes
« mes observations, que les Anglais ont fait une faute en
« envoyant des troupes contre vous, au lieu de retirer
« celles qui étaient dans le pays. N'étant pas soumis sur-
« le-champ, vous deviez finir par les vaincre au bout de
« plus ou moins de temps. Vous ne pouviez manquer de
« vous aguerrir par des combats partiels qui ne décidaient
« rien, et les écoliers devaient finir par en savoir autant
« que leurs maîtres. Voyez les Suédois de Charles XII [1],
« et les Russes de Pierre Ier [2].

— « Sans doute, me répondit-il, mais leur seconde faute a
« été de donner le commandement aux deux frères Howe :
« le général n'agissait que faiblement sur terre, pour don-
« ner le temps à son frère l'amiral de faire sa fortune par
« des prises en mer. Il fallait que les Anglais se bornassent
« à bloquer nos ports avec vingt-cinq frégates et dix vais-
« seaux de ligne. Dieu soit loué, ils n'en ont rien fait !....

— « Dieu soit loué, lui répliquais-je, je crois que l'Amé-
« rique aurait transigé avec la mère patrie, d'autant plus
« que j'ai pu remarquer un très grand nombre de torys
« dans votre pays ; et je vois les familles les plus riches
« tenir encore au gouvernement du Roi.

— « C'est là ce qui fait, me dit-il en souriant, que, tout

---

1. *Charles XII* (1682-1718), roi de Suède (1697). Politique médiocre, mais général fameux. Vainqueur des Russes à Narva. Ayant chassé de son royaume le roi Auguste de Pologne, il fut défait à son tour à Pultawa (1709) en marchant sur Moscou. Réfugié pendant plusieurs années chez les Turcs, il reparut en Suède, mais fut tué dans un combat contre les Danois, les Russes, les Saxons et les Prussiens.

2. *Pierre Ier*, dit le Grand (1672-1725). Empereur et réformateur de la Russie. D'une haute intelligence, d'une activité prodigieuse, au reste féroce et barbare et souillé de tous les crimes. Il battit Charles XII, conquit la Finlande, des provinces suédoises et des territoires persans. Il fonda Saint-Pétersbourg, créa la marine russe et donna des lois à son empire.

« en comptant dix années d'existence, notre république
« a deux tendances assez distinctes, l'une démocratique,
« l'autre aristocratique. On dit toujours en Europe la
« révolution d'Amérique ; mais notre séparation de la
« mère patrie ne peut pas s'appeler une révolution : nous
« n'avons pas eu de changements dans nos lois, aucun inté-
« rêt n'a été froissé, chacun est resté à sa place ici, et il
« n'y a que le siège du gouvernement qui ait été changé.
« La véritable égalité subsiste chez nous jusqu'à présent;
« mais il y a une différence remarquable de mœurs entre
« les habitants du nord et les provinces du sud : le nègre,
« libre à Philadelphie, est esclave dans la Virginie et
« dans la Caroline. Dans les provinces du sud, il se fait
« de grandes fortunes, parce qu'il y existe de riches pro-
« ductions; et il n'en est pas de même dans les provinces
« du nord.

— « Oui, lui dis-je, pour ceux qui voient de très loin,
« votre nation a, comme vous le dites, deux tendances
« divergentes, l'une marche à la démocratie, l'autre à
« l'aristocratie; mais dût un jour la séparation se faire
« sans secousse, comment vos peuples pourraient-ils être
« plus heureux? Sans doute, dans votre pays, on ne tient
« pas à la propriété foncière, cela vient d'abord de ce
« qu'Anglais ou Anglo-Américains aujourd'hui, Penn [1]
« et sa colonie ne datent que d'un siècle. Une propriété
« reste rarement dix ou douze ans dans les mêmes
« mains.

— « Cela tient aussi, me répondit-il, à la facilité de
« changer de place, au prix des terres assez chères près

---

[1]. Guillaume *Penn* (1644-1718). Anglais qui adopta les étranges pratiques de la religion des Quakers et passa en Amérique pour s'y livrer en liberté. Il donna des lois aux Indiens, créa la Pensylvanie, fonda Philadelphie et mourut à la fois vénéré et ridicule.

« des grandes villes, à bas prix plus loin : nous sommes
« essentiellement commerçants ; chez nous l'agriculture
« est peu, le commerce est tout.

— « Oui, repris-je, une foule de gens croient qu'il suffit
« d'aborder aux États-Unis pour y faire fortune ; et la
« première question qu'on vous fait à votre arrivée, c'est :
« *Venez-vous vendre ou acheter ?* »

Tel fut à peu près cet entretien, entre le colonel-avocat et moi ; mais je ne puis oublier la singulière et sage réflexion qu'il me fit un jour, au sujet de la puissante intervention de la France dans la guerre d'Amérique.

— « A considérer la chose en elle-même, lui disais-je,
« on reprocherait au cabinet de Versailles, comme faute
« politique, d'avoir soutenu ouvertement les Américains
« dans la guerre de l'Indépendance, et surtout d'avoir
« envoyé toute cette jeune noblesse de la cour, qui nous
« est revenue imbue des principes républicains. On a
« soutenu que l'intérêt bien entendu de la France était de
« rester neutre et de profiter de l'embarras de l'Angleterre
« pour se faire restituer ou reprendre le Canada, qui, plein
« de souvenirs français, nous appelait de tous ses vœux.
« Enfin, cette double chance de guerre ou de réoccupa-
« tion aurait fourni un débouché à notre population sura-
« bondante, qui a débordé révolutionnairement sur la
« monarchie et va inonder l'Europe même. »

En pensant alors à cette jeunesse de la cour, qui avait afflué en Amérique comme les moutons de Panurge, sans débarrasser le sol français de son trop-plein, le colonel Hamilton ne put s'empêcher de me répondre en riant :
« Vous avez raison, je parle contre nous-mêmes, puisque
« c'est aux armes françaises que nous devons notre indé-
« pendance ; votre gouvernement a peut-être fait la faute
« d'évacuer par en haut au lieu d'évacuer par en bas. »

Je retrouvai à Philadelphie mon ami de la Colombe [1], comme moi ancien aide de camp de M. de la Fayette, dans la guerre d'Amérique, avec cette différence, qu'à l'époque de nos troubles civils, il était toujours resté auprès de lui. « Mon ami, me dit-il, vous avez eu tort, « non pas de vous réunir à nous, mais de vous éloi- « gner de nous tous, dès le principe : j'aurais pu vous « ôter quelques illusions qui vous auraient donné à « penser : vous auriez fait ensuite ce que vous auriez « voulu. »

Entre autres choses qui m'étonnèrent, même après tant d'événements, c'est qu'il m'apprit et m'affirma qu'à l'époque où nous croyions que toute l'Europe, jusqu'à la Russie, se préparait à venger la querelle des rois par un armement général, la Prusse avait fait proposer une alliance offensive et défensive avec la France, par le juif Éphraïm de Berlin, sous la seule condition que le roi Louis XVI renverrait la reine à Vienne : je ne me suis pas refusé à croire que la proposition en ait été faite ! Mais, sans s'en douter, ou en s'en doutant, les ennemis de cette auguste et malheureuse princesse lui auraient épargné l'échafaud !

Mon ancien camarade de la guerre de l'Indépendance, qui s'était jeté avec notre général dans la tourmente révolutionnaire, était alors retiré aux États-Unis, où, comme le sage, il consultait l'écho, loin des troubles.

Nous portions au malheureux M. de la Fayette les sentiments que nous lui devions ; M. de la Colombe, pour l'avoir toujours suivi ; moi, par reconnaissance des temps passés, et c'était bien le moins ; aussi, nous parlâmes assez

---

1. Louis-Ange *de la Colombe*, né au Puy-en-Velay en 1755. Aide de camp de La Fayette dès 1777.

souvent de notre général, à l'aspect du théâtre où nous avions été acteurs sous ses ordres. Au milieu d'une conversation, M. de la Colombe me raconta, au sujet de notre général, une aventure que mon troisième départ pour l'Amérique m'avait sans doute empêché d'apprendre.

« Vous avez su, me dit-il, comment M. de la Fayette
« quitta l'armée qu'il commandait en 1792, et vint à
« Paris ; comment, après avoir échoué dans ses bonnes
« intentions, il retourna au camp de Maubeuge, avec la
« triste certitude de ne pouvoir ni faire le bien, ni même
« empêcher le mal, soit à Paris, soit à l'armée. Vous
« savez que, dans cette perplexité, il abandonna la partie
« et se présenta avec quelques officiers aux avant-postes
« autrichiens, en demandant passage. On pouvait le re-
« fuser ; mais vous conviendrez qu'il était contre le droit
« des gens de l'arrêter lui et les siens, qui ne voulaient
« que gagner Ostende et s'embarquer pour venir ici. Ce
« fut donc à la honte du prince de Cobourg [1], ou plutôt
« de la cour de Vienne, que M. de la Fayette et les offi-
« ciers qui l'accompagnaient furent retenus prisonniers
« et étroitement renfermés dans la citadelle d'Olmütz.
« Vous savez que j'étais un de ses compagnons d'infor-
« tune ; mais ce que vous ignorez et ce qu'on ignore en
« Europe, c'est le plan, les préparatifs et l'exécution de
« l'évasion, qui n'a été manquée que par sa faute ; car il
« fut sauvé et fit naufrage au port. Écoutez, voici le
« fait :

« Le général Washington, étant encore alors président

---

1. Frédéric, prince de *Saxe-Cobourg* (1737-1815). Feld-maréchal au service de l'Autriche ; commanda ses troupes contre la France, en 1792. Vainqueur à Nerwinde (1793) ; vaincu à Wattignies (1793) et à Fleurus (1794). Il mourut dans l'obscurité.

« du Congrès, fit toutes les démarches possibles auprès
« du cabinet de Vienne pour obtenir la liberté de son
« ami; il éprouva un refus formel. On combina alors ici
« un plan d'évasion, à l'exécution duquel le Congrès con-
« sacra quatre cent mille francs. On imagina d'en
« charger un homme que vous voyez tous les jours à
« Philadelphie : c'est un médecin allemand, le docteur
« Bollmann [1], homme à caractère, ayant assez d'esprit
« pour n'avoir pas besoin qu'on lui fît sa leçon. Il fallait
« du temps et cacher beaucoup d'audace sous beaucoup
« d'adresse et de prudence.

« Muni de force lettres de crédit, le docteur arriva à
« Hambourg comme pour exercer sa profession en Alle-
« magne. Il vivait honorablement, avec une voiture, visi-
« tait les malades gratis, faisait beaucoup de charités et
« sans affectation; il marchait sur les traces de Caglios-
« tro [2] et du fameux comte de Saint-Germain [3]. Ce fut à
« pas de tortue qu'il se dirigea vers son but : il s'arrêta
« dans les principales villes d'Allemagne, avançant tou-
« jours mais lentement; c'est ainsi qu'il arriva jusqu'à
« Olmütz [4], précédé d'une réputation toute faite de

---

1. C'est avec Francis Huger, fils d'un officier américain, chez qui La Fayette avait logé dans la Caroline, que le docteur hanovrien Justus-Erich Bollmann (1769-1821) tenta sa courageuse entreprise. La *Biographie des contemporains* dramatise un peu plus cette tentative d'évasion que M. de la Colombe, mais ce dernier semble davantage dans la vérité. La fuite eut lieu le 8 novembre 1794; La Fayette, arrêté à Sternberg, à huit lieues d'Olmütz, fut réintégré le lendemain dans son cachot. On le mit en liberté le 19 septembre 1797.

2. *Cagliostro* (1745-1795). Imposteur célèbre à la fin du xviii° siècle, dont le vrai nom était Joseph Balsamo. Mêlé à tout le mouvement de la maçonnerie cabalistique, à l'affaire du collier, aux jongleries du magnétisme. Il finit par être arrêté à Rome et enfermé.

3. *Saint-Germain*. Aventurier qui, sous ce nom d'emprunt, fit des dupes en France, à la cour de Louis XV et dans la plus haute société.

4. Ville importante de Moravie, dont la forteresse était une prison d'État.

« science, de bienfaisance et de philanthropie. Il ne
« tarda pas à avoir la visite du commandant de la forte-
« resse, et fit bientôt connaissance avec ce bon Alle-
« mand, qui vint le voir souvent et qu'il eut soin d'inviter
« à dîner. Le vin de Champagne n'était pas ménagé : un
« jour enfin, dans un de ces épanchements que le bon
« vin provoque, le docteur insinua au commandant qu'il
« avait appris par la ville qu'un prisonnier de grande
« importance, commis à sa garde, était dans un très
« fâcheux état de santé : il lui fit observer, par intérêt
« pour lui-même, que si, par malheur, ce prisonnier
« venait à mourir, on ne manquerait pas de l'attribuer à
« de mauvais traitements, et que le déshonneur en rejail-
« lirait jusque sur le souverain. Le brave commandant
« fut amené à concevoir des craintes et à implorer l'art
« du docteur, qui protesta de son dévouement, ne de-
« manda pas mieux, et désira même, comme ayant l'hon-
« neur d'être Allemand, d'administrer à ce prisonnier
« tous les remèdes nécessaires. Le bon commandant,
« abondant tout à fait dans le sens du docteur Bollmann,
« le conduisit lui-même dans la forteresse et dans la
« chambre du prisonnier. Le médecin saisit l'occasion, et
« tout en tâtant le pouls à M. de la Fayette, il lui glissa
« adroitement dans la main un billet qui, l'instruisant du
« complot, dut le remplir d'espérance. Bollmann affirma
« au commandant, avec beaucoup de gravité, que le pri-
« sonnier mourrait infailliblement, et même en très peu
« de temps, si on ne lui laissait pas respirer l'air exté-
« rieur, enfin l'air de la campagne ; que, dans l'état de
« faiblesse où était le malade, on devait le lui confier
« sans le plus petit inconvénient ; il le promènerait lui-
« même dans son carrosse qu'on escorterait aux por-
« tières et qui marcherait toujours au pas. Le comman-

« dant y consentit, ne pouvant pas se défier d'un docteur
« qui lui donnait de si bon vin de Champagne. De son
« côté, M. de la Fayette, affectant une grande faiblesse,
« déclarant même être dans l'impossibilité de marcher,
« était porté dans le carrosse, qui ne s'éloignait jamais à
« plus d'une lieue d'Olmütz : on le ramenait à point
« nommé après la promenade. Ce manège dura le temps
« convenable ; le commandant, acquérant une pleine sé-
« curité, diminua de lui-même l'escorte et finit par la
« réduire à un seul soldat. Pendant ce temps, l'adroit
« médecin fit acheter deux excellents chevaux de selle,
« qui les attendirent, M. de la Fayette et lui, à un jour
« et une heure convenus, dans un endroit indiqué. Tous
« deux étaient armés de bons pistolets, et pourvus, par
« les soins de Bollmann, de tout l'argent nécessaire.
« Arrivés au rendez-vous, ils descendent de voiture, pré-
« sentent au soldat ébahi d'une main un pistolet, de
« l'autre une bourse ; les chevaux paraissent, les fugitifs
« sautent en selle, laissent là la voiture et se sauvent. Ils
« se séparèrent à quelque distance : M. de la Fayette fit
« quinze lieues d'une traite avec le même cheval, qui finit
« par tomber mort de fatigue ; mais il eut l'imprudence
« de s'arrêter pour en acheter un autre : l'usage en Alle-
« magne étant de tirer le canon quand il y a une déser-
« tion, les paysans, ainsi avertis, arrêtent tous ceux qui
« leur paraissent suspects, pour gagner la récompense.
« M. de la Fayette fut donc repris et reconduit à Olmütz :
« le docteur, qui ne s'était pas trompé, revint en Amé-
« rique tout seul. »

Tel est le récit de mon ami la Colombe. Quand je revis depuis à Paris M. de la Fayette, il me dit en riant : « Eh
« bien ! et moi aussi j'ai été mis dans un château fort, et
« j'ai essayé de me sauver.

— « Je le sais bien, lui répondis-je, mais je m'en suis
« tiré mieux que vous, général. »

Peu de temps après, je quittai les État-Unis, et cette fois, je pense, pour toujours ; je débarquai à Hambourg [1].

---

[1]. Probablement en 1799.

CHAPITRE VII

Arrivée à Hambourg. — Départ pour la France. — Scène de contrebandier à Anvers. — État de la France. — Mon séjour en France. — Départ pour Trieste. — Le banquier Joseph Labrosse. — Des gouverneurs Junot, Bertrand, Fouché, duc d'Otrante. — Du roi de Suède Gustawson. — Jérôme Bonaparte.

Je ne crois pas exagérer en disant que cette ville et celle d'Altona [1], qui n'en est séparée que par une belle allée d'arbres, contenaient alors sept à huit mille émigrés français.

Hambourg [2], ville neutre, faisait un commerce immense : elle offrait encore plus de ressources que les États-Unis à l'activité industrieuse de nos émigrés français stimulés par la nécessité de vivre. Les uns y faisaient des livres ; les autres en vendaient.

J'ai vu un M. de Pradt, parent de l'aumônier du *Dieu Mars*, qui faisait travailler une petite somme de cent louis ; c'était tout son capital. Il spéculait sur le change des monnaies ; il demeurait à l'enseigne du *Gagne-Petit* ; et à force de trotter à pied comme un messager, et de convertir plusieurs fois dans la journée, selon les besoins de ceux qu'il rencontrait, les ducats, les piastres, les sequins et les écus, il avait le talent de gagner dix francs tous les jours.

---

1. Port du Holstein, à une lieue de Hambourg.
2. La première des villes libres d'Allemagne, longtemps à la tête de la *Ligue Hanséatique*.

J'ai vu un jeune Français qui ne savait pas les mathématiques imaginer de les enseigner à un Allemand : parlant parfaitement cette langue, il allait tous les matins prendre sa leçon chez un officier de marine, son ami, et allait la répéter aux bons Allemands pour un marc ou trente-deux sous. Si l'écolier faisait ou demandait quelque observation, il se refusait à toute explication, le tout, disait-il, pour ne pas brouiller ses idées ; le cours de mathématiques allait ainsi, et il faisait remise de dix sous à l'officier de marine.

Enfin l'industrie des émigrés s'étendait si généralement à tout, que les juifs furent au moment de déserter et de leur abandonner le champ de bataille. Pour se venger, un juif, qui était peintre, saisit un jour au spectacle la ressemblance exacte du Français auquel ils en voulaient le plus, je crois que c'était un La Rochefoucauld. Il le représenta tout seul dans le bassin d'une balance, tandis que vingt juifs assis dans l'autre ne pouvaient pas le soulever : cette caricature fut exposée chez les marchands d'estampes.

J'avais laissé mon frère et sa famille établis à Lausanne et fondant une maison de commerce qui promettait de s'étendre et de prospérer. J'appris singulièrement que le succès avait surpassé toutes leurs espérances. J'entendis parler à Hambourg d'un banquier, d'un second *philosophe sans le savoir*, d'un autre M. Vanderk [1] enfin, qui, sous le nom de Joseph Labrosse, avait à Trieste la maison la plus brillante et la plus solide. Cent mille florins tirés sur lui étaient acquittés par lui à la minute. Je ne tardai pas à reconnaître que ce millionnaire était mon frère. L'invasion de la Suisse par les Français lui ayant

---

[1]. Le héros de la pièce de Sedaine, jouée en 1765.

fait quitter Lausanne, il avait transporté ses pénates à Trieste. Depuis quelques années, cette ville était devenue le point central, le siège de ses opérations commerciales, montées dès lors sur une bien plus grande échelle, et obtenant toujours le plus heureux succès. Je projetai de mettre le cap sur Trieste [1].... Mais *la folle de la maison*, qui va trop vite chez moi, me ferait taire, dans son esprit *prime-sautier*, comme dit Montaigne, l'impasse de deux ans de ma vie; car le désir que j'eus alors d'aller à Trieste, et que je réalisai plus tard, ainsi qu'on va le voir, s'éteignit en moi par la facilité que m'offrit le hasard de faire un voyage à Paris. Je ne réparerais même pas cette omission de ma mémoire, si ma rentrée n'était caractérisée par des circonstances qui me paraissent, je ne dirai que gaies : à Dieu ne plaise que je veuille ajouter instructives, car il n'est pas probable que l'émigration se renouvelle jamais en France : et puis, si elle se renouvelait, ce seraient les citoyens qui n'ont rien qui prendraient aux citoyens qui ont quelque chose, c'est de principe. Nous ne serions plus les patients; car Dieu sait si les beaux châteaux, les beaux hôtels, les belles fortunes sont, à quelques exceptions près, à leurs ci-devant maîtres : mais à tout événement, si le soi-disant libéralisme, bien différent du vieux jacobinisme, puisqu'il a le bonnet rouge dans la poche au lieu de l'avoir sur la tête, si le libéralisme force les riches du jour à sortir en masse de France, il est toujours bon que je leur apprenne comment on rentre. Ce n'était pas que je me promisse beaucoup d'agrément de mon séjour en France : du côté des affections, la moitié de ma famille était déci-

---

[1]. Ville forte et port franc des États autrichiens (Illyrie), sur l'Adriatique qui fait un grand commerce avec tout le Levant. Son importance date de Marie-Thérèse.

mée ou absente; mais d'abord il y avait du danger à rentrer.

Nitimur in vetitum semper cupimusque negata [1].

Je comptais bien garder l'incognito, et que mes amis, si j'en retrouvais, me le garderaient de leur côté. Cette vie mystérieuse, pleine d'alertes, me promettait des jours sans monotonie qui mettraient du piquant dans mon existence; et puis.... la curiosité ! Je voulais voir la France en dedans : je me figurais que c'était le Carnaval en action. Les mœurs du jour devaient s'y ressentir de la métamorphose de l'almanach : les décades, les sans-culottides, les légumes et les instruments aratoires avaient remplacé les saints et les saintes du calendrier. Je voyais déjà en idée les carmagnoles qui finissaient, mêlées aux habits qui recommençaient; les *cavaliers*, les *roundheads*, les femmes à la grecque, les *bals des victimes*, et les spectacles où l'on applaudissait, comme je l'entendis, ces vers de Rhadamiste [2] :

L'Arménie, occupée à pleurer sa misère,
Ne demande qu'un roi qui lui serve de père,

et encore ceux-ci, d'Adélaïde Duguesclin [3] :

Je vois que de l'Anglais la race est peu chérie,
Que son joug est pesant, qu'on aime la patrie;
Que le sang de Clovis est toujours adoré :
Tôt ou tard il faudra que de ce tronc sacré
Les rameaux divisés et courbés par l'orage,
Plus unis et plus beaux, soient notre unique ombrage.

1. Ovide, *les Amours*, livre III, élégie IV, 17.
2. Tragédie de Crébillon le père, représentée en 1711.
3. Pièce de Voltaire, représentée en 1734.

Et cependant le Directoire demeurait au Luxembourg ! et, sur les murs, sur les monnaies, en tête des décrets, on lisait : *République française*, on voyait des faisceaux et le bonnet de la liberté ! Tout cela, que je ne connaissais que par récits, dont je ne croyais que la moitié, me paraissait mériter d'être vu, et je trouvais que cela valait bien la peine de risquer quelque chose. J'eus donc l'idée de rentrer en France; la cause en fut l'occasion,

.... et je pense
Quelque diable aussi me poussant.

Un matin, je reçois à Hambourg une lettre à mon adresse, venant des départements réunis à la France, et contenant, sans autres explications, la radiation de mon ami le chevalier de la Colombe. Je tourne et retourne cette pièce, et je me dis : « Mais ceci est un billet au por-
« teur. Mon ami la Colombe ne peut pas manquer, un
« peu plus tôt, un peu plus tard, d'apprendre aux États-
« Unis sa radiation par les journaux; je m'en vais de-
« mander aux autorités françaises un passeport à Altona,
« sous son nom, comme émigré rayé; on ne me le refu-
« sera pas; je le demanderai pour Paris. »

Je me présente chez le résident de la république une et indivisible, M. Diétrick [1]. J'arrivai chez lui assez à temps et assez à propos, pour lui voir expédier le passeport d'un garde du corps gascon et qui se donnait pour Suisse. Le brave émigré n'avait contre lui que son accent : « Oui, monsou le résident, dit le solliciteur méridional, c'est un passéport pour France qué jé démande. — Et vous êtes

---

[1]. Agent du gouvernement français à Altona, en 1801. Ce fonctionnaire n'est pas le maire de Strasbourg.

Suisse? dit le résident. — Suisse de Neuchâtel, monsou le résident, » reprit le Gascon. *Monsou le résident* ne put s'empêcher de lui dire en souriant : « Depuis quand la Garonne passe-t-elle à Neuchâtel ? » L'imperturbable Gascon ne se démonta pas et répondit sur-le-champ : « Monsou le résident, c'est dépuis la Révolution. » Il n'y avait pas le plus petit mot à dire, et le passeport fut délivré. Le mien était une conséquence naturelle de la radiation officielle dont j'étais porteur, et il ne souffrit pas la moindre difficulté. Si le nom était d'emprunt, le signalement était bien le mien, et je me mis en route dans une sécurité parfaite.

Au moment de partir, je considérai l'état de mes finances; et comme je savais que ce qui n'augmente pas diminue, je changeai une quantité raisonnable de ducats contre une bonne provision de marchandises anglaises qui me promettaient un notable bénéfice si je parvenais à les introduire sur le territoire français; et en temps et lieu je me réservais de voir comment, plus décidé à saisir l'à-propos qu'à le prévoir. Les circonstances font tout, on se prépare au moment, il ne faut que vouloir : *audentes fortuna juvat.* J'arrivai aux portes d'Anvers; j'avais dans ma voiture, ou plutôt il y avait dans notre voiture, car elle était à lui comme à moi, ou plutôt elle n'était ni à l'un ni à l'autre; elle appartenait au conducteur : il y avait avec moi dans la voiture, ou bien encore j'avais pour compagnon de voyage, un émigré rayé, rentrant, vraiment en règle, lui : c'était le bon M. de Pr...., homme de tête, homme de bien, véritable prud'homme, et bien mieux encore, aux yeux de ceux qui ont connu et qui connaissent sa fille : c'était le père de la bonne, de la belle Mme de M...., de cette jolie femme, si jolie à vingt ans, et à qui Abdeker a donné son secret de conserver la beauté;

car, foi d'amateur, foi d'homme d'honneur, vingt ans après elle n'en est encore que plus belle. M. de Pr...., le père de Mme de M. ! Oh ! j'étais capitaine des gardes de mon compagnon; je ne lui aurais pas laissé ôter un cheveu de dessus la tête; et il en avait des cheveux, car c'était un homme entre deux âges, parfaitement bien conservé : c'est dans le sang. Mais M. de Pr.... n'avait rien à craindre, lui : mais je n'était pas tout à fait aussi tranquille à la barrière d'Anvers.

Mes marchandises, mes papiers, mon nom, ma personne, tout était de contrebande : la voiture s'arrête, la portière s'ouvre devant le poste des douaniers; c'était le soir : un employé se présente seul et nous fait la question d'usage; il tenait à la main une chandelle qui allait éclairer cette scène de nuit. Je saisis le bras de mon compagnon de voyage et je lui dis : « Laissez-moi faire, ne dites rien, et ne riez pas; » et sur-le-champ j'improvise une reconnaissance de comédie, et j'entre en scène.

— « Eh! bonjour, mon cher Durand, m'écriai-je en tendant la main la plus amicale à l'employé que je n'avais jamais vu, te voilà donc ici à présent ? »

Le douanier me répond comme je m'y attendais : « Citoyen, je ne vous connais pas. »

Aussitôt, je descends rapidement de la voiture, je jette mes bras au cou de mon ami de hasard; la chandelle tombe, le douanier jure et me repousse; le chef du poste sort et demande ce que c'est.

— « Mon lieutenant, lui dis-je, je vous en fais juge : c'est Durand, mon ancien, qui ne veut pas reconnaître son ami Bernard, lui qui m'a fait entrer dans la partie ! »

Pendant que je parle, que le chef m'écoute, le poste sort avec des flambeaux; le théâtre s'éclaire, et le malentendu s'éclaircit avec tout l'agrément possible pour moi.

Le chef du poste, que j'avais eu soin d'appeler mon lieutenant, tandis qu'il n'était que brigadier, se trouvait déjà disposé en ma faveur.

Il fut reconnu que le douanier n'était pas mon ami Durand, et le premier je déclarai qu'il n'en avait qu'un faux air; mais le chef et ses préposés, celui même que j'avais baptisé Durand, me remercièrent, en attribuant la méprise à la préoccupation de l'amitié et de la reconnaissance. La conversation devint générale, chacun dit son mot; la ligne des douanes était immense, un mouvement perpétuel, des déplacements journaliers, et à des distances ! On ne se connaissait plus entre soi; il fut surtout bien reconnu que l'administration avait tort.

— « Mais, citoyens, leur dis-je alors avec solennité, il n'en faut pas moins que le service se fasse; ce n'est pas un douanier qui refuse d'obéir aux lois de la république : mon lieutenant, voulez-vous bien faire visiter ma malle, voilà la clef. »

Mon lieutenant sourit, le poste se récria universellement : « Allons donc, un confrère ! » Je pris congé, je remis la clef dans ma poche, je remontai dans ma voiture, on me souhaita un bon voyage et un court séjour dans ma nouvelle destination; car je crois que j'avais indiqué Soubise [1] ou Marennes [2], pour mieux disposer à la compassion.

Le bon M. de Pr...., resté dans la voiture, tremblait encore pour moi. Quand la barrière fut passée, je lui dis en riant : « Voilà comme on fait la contrebande! Ma foi, je ne pouvais pas m'en tirer comme le maréchal de Saxe, mais convenez que c'est aussi bien. » Et là-dessus, je lui

---

1. Bourg de la Charente-Inférieure.
2. Petite ville de la Charente-Inférieure.

contai l'histoire arrivée, dans le temps, au vainqueur de Fontenoy, à la barrière de Flandre [1].

Un succès donne de la confiance, et la confiance ajoute des succès aux succès. C'est ainsi qu'on arrive aux places, aux honneurs, à la fortune ; moi je ne voulais qu'arriver à Paris. Je n'avais plus qu'une formalité à remplir, celle de faire viser mon passeport d'Hambourg par l'autorité supérieure à Anvers. Depuis quelques mois cette autorité s'appelait un préfet [2] : c'était une institution de fraîche date créée de la volonté du nouveau pouvoir qui, sous le nom de premier consul, n'était déjà plus qu'un seul maître, soi-disant en trois personnes, dans la soi-disant république d'alors; car la France en avait encore le nom, et les particuliers qui devaient bientôt se faire appeler sire, monseigneur, monsieur le duc, monsieur le baron, excellence, s'intitulaient encore citoyens. Je me rendis donc à l'hôtel de la préfecture d'Anvers, et je me présentai à l'audience du premier magistrat de ce département. On m'annonça sous le nom de M. de la Colombe. — Oui, citoyen préfet, c'est M. de la Colombe, émigré rayé, arrivant d'Hambourg, qui vous prie de vouloir bien viser son passeport pour rentrer en France. — Monsieur *de la Colombe*, dit le préfet d'Anvers en me regardant d'un air équivoque,

---

[1]. Le maréchal de Saxe rentrait en France après la campagne de 1745. A la barrière de la ville de...., un préposé ouvre la portière et lui dit : « Monsieur le maréchal n'a rien contre les ordres du Roi ? — Non, monsieur. — Mais cela, dit le douanier en montrant un énorme baril de tabac qui était sur le devant de la voiture, sous les pieds du maréchal. — Cela, monsieur, c'est ma tabatière. — Ah ! dit le commis, il est bien juste qu'un aussi grand général ait une aussi grande tabatière. » Et il referma la portière respectueusement. *(Note de M. de Moré.)*

[2]. Le préfet était Charles-Joseph-Fortuné *d'Herbouville* (1755-1829). Colonel et maréchal de camp avant la Révolution. Président de l'administration de la Seine-Inférieure en 1790. Préfet des Deux-Nèthes (1800-1806), de Lyon (1806-1810). Lieutenant général (1814). Pair de France (1815). Directeur général des postes (1815-1816). Créé marquis par Louis XVIII.

et me parlant d'un ton que j'aurais dû trouver significatif, monsieur *de la Colombe*, donnez-vous la peine de vous asseoir. — C'est à M. *de la Colombe* que j'ai l'honneur de parler? — Il n'y a pas longtemps que M. *de la Colombe* est à Hambourg? — Il n'y a pas longtemps que vous avez reçu votre radiation, monsieur *de la Colombe?* — Nous sommes enchantés, monsieur *de la Colombe*, de fournir aux Français émigrés les occasions de rentrer dans le giron de leur mère patrie. — M. *de la Colombe* désire que son passeport soit visé pour Paris? — Je souhaite que M. *de la Colombe* n'éprouve aucun désagrément de son séjour dans la capitale. — Monsieur *de la Colombe*, je suis charmé d'avoir eu l'honneur de faire connaissance avec vous. — J'ai l'honneur de vous souhaiter un bon et heureux voyage, monsieur *de la Colombe.* Et toujours M. de la Colombe!!! je ne pouvais pas m'empêcher de dire : voilà un préfet qui est singulièrement poli; mais est-ce qu'il a peur que les gens oublient leur nom? Mes réflexions n'allèrent pas plus loin dans le moment; mais quelque temps après, j'appris que le préfet d'Anvers était l'inconnu qui m'avait adressé à Hambourg par un tiers la radiation de la Colombe, avec lequel il avait été très lié autrefois. Alors j'eus le mot de l'énigme, et je m'expliquai la généreuse discrétion, l'innocent persiflage et l'obligeance réelle à mon égard de M. le préfet, qui, au lieu de me signer mon visa, aurait pu me dire mon fait sans que j'eusse aucun droit de me plaindre.

Je dois dire, par probité historique, que depuis le temps, je ne me souviens pas si c'est au préfet d'Anvers ou au secrétaire général [1] que j'ai eu affaire; mais il est certain qu'à cette époque bien d'autres exemples que le mien sont là pour attester que plus d'un fonctionnaire adoucit les

---

1. Le secrétaire général des Deux-Nèthes, de 1801 à 1803, fut M. *Rialle*.

rigueurs du code Osselin [1]. Un grand personnage, que je ne veux pas nommer, peut se le rappeler en honorable souvenir : un émigré se présente à lui sous le nom de Bouchard à Amsterdam. Je ne puis rien, lui dit-il, pour le citoyen Bouchard; mais je ferai tout pour M. de Montmorency.

Quoi qu'il en soit, me voilà en France, et débarquant à Paris, où je me trouvai aussi légalement abrité que tel régnicole qui n'en fût jamais sorti et qui ne se fût jamais mêlé de rien.

> A tous les cœurs bien nés que la patrie est chère!
> Qu'avec ravissement je revois ce séjour [2] !

C'est à peu près là ce que chacun sent, ce que chacun dit en rentrant au pays, depuis Tancrède jusqu'à Potavéri, depuis le Français jusqu'au Hottentot : moi, je n'ai pas dit un mot de tout cela.

L'impression dominante chez moi, mon péché mignon depuis l'âge de vingt ans, toujours et partout, est une tendance à l'hilarité contemplative qui fait que j'admire peu, que je ne blâme guère, que je ne ris jamais aux éclats, mais souvent dans ma barbe, parce que j'ai tant vu de choses que je les estime à leur valeur, et tant vu de personnes, que pour louer les célébrités j'attends leur mort : j'ai éprouvé trop de mécomptes en leur payant mon tribut d'admiration de leur vivant. Croyez donc qu'avec cette disposition de mon esprit, la France nouvelle me

---

1. Charles-Nicolas *Osselin* (1754-1795). Avocat, membre de la municipalité de Paris (1789). Député à la Convention (1792). Régicide. Membre du Comité de sûreté générale (1793). Chargé de rédiger les projets de loi contre les émigrés. Arrêté à son tour (1794), tenta de se suicider, et fut conduit à l'échafaud.

2. Voltaire, *Tancrède*.

parut à son aurore une ridicule lanterne magique : au bout de quarante-huit heures de séjour à Paris, parmi les figures que j'ai reconnues, j'ai trouvé presque toutes les jolies femmes vieillies et les hommes changés. Moi qui ai toujours fait belle jambe et qui n'ai jamais entendu raillerie sur les bas et les culottes courtes, en voyant tous les élégants en pantalons, je me disais : « Est-ce que la révolution a rendu les jeunes gens cagneux ? » Ce fut bien autre chose quand je vis des conserves sur des nez de vingt ans, ou de jeunes yeux lorgnant avec un monocle (sic); je me dis : « Cette malheureuse révolution les a rendus myopes! » Je savais bien qu'en général le public ne voyait pas plus loin que son nez; mais quand j'eus observé que c'était un ton, une mode, une grâce, et que toutes ces jeunes têtes étaient coiffées à l'Antinoüs, je ne doutai pas un seul instant que ce ne fût pour mieux ressembler au favori d'Adrien, et je m'en pris à l'histoire qui m'avait donné les lunettes pour une découverte moderne.

Je vois passer sur les boulevards deux jeunes gens sur des chevaux charmants, équipés avec la dernière élégance, ils allaient au pas pour se faire voir. Un homme d'un certain âge, appuyé sur sa canne, s'était arrêté aussi pour regarder; et quand ils furent à sa hauteur, il leur cria du ton d'un père ou d'un oncle : « C'est joli ; mais les dettes!! » Ils se mirent à rire et moi aussi. Je les connaissais, et le donneur de leçons avait raison, du moins pour un, c'était Aug.... de L. P. et le général Ch....

Une autre fois, je vis dans une belle voiture, et il y en avait encore très peu à Paris, une figure que je reconnus à sa niaiserie. C'était un virtuose que j'avais vu débuter imberbe au concert spirituel avec le plus grand succès. Je n'ai jamais oublié qu'il me dit en sortant : « N'est-ce pas que j'ai joué comme un ange ? » Je conviens qu'il avait tout son esprit au bout de ses doigts ; car je ne tardai pas à apprendre que ce sot-là était devenu en six mois millionnaire, et il l'est toujours resté depuis ; aussi sot que lui n'est pas bête : mais ce n'est pas la peine de dire son nom.

Quant à moi, aux innocents les mains pleines : j'avais d'abord, par mesure de précaution, choisi le quartier le plus paisible et le moins orageux pour me loger : c'est dire que je m'étais établi près de la rue Saint-Louis, au Marais. Il n'y avait pas huit jours que je marchais dans Paris, posant un pied l'un après l'autre pour m'assurer de la solidité du terrain, lorsque je fis la rencontre la plus inattendue, d'abord la plus inquiétante en apparence, mais, dès les premiers mots, la plus heureuse et la plus utile pour moi. Je m'en souviens avec d'autant plus de reconnaissance et de plaisir, que mon premier sentiment dans cette rencontre fut la peur. C'est exactement, pour les détails historiques, la scène d'Almaviva et du Barbier de Séville. Ce brave homme, que je prenais pour tout autre chose, me mit dans le cas en me rangeant, et le voyant me toiser, de me dire : J'ai vu cette figure-là quelque part. « Je ne me trompe pas, dit-il, c'est vous, monsieur le Chevalier. — C'est vous, d'O...., lui dis-je avec un peu plus de confiance, et que faites-vous à Paris ? Je vous avais laissé en 91 maître d'un café au Petit-Carreau ? »

D'O.... [1] avait été élevé chez ma grand'mère et chez mon oncle le président. C'était un grand et bel homme, d'une figure ouverte, que j'avais connu très leste, très

---

1. Baptiste *Dossonville* (1757-1833). Agent de police secrète au service de Louis XVI, du Comité de salut public et du Directoire, de Napoléon, de Louis XVIII et de Charles X. — Voir sur lui les *Mémoires* du comte *Dufort de Cheverny*, tome II, et ceux *de Sénart*, chap. xvii.

fort, et d'une hardiesse vraiment rare : il avait pour arme offensive et défensive une petite baguette d'un pied et demi, grosse comme une boussine. Je le retrouvais plus âgé; mais à l'extérieur, à peu près tel que je l'avais jamais connu. Cependant, d'après son caractère, il n'avait pas dû rester neutre dans la tourmente révolutionnaire; et je ne savais que penser au premier abord d'un homme que j'avais perdu de vue depuis dix ans. Toute la différence qui existait entre nous et les personnages de Beaumarchais, c'est que je n'étais pas un grand d'Espagne, que nous étions sur le pavé de Paris, que le brave d'Ossonville était, a toujours été et est encore le plus honnête et le meilleur des hommes; car, du reste, son récit ressemblait fort à celui de Figaro.

« Oui, me dit-il, j'étais, quand vous avez quitté la France, à la tête d'un café. Je devins ce qu'ils appelaient officier de paix; j'avais la surveillance des Tuileries. Vous pouvez penser qu'il n'y a pas de marques de dévouement que je n'aie données à notre malheureux roi et à son auguste famille, pas d'avis utile que je ne leur aie fait transmettre au château pour leur repos, leur sûreté, leur salut. On me faisait l'honneur de me recevoir et de m'écouter comme un serviteur sur lequel on pouvait compter. Après la fameuse journée du 10 août, je fus arrêté et mis en jugement. Je plaidai ma cause moi-même, je défendis ma tête avec courage et éloquence; comme *j'avais l'avantage* de n'être pas noble et d'appartenir au peuple, on fut forcé de me pardonner d'avoir fait mon devoir, et je fus acquitté. Je pris la livrée révolutionnaire et je n'en portais pas moins dans mon cœur les Bourbons et tous les honnêtes gens. J'en ai sauvé tant que j'ai pu; beaucoup qui le savent, bien plus encore qui ne s'en doutent pas, parce que je ne le leur ai jamais dit, de peur que leur indiscrète reconnaissance ne me compromît et ne m'empêchât d'en servir d'autres. Adroit, ne craignant rien, jamais d'autre arme que le petit bâton de Jacob, que vous voyez; tout au plus, de fois à autre, une paire de pistolets dans mes poches, dont je n'ai jamais été dans le cas de faire usage; probe, quoique ayant carte blanche pour mes dépenses, qui étaient toujours payées sans examen. Le Comité de sûreté générale m'a souvent envoyé en mission avec des pouvoirs supérieurs aux Représentants du peuple eux-mêmes. C'est ainsi que j'ai pu rendre de grands services en faisant disparaître les pièces qui pouvaient perdre des familles entières. J'emportais les dossiers quand je m'étais assuré qu'on ne s'était pas encore occupé de l'affaire aux comités. C'est ainsi que M. le comte et madame la comtesse de T.... [1], les parents de vos parents, me doivent leur salut. Ah! que n'ai-je pu sauver votre malheureux oncle! mais je n'ai pas su ses dangers; les scélérats ont été si vite! Enfin j'ai été mis en prison moi-même, j'en suis ressorti, j'y suis rentré selon que les partis de la même faction qui se disputaient le pouvoir, le perdaient ou le regagnaient de trois mois en trois mois : enfin le 9 thermidor est arrivé. Les complices de Robespierre se sont donné les gants de la vengeance du ciel, dont ils n'ont été que les instruments. Ainsi accueilli dans un temps, emprisonné dans l'autre, et partout supérieur aux événements, loué par ceux-ci, blâmé par ceux-là, aidant au bon temps, supportant le mauvais, bravant les méchants, vous voyez enfin un homme de mon activité et de mon caractère, commissaire dans un quartier où l'on se couche à

---

1. Comte Alexandre *de Toulongeon* (1741-1823). Chevalier de Malte; maréchal de camp (1792); marié, en 1778, à Antoinette-Marie *de Dufort*, fille du comte de Cheverny. — En effet, Dossonville empêcha leur incarcération, au Havre.

neuf heures du soir, mais prêt à vous servir en tout ce qu'il vous plaira de m'ordonner.

« J'ai fini par être déporté dans la meilleure compagnie du monde. Cet épisode-là est une espièglerie de Fouché qui me la revaudra, ou je ne pourrai. Tant il y a que j'ai fait le voyage avec.... et Pichegru [1] donc? C'est qu'ils avaient perdu la carte! Ce que c'est que de grands personnages, des hommes d'État, des guerriers fameux, quand ils ne sont plus sur le terrain de leurs habitudes!....

« C'est moi qui là-bas ai trouvé un bateau, préparé notre fuite, et qui les ai fait arriver six avec moi sains et saufs à Surinam [2]. J'ai bien pensé à vous, monsieur le chevalier; savez-vous qu'il n'est pas plus aisé de se sauver de Cayenne que de Pierre-en-Cize, quoique ce soit de plainpied; il y a des difficultés partout. Enfin je suis revenu de Cayenne comme le beau Léandre, j'ai eu pendant un temps le vent debout; de nouveau, je l'ai en poupe, *et prêt à vous servir en tout ce qu'il vous plaira de m'ordonner*, comme dit le héros de Beaumarchais [3], qui n'en a pas tant vu que moi. Je suis connu comme Barabbas à la Passion; ici, je les connais tous, bons ou mauvais. Parlez, vous n'avez qu'à dire. »

La rencontre fut aussi bouffonne pour moi que salutaire. Par les soins de mon ami d'Ossonville, j'acquis d'abord la certitude que je n'étais pas sur la liste des émigrés. On avait bien eu l'intention de m'y mettre; mais les prénoms

---

[1]. Charles *Pichegru* (1761-1804). Soldat avant 1789, général en 1793. Joua un rôle important aux armées de la Moselle et du Rhin; conquit la Hollande (1794). Député aux Cinq-Cents (1797). Président de l'Assemblée, chef des modérés; déporté à la Guyane au coup d'État du 18 fructidor; s'évada, se rallia à la cause royaliste. Arrêté à Paris lors de la conspiration de Georges, mourut tout à coup au Temple, probablement étranglé.

[2]. Guyane hollandaise.

[3]. *Le Barbier de Séville*, acte Ier, scène 2.

n'étaient pas exacts, l'un d'eux étant oublié ; il n'y avait pas identité. Telle était la bizarre législation établie, la lettre tuait ou sauvait ; mais, quand elle y était, quand les noms et prénoms étaient bien mis, vous étiez réputé émigré, eussiez-vous même présenté pour certificat de résidence, depuis 1792, les écrous de vos prisons sans interruption.

Quand je vis que je n'étais pas sur la liste, je ne restai pas en si beau chemin, je fus assez effronté pour demander mon compte et ma liquidation. Mais je suis resté en instance, parce qu'il arriva un moment où je jugeai à propos de prendre pour procureur un homme de bon conseil : *Jacques Déloges*. J'avais vu le 3 nivôse [1] assez tranquillement : je n'avais entendu que le bruit de l'explosion de la rue Saint-Nicaise, et je n'étais pas dans le secret : mon ami d'Ossonville m'avait assuré que Fouché [2] tournait contre les bonnets rouges la colère du Jupiter, premier consul. Mais je vis, quelques jours après, mettre au Temple des personnages d'une couleur tout à fait blanche ; je me persuadai que l'air de Paris ne valait rien pour ma santé, que je pouvais en aller respirer un plus pur. La maladie du pays me prit en sens inverse ; j'éprouvai le besoin d'en sortir plus vivement encore que la curiosité d'y rentrer n'était venue me saisir à Hambourg. Je savais bien qu'à moins d'aller en Angleterre, hors de France je serais toujours sous la même domination, visible ou invisible ; mais le Temple, mais Vincennes, mais la plaine de

---

1. 24 décembre 1800. C'est l'attentat de la machine infernale.
2. Joseph *Fouché* (1754-1820). Membre de la congrégation de l'Oratoire, défroqua à la Révolution. Député à la Convention (1792) ; régicide ; organisa la Terreur à Lyon (1793). Ministre de la police sous le Directoire et le Consulat. Sénateur, créé duc d'Otrante (1809). Mêlé à toutes les intrigues contre et pour Napoléon, en 1814 et en 1815. Ministre de Louis XVIII, malgré son passé ; ambassadeur à Dresde. Exilé (1816).

Grenelle, ôtaient pour moi tous les charmes du paysage de Paris : je voyais bien que le locataire des Tuileries avait juré que le soleil ne se coucherait pas sur ses terres, et on le laissait faire ; je devais penser et je pensai que les rayons de l'astre malfaisant me brûleraient moins quand j'en serais plus loin. Je dis : *Italiam ! Italiam !* Je pensai qu'au fond du golfe de Venise, dans la mer Adriatique, j'avais un second foyer domestique, une maison fraternelle où mon aîné, le chef de la famille, avait réassis nos dieux lares. Je m'écriai donc : *Italiam ! Italiam !*

D'Ossonville m'avait procuré, en cas d'événement, des passeports sous un nom faux et un signalement vrai : bien m'en prit d'en profiter en temps utile. Le jour de mon départ, le pauvre d'Ossonville, mon baromètre politique, reçut, par une suite de la bienveillance de Fouché, l'invitation d'aller en exil à M.... [1] jusqu'à nouvel ordre. Je ne m'en acheminai que plus vite vers Trieste et le plus directement que je pus. Je ne regardai derrière moi qu'après avoir passé la frontière de mon pays natal, où, sous le bénin Bonaparte, personne n'était ce qui s'appelle assuré de coucher dans son lit.

Le mot de prison m'a toujours fait dresser les oreilles comme à un lièvre, et j'étais singulièrement ferré sur la topographie de la France, article châteaux forts. J'aurais voulu que des anges pussent emporter la diligence de Paris à Turin, comme ils ont fait de la maison de la sainte Vierge, de Capharnaüm à Notre-Dame de Lorette [2] ; car j'ai vraiment eu le cauchemar et le frémissement de Blé-

---

1. A Melun. Il y resta dix ans, jusqu'en 1814.
2. Au lieu de Capharnaüm, il faut lire : Nazareth. La « Sainte Maison, » transportée miraculeusement (1291), de Palestine en Dalmatie, puis, trois ans et sept mois après (1294), de l'autre côté de l'Adriatique, et en 1295, en un lieu appelé depuis Lorette, est l'objet d'un pèlerinage célèbre.

ton, quand il sentait un cours d'eau souterrain, dès que je me suis trouvé au degré de latitude où je laissais sur ma gauche le château de Joux [1] où était M. de Suzannet [2], quand j'ai vu, en longeant le Doubs, la citadelle de Besançon au-dessus de ma tête à gauche ; j'ai respiré plus librement en entrant à Lyon par le faubourg de Vaise, et en reconnaissant, sur ma droite, que Pierre-en-Cize était par terre, et qu'on n'y mettrait plus personne, à moins de le rebâtir, et je me dis : « Ah ! me voilà sûr que ce pauvre M. de L....., qui voulait si bien en sortir, n'y est plus à présent. »

Non *ignarus* mali miseris succurrere disco [3].

C'est ainsi que, le cœur plein de si charitables pensées, je passai le jour même ou le lendemain le Pont-Beauvoisin [4]; et de clochers en clochers, de messes en messes, de bons catholiques en bons catholiques, je traversai le royaume d'Italie, la ci-devant république de Venise, où je ne vis plus le lion de Saint-Marc, puisque je l'avais laissé à Paris devant les Invalides ; je ne cherchai pas le *Bucentaure* [5], mais une petite felouque que je trouvai, par une suite de mon bonheur accoutumé, toute prête à appareiller

---

1. Prison d'État sur la vallée du Doubs, qui commande, près de Pontarlier, l'entrée de la Suisse.
2. Comte *de Suzannet* (1772-1815). Général vendéen. Échappa au massacre de Quiberon, servit sous Charette, commanda pour le Roi la rive gauche de la Loire. Arrêté en 1800, captif au fort de Joux (1801-1802). Exilé en 1804. Fait maréchal de camp par Louis XVIII, en 1814. Tué au soulèvement de la Vendée pendant les Cent-Jours.
3. *Énéide*, I, 630. Le texte porte *ignara* (c'est Didon qui parle).
4. Nom de deux petites villes séparées par un pont et situées, l'une en Savoie, l'autre en France (Isère).
5. Galère de parade dont la proue porte la double image d'un bœuf et d'un centaure, et du haut de laquelle le doge de Venise jetait son anneau d'or dans l'Adriatique.

pour Trieste. La felouque me reçut mon bagage et moi ; la mer, qui se laissait tous les ans épouser par le doge de Venise, ne me parut pas s'apercevoir du poids léger dont je vins charger son dos, et je débarquai à bon port dans la capitale de ce qu'on devait appeler quelque temps les provinces Illyriennes; et sans prévention, je trouvai l'air meilleur.

Je vis tout de suite que je ne m'étais pas trompé dans mes espérances de sécurité : c'étaient des pays fraîchement acquis, un peuple nouvellement soumis ; le bât était marqué à une autre lettre, les mulets à deux pieds n'en portaient toujours qu'un, cela ne pouvait donc faire qu'au sentiment, vu surtout que la politique conseillait de ne pas rendre le nouveau plus lourd que l'ancien. Je me voyais là au dernier poste avancé de l'extrême frontière de la république française; il était difficile de s'y croire assis de confiance et à long bail. L'aventurier qui commandait en France jouait tous les ans *à la bataille*, et risquait à chaque coup le tout pour le tout. Placé ainsi au fond du golfe, j'avais en face la mer Adriatique qui s'étendait comme une longue rue entre la ci-devant république de Venise, les ci-devant États du Pape, et le ci-devant royaume des Deux-Siciles, pour le moment. Derrière moi, au nord, j'avais le pays des Pandours de Trenck [1], les Croates du fameux comte de Serin [2] de la forteresse de Zigeth, demi-sauvages, n'appartenant à la civilisation que par la fidélité à leur *Römische Kaiser*, et à la paternelle maison d'Autriche leur souveraine; tous voisins dont l'at-

---

1. François *de Trenck* (1711-1749). Célèbre chef de bandes au service de l'Autriche, fameux par son courage, ses brutalités, ses pillages et ses folies.
2. Nicolas, comte *de Serin*. Officier hongrois qui, sous Ferdinand d'Autriche, combattit les Turcs avec succès. Il défendit avec héroïsme le château de Sigeth contre le sultan Soliman et fut tué dans une sortie (1566).
— Sigeth ou Shigeth, ville de Hongrie.

titude de paix tenait aux circonstances. Sur la gauche, l'Épire et l'Albanie n'offraient que des sujets équivoques jusqu'à Raguse inclusivement, et derrière ces étranges citoyens français, les pachas de Trawnik, de Nicopolis, de Widdin, de Janina, dont l'habitude est d'avoir tout leur mobilier, depuis leurs pelisses jusqu'à leurs sequins, dans des coffres de cyprès qui ne sont jamais scellés à la muraille. Cette incertitude du lendemain, condition de ces puissants de Turquie, qui fumaient aussi près de nous au jour le jour, m'offrait un objet de comparaison, avec l'existence précaire de la France sur le sol où j'étais venu chercher une pierre pour reposer ma tête.

Je voyais des drapeaux français, les trois couleurs de la république une et indivisible, au lieu des couleurs jaunes et noires, et de l'aigle autrichienne ; mais l'emménagement était de bien fraîche date ; notre puissance me paraissait là un château de cartes que je ne sais quel mauvais vent suffirait pour renverser ; soufflerait-il du nord ou du midi, c'est ce que je ne devinais point.

Trieste, situé au fond du golfe qui porte son nom, s'élève en amphithéâtre sur la croupe d'une montagne dont le pied est mouillé par la mer. Une citadelle a été construite au sommet de cette montagne, et par sa position commande ainsi toute la cité, divisée en haute et basse ville. La maison de mon frère était dans cette dernière partie de Trieste, auprès du port. L'impératrice Marie-Thérèse [1] fit de Trieste, autrefois une simple rade, un

1. *Marie-Thérèse de Habsbourg* (1717-1780). Reine de Hongrie et de Bohême, duchesse d'Autriche, puis impératrice d'Allemagne par l'élection de son mari François de Lorraine. Défendit avec un mâle courage le trône que lui avait laissé son père Charles VI, contre la Prusse, la Bavière et la France ; contre la Prusse encore, mais avec la France pour alliée, elle soutint la guerre de Sept ans (1756-1763). Elle participa au premier partage de la Pologne (1772). Son administration fut très remarquable. Elle était la mère de Marie-Antoinette.

port commercial, le premier, le seul établissement maritime de la puissance autrichienne.

Depuis 1750, Trieste s'accrut d'année en année jusqu'en 1767, qu'il s'y forma une compagnie d'assurance riche de plus de trois cent mille florins; en 1770, on y comptait déjà plus de trente maisons capitales de haut commerce; et à l'époque dont je parle, la prospérité de Trieste arrivait à son plus haut point de splendeur.

Là était donc la maison, je puis dire européenne, que mon frère avait établie, et qu'il conduisait avec autant d'honneur que de succès. Il avait appelé successivement auprès de lui des émigrés, anciens officiers de son régiment de Dauphiné, pour les associer à son entreprise [1].

J'arrivai à temps pour être témoin d'un fait qui prouve la considération que mon frère s'était attirée et la loyauté de sa conduite.

Il n'y avait pas longtemps qu'une armée française s'était présentée devant Trieste qui, ne pouvant pas se défendre, se rendit.

Le général taxa la ville et par conséquent toute la classe des commerçants. Ils s'exécutèrent, et Joseph Labrosse se porta lui-même en tête pour une forte somme; mais l'existence de cet émigré français, le rétablissement de sa fortune, le noble usage qu'il en faisait, sa réputation, étaient connus d'avance des vainqueurs; aussi le général, voulant protéger et servir un compatriote qui avait si courageusement triomphé de l'adversité, déclara à Joseph Labrosse qu'il serait exempté de la taxe, et ne

---

1. Une note de Mme Joseph Labrosse nous permet de citer comme associés de sa maison : 1° M. de Mac-Mahon; 2° M. de Montamat; 3° M. F. et M. B. de Spinette; 4° M. Antoine de Moré; 5° M. Lévi; 6° M. de Lavergne. Tous ne restèrent pas jusqu'en 1815, mais reçurent, en se retirant, leur capital, plus une part de bénéfices dans les affaires de la maison Joseph Labrosse.

paierait rien. Mon frère ayant demandé si cette somme serait défalquée de la somme exigée, il lui répondit qu'il serait exempté personnellement, mais que la taxe resterait intégrale, et que sa part serait répartie sur les autres commerçants de Trieste. Mon frère eut la noblesse et le désintéressement de répondre qu'ayant reçu l'hospitalité à Trieste, tous les commerçants étaient ses confrères et ses amis, et qu'après avoir couru avec eux les chances de la bonne fortune, il devait faire cause commune dans un malheur commun.

« Mais, dit-il au général Ser.... [1], puisque vous avez tant de bonne volonté, voulez-vous faire quelque chose pour moi ? diminuez un peu le nombre des soldats qui sont logés dans nos magasins ; j'ai remarqué que les ballots de marchandises paraissent se déplaire à la vue des sabres et des moustaches. » Le général se mit à rire, et lui ôta un bon nombre de soldats logés chez lui.

Mon frère se récupéra facilement de cette contribution dans l'occupation de Trieste par la division de l'armée française : il proposa en effet, au général, qui l'accepta, de se charger utilement, pour les deux parties contractantes, de la fourniture générale de.... Il offrit de montrer les factures, sur lesquelles il ne se réservait qu'un droit de commission convenu, mais qu'on s'engagerait à payer exactement ; ce traité fut exécuté de part et d'autre, à leur satisfaction réciproque.

Au demeurant, mon frère avait à Trieste pignon sur rue, ainsi maison de ville pour le banquier, le commer-

---

[1]. Comte *Sérurier* (1742-1819). Prit part à tous les brillants combats de l'armée d'Italie. Général de division, il aida Bonaparte au 18 brumaire. Sénateur (1799); vice-président du Sénat (1802). Gouverneur des Invalides, grand-croix de la Légion d'honneur, maréchal de France (1804). Comte de l'Empire (1808). Pair de France (1814).

çant ; mais il avait aussi maison des champs, et sa propriété pouvait bien partout s'appeler une belle terre : l'habitation y répondait. Embrassant ainsi l'agriculture et le commerce, il était toujours occupé, et chaque heure de la journée avait son utile et louable emploi. La régence du gouvernement intérieur appartenait à ma belle-sœur ; elle n'était point étrangère pour cela aux relations extérieures, elle dirigeait la correspondance en l'absence de son mari, et donnait souvent dans le conseil de très bons avis sur les affaires à entreprendre par la maison Joseph Labrosse et compagnie.

Le blocus continental fut très utile aux spéculations de mon frère : les cotons du Levant ne pouvant plus être embarqués, il fallut les transporter par terre, et ce fut lui qui en eut le transit. Aussi, de ce moment-là, on peut dire qu'il jeta un joli coton en Europe. Il se trouva bientôt en rapport avec les premiers banquiers de Paris, ce qui me rendit témoin de la rencontre la plus comique par son contraste.

J'étais chez mon frère, arrivé momentanément dans la capitale pour sonder le terrain et s'assurer de sa solidité ; il venait voir enfin si les eaux du déluge politique étaient vraiment retirées en France, et s'il rapporterait, comme la colombe, un rameau vert à sa famille restée là-bas, dans l'arche de Trieste, terre de paix, port de salut. Un confrère, une des supériorités commerciales de Paris, M. B. de L., qui lui portait estime et amitié, et réciproquement, vint le féliciter sur son arrivée ; puis, tout plein de sa dignité industrielle, il lui dit, dans la conversation : « Convenez, Monsieur, que vous avez une bien autre existence depuis que vous avez embrassé notre état, depuis que votre signature vaut cent mille écus, d'un bout de l'Europe à l'autre, enfin depuis que vous vous appelez

Joseph Labrosse; allons, convenez-en, vous avez une autre existence que quand vous vous appeliez le comte de Pontgibaud; au bout du compte, vous étiez comme deux mille autres, au lieu qu'aujourd'hui!.... »

La porte s'ouvre, et l'archevêque de Rouen, M. de B.... [1], arrive, embrasse mon frère et lui dit : « Enfin, mon cher Pontgibaud, vous voilà de retour : eh bien! vous allez nous rester, vous allez laisser là-bas votre comptoir et votre nom de Joseph Labrosse; et nous allons revoir enfin notre ami le comte de Pontgibaud. » Je vous demande s'il y avait de quoi rire à ce débat, et surtout pour mon frère, qui ne se prononça pas :

Non licet inter vos tantas componere lites [2].

Il n'en est pas moins vrai qu'à l'époque du blocus continental et années suivantes, mon frère, déjà millionnaire, jouissait d'une fortune plus grande que celle qu'il avait, ou même qu'il aurait jamais dû avoir en France. Il était négociant, banquier, et grand propriétaire : car il possédait, près de Trieste, une belle habitation et beaucoup de terres, de champs et de prairies. L'habile commerçant de la ville était, à la campagne, un agriculteur fort entendu; car, toute sa vie, il avait été agronome par goût et par caractère; mais réunissant la théorie à la pratique, il ne

---

1. François *de Pierre de Bernis* (1752-1823), neveu du cardinal et son coadjuteur à Albi avec le titre d'archevêque de Damas (1781). Son successeur régulier (1794). Donna sa démission (1802) après le Concordat. Retiré en Toscane, rentra en France (1809). Administrateur de Lyon (1817). Archevêque de Rouen (septembre 1819-4 février 1823). Député aux États généraux (1789). Pair de France (1821). Comme on le voit, ce prélat n'était pas encore archevêque de Rouen lors de la scène racontée au texte : mais il ne paraît point douteux que ce soit de lui que M. de Moré veuille parler.

2. Virgile, *Bucoliques*. Églogue III, vers 108, dont le texte exact est :
Non nostrum inter vos tantas componere lites.

donnait pas comme les agronomes de cabinet dans de vains systèmes ; il hasardait au contraire des essais qui lui réussissaient toujours.

Naturellement observateur, chacun de ses pas avait un but à toutes les heures et par tous les temps quand il était dans sa propriété. Pleuvait-il à verse, nous rentrions bien vite à la maison, tandis qu'il en sortait au plus fort de la pluie, pour étudier les pentes, les niveaux, et se régler d'après la direction que prenaient les eaux, soit pour ses irrigations, soit pour ses dessèchements projetés. Il fallait bien que, sous toutes les formes, la fortune vînt à celui qui allait si bien au-devant d'elle par tous les chemins.

Ainsi, les innombrables relations de mon frère comme notabilité commerciale, et surtout, depuis quelque temps, comme banquier, avaient rendu son nom européen. Moi personnellement, d'acteur je devins spectateur : mon bon frère, le plus sensé, le plus réfléchi comme un des plus vertueux des hommes, eût été heureux de faire pour moi ce qu'il faisait pour beaucoup d'autres, si j'eusse été dans le cas d'avoir recours à lui. Ce que j'appellerais volontiers son génie ne pouvait se comparer qu'à son caractère, l'un des plus nobles que j'aie connus. Pour tout dire enfin, son intelligence et sa sagesse étaient égales à sa bonté, à sa probité, à son humanité, à son obligeance ; et c'était bien lui qui pouvait dire :

Homo sum, et nihil humani a me alienum puto [1].

Mais il est vrai de dire aussi que les services qu'il a rendus lui ont entièrement profité, sans qu'il y eût le moindre calcul de sa part. Les accidents mêmes concou-

---

[1]. Térence. *L'Héautontimorumenos.*

raient à augmenter, non seulement sa fortune et sa réputation, mais encore l'estime, la bienveillance et la reconnaissance générales. La justice qu'on lui a rendue, la confiance qu'on lui a offerte, la protection que beaucoup, comme on va le voir, sont venus lui demander, consoleront ceux qui croient que l'espèce humaine n'est divisée qu'en loups et en agneaux, en bourreaux et en victimes, en tyrans et en opprimés : l'exemple contraire s'est offert chaque jour à Trieste sous mes propres yeux, dans les vivants tableaux de cette lanterne magique, où sont venus figurer, l'un après l'autre, les personnages les plus dramatiques de l'Europe continentale.

Trieste devint l'hospice où tous les blessés politiques, de quelque rang qu'ils fussent, depuis les têtes découronnées jusqu'à leurs ministres, venaient chercher un asile, et où ils le trouvaient : mon frère les a tous reçus sous son toit hospitalier.

Cette succession de réfugiés historiques fut pendant plusieurs années presque journalière, et finit par offrir tous les contrastes. Mon frère fut tout à tous, et l'on reconnut véritablement en lui l'ami des hommes : son existence semblait avoir eu pour but la mission du capitaine Cook [1], dont le vaisseau fut salué par deux flottes ennemies, prêtes à se combattre, quand il passa au milieu d'elles. La conduite de mon noble frère à Trieste me rappelait la vie de ce riche et pieux citoyen d'Agrigente qui, assis à la porte de la ville, attendait les voyageurs pour leur offrir le premier l'hospitalité. La recherche et la délicatesse des soins qu'il apportait à suivre, sans s'en dou-

---

1. Jacques *Cook* (1728-1779). Navigateur anglais célèbre par ses trois voyages autour du monde : Nouvelle-Zélande (1768); terres australes (1772-1774) et détroit de Behring (1776). Il fut tué aux îles Sandwich, dans cette dernière expédition.

ter, l'exemple de Gellias, étaient tellement connues, que tous les étrangers de marque lui étaient adressés ou s'adressaient à lui. Enfin, Joseph Labrosse, de Trieste, ressemblait exactement à ce saint Christophe sculpté colossalement à la porte des églises, afin qu'on le vît de plus loin, et pour rendre hommage à cette croyance populaire exprimée par ce dicton latin : « *Christophorum videas, posteà tutus eas.* »

Nous vîmes bientôt venir le général J.... [1], nommé capitaine général et gouverneur des provinces illyriennes. Il traita mon frère avec beaucoup de confiance, de considération et d'égards ; mais le soleil de Portugal avait donné sur la tête de ce sabreur qui n'était ni sobre ni sage. Placé dans un poste aussi éminent, le général Junot se compromit par des preuves journalières d'une extravagance évidente. Conduisant un jour en grandes guides une calèche à quatre chevaux, il passa devant des soldats en bataille qu'il doubla avec son fouet, en leur criant : *alignement*. Il en fit tant, qu'une lettre du vice-roi [2] arriva à Trieste, ordonnant de s'emparer de sa personne. On fut, à la lettre, obligé de l'enlever. Il fallut lui jeter sur la tête un sac à blé, dans lequel on l'enveloppa ; on l'y ficela comme une carotte de tabac, on le mit dans sa propre voiture, et ce gouverneur général des provinces illyriennes fut expédié pour Paris. Alors ses créanciers et ses fournisseurs assaillirent sa maison et

---

1. Jean-Andoche *Junot* (1771-1813). Aide de camp de Bonaparte (1796), se distingua en Italie et en Égypte. Gouverneur de Paris après le 18 brumaire. Colonel général des hussards et grand aigle de la Légion d'honneur (1805). Commandant en chef de l'armée de Portugal (1807). Créé duc d'Abrantès (1809). Commandant le 8ᵉ corps dans la campagne de Russie (1812). Gouverneur des provinces illyriennes (1813). Mourut dans un accès de fièvre chaude.
2. Eugène de Beauharnais, vice-roi d'Italie.

s'opposèrent à l'embarquement de ses bagages. Mon frère, voyant sur le port un grand mouvement occasionné par les caisses pleines d'effets que ces gens ne voulaient pas laisser partir, s'informa de la cause de ce tumulte, et apprenant qu'on voulait retenir les bagages du général pour une somme de deux mille écus, il paya sur-le-champ la somme réclamée, sans même attendre d'autorisation, fit lever l'embargo, et les caisses arrivèrent à Paris. Elles contenaient une quantité d'effets précieux, et jusqu'aux ordres en diamants qui couvraient les habits du général. Mme la duchesse d'Abrantès [1] écrivit à mon frère une lettre de remerciements, ajoutant que son premier soin serait de faire honneur à cette dette. En effet, la liquidation de la fortune de son mari était à peine achevée, que les deux mille écus arrivèrent à Trieste à l'adresse de celui qui les avait si galamment avancés.

Le général Bertrand [2] succéda au général Junot dans le gouvernement général de l'Illyrie et provinces adjacentes. C'était un homme loyal, juste et libéral autant que désintéressé. Il voulait faire aimer à des sujets nouveaux le gouvernement de son maître, auquel il était lui-même sincèrement attaché. Il rendait le joug impérial léger, ce qui était difficile en le comparant à celui de l'administration si paternelle de la maison d'Autriche ; mais enfin le général Bertrand était équitable et généreux. Pour ne pas se tromper

---

1. Laure *Permon*, duchesse *d'Abrantès* (1784-1838), femme de Junot. Personne de beaucoup d'esprit qui a laissé des *Mémoires* intéressants et dont la vogue fut grande, mais qu'il faut lire avec de nombreuses réserves.

2. C'est, au contraire, Junot qui lui succéda. *Bertrand* (1773-1844). Fit les campagnes d'Égypte et fut blessé à Aboukir. Se distingua comme général de brigade à Austerlitz, puis à Friedland et à Essling. Gouverneur de la Dalmatie (1811-1813). Général de division, comte de l'Empire. Aide de camp de Napoléon. Grand maréchal du palais. Accompagna l'empereur à l'île d'Elbe, plus tard à Sainte-Hélène, et lui ferma les yeux. Député de Châteauroux (1830). Enterré aux Invalides auprès de Napoléon.

dans sa bienfaisance, il chargea mon frère, sur sa réputation d'honnête homme, de la distribution des secours et de l'examen bienveillant de toutes les réclamations : ainsi Joseph Labrosse, émigré français, se trouvait par circonstance ministre de l'empereur au nom duquel on disait : « *Notre maître veut qu'on tonde ses brebis, et non pas* « *qu'on les écorche* [1]. »

Ce noble général, appelé sur un autre théâtre, eut pour successeur plus ou moins immédiat [2] un homme d'une trempe toute différente, le fameux Fouché, duc d'Otrante, autre personnage que Joseph Labrosse eut encore à sauver du naufrage.

Bonaparte reperdit tout le terrain qu'il avait gagné ; et, à la suite de ses armées refoulées vers la France, toutes ses chancelleries, bien ou mal emballées dans des fourgons, se repliaient sur Paris : les Autrichiens, revenant à leur tour sur leurs vainqueurs, les voyaient se retirer devant eux. Les Français occupaient encore Trieste, que le port était bloqué, toutes les hauteurs qui commandent la ville étaient couronnées par les drapeaux des troupes allemandes, et les bouches à feu en batterie, prêtes à la foudroyer si elle résistait. Le fameux duc d'Otrante, renfermé comme le loup dans la bergerie, était dans le plus grand embarras ; son nom l'effrayait.

Je le vis entrer dans la chambre de mon frère, et le conjurer de le sauver lui et ses enfants. On conviendra bien que Joseph Labrosse était alors le véritable *refugium peccatorum ;* car il ne voulut pas que Fouché lui-même l'eût invoqué en vain. Il le calma, l'encouragea, se

---

1. Voir Appendice V.
2. Il faut établir ainsi la liste des gouverneurs généraux d'Illyrie : maréchal Marmont (décembre 1809-janvier 1811); général Bertrand (janvier 1811-mai 1813); Junot (mai-juillet 1813) ; Fouché (juillet-septembre 1813).

chargea de lui sauver et de lui faire parvenir tout ce qu'il ne songeait qu'à abandonner ; et il lui traça même un plan de sortie et son itinéraire [1]. Le ci-devant Père oratorien fut transformé en un homme de guerre, comme le Père Canaye : on le mit à cheval, non pas sur le barbe de M. d'Hocquincourt [2], mais au milieu de cinquante gendarmes, et il passa intrépidement en longeant les postes autrichiens, qui ne l'aperçurent pas.

C'est ainsi que M. le duc d'Otrante fut transporté par les soins de Joseph Labrosse loin du danger, vie et bagues sauves : cette fois-là le dauphin octroya le salut, si ce n'est au singe de la fable, du moins à l'un des plus mauvais garnements de l'Histoire.

Mon frère, en ce moment de crise politique, allait de Trieste, encore occupé par les Français, au camp autrichien, et du camp autrichien à Trieste, comme un parlementaire chargé de la confiance des deux nations ; sa maison de campagne, ses propriétés furent respectées constamment et regardées comme un territoire neutre.

Fouché à peine parti, arriva le comte de Gottorp, Sa Majesté le roi de Suède [3], qui vint descendre ou plutôt

---

1. Trieste fut investi le 16 septembre 1813. La veille, Fouché avait quitté la ville pour gagner Venise. Les troupes françaises évacuèrent Trieste le 16, laissant une petite garnison qui se défendit trente-trois jours.

2. *La conversation du maréchal d'Hocquincourt avec le Père Canaye* est un petit écrit satirique composé par M. de Charleval et inséré dans les œuvres de Saint-Évremond. L'auteur voulait tourner en ridicule la doctrine des Jésuites sur la grâce, et il a mis en scène à son gré, mais fort injustement, on peut le croire, le Père Canaye, qui avait montré beaucoup de dévouement à la tête des hôpitaux de l'armée de Flandre. Pour le maréchal d'Hocquincourt (1599-1658), il avait une grande réputation de connaisseur en chevaux.

3. *Gustave IV* (1777-1837). Fils de Gustave III. Après l'assassinat de son père (1792), sous la tutelle de son oncle, le duc de Sudermanie. Roi de Suède (1797-1809). Adversaire de Napoléon, vit la Russie envahir la Finlande, pendant que son oncle fomentait contre lui une conspiration. Détrôné par la violence (1809), il quitta la Suède, parcourut l'Europe sans

monter chez Joseph Labrosse, car le prince demeurait au second dans notre maison.

On ne peut pas dire que celui-là n'avait pas d'aïeux et n'eût pas été élevé dans la pourpre de Tyr et dans l'hermine des rois ; ce n'était pas là un gentilhomme lithuanien devenu roi de Pologne par la grâce d'une grande-duchesse moscovite. J'avais vu face à face une espèce de souverain, un président des États-Unis ; mais il fallait que chaque pays eût sa révolution pour me trouver ainsi côte à côte d'un oint légitime du Seigneur au foyer d'une cuisine bourgeoise. Que les trônes étaient donc glissants au commencement du xixe siècle ! Mais c'est qu'ils l'étaient pour les rois héréditaires comme pour les rois de hasard ; enfin il suffisait à cette époque de vivre pour voir.

Le royal descendant de Gustave-Adolphe et de Charles XII, le fils et le successeur de Gustave III [1], que nous avions vu en France demandant à conduire la croisade européenne contre le jacobinisme français, au moment où il fut traîtreusement assassiné par un de ses officiers, un de ses propres sujets ! le prince qui avait si noblement protesté contre l'assassinat du duc d'Enghien, ce jeune héros, son ami, et qui avait ainsi tant de droits au respect de tout serviteur des Bourbons, ce roi, qui venait d'être détrôné par le crime de ses généraux parjures, le comte de Gottorp enfin ! était à Trieste notre hôte, notre convive, et demeurait au second sous le même toit que nous.

trouver de secours. Sous les noms de comte de Gottorp et de colonel Gustawson, il habita en Allemagne, en Suisse, en Autriche, et mourut dans la plus grande obscurité.

1. *Gustave III* (1746-1792). Roi de Suède (1771). Délivra sa couronne du joug de la noblesse (1772). Montra du courage dans une guerre contre la Russie et le Danemark (1788-1790). Ses projets de secours à Louis XVI soulevèrent contre lui une conspiration dont son frère fut le chef. On l'assassina dans un bal masqué.

Il descendait fréquemment chez ses voisins, et venait causer sans cérémonie : il m'a toujours semblé s'entretenir avec plaisir avec mon frère et ma sœur, qui n'oubliaient jamais ce qu'était le roi de Suède, précisément parce qu'il avait toujours l'air de l'oublier et de vouloir qu'on l'oubliât ; mon imperturbable belle-sœur, tout en se mêlant de la conversation avec beaucoup de bon sens et de réserve, ne s'en dérangeait en rien, n'en vaquait pas moins à heure et à point aux soins domestiques et aux affaires de commerce de la maison. Le prince parlait volontiers de toutes choses ; il montrait beaucoup d'instruction, beaucoup de demi-connaissances ; mais c'était un volcan dans un état calme.

Ses opinions offraient, sur les personnes, une différence absolue entre la croyance générale et ce qui devait être le fait, à en juger par lui : il disait de M. de Fersen [1] : *Son zèle m'a nui beaucoup;* et du duc de Sudermanie [2], son oncle, devenu Charles XIII : *Je lui ai les plus grandes obligations.*

Parmi les singularités qui rendaient sa vie privée si bizarre j'ai remarqué celles-ci : il se faisait servir trois

---

1. Axel, comte *de Fersen* (1755-1810). D'une illustre famille suédoise. Aide de camp de Rochambeau en Amérique. Colonel du Royal-suédois. Très bien accueilli à la cour de France, professa pour Marie-Antoinette un dévouement chevaleresque que la calomnie a voulu dénaturer. Prépara la fuite de Varennes (1791). Grand maréchal de la cour, il fut assassiné dans une émeute, à Stockholm. Il a laissé des papiers importants publiés en 1878; par malheur, la plus intéressante période de ces *Mémoires* (1780-1791) a été brûlée pendant la Révolution.

2. Duc de *Sudermanie* (1748-1818), prince suédois mêlé à tous les complots contre son frère Gustave III. Livra la Finlande aux Russes (1789). Régent du royaume après l'assassinat de son frère par ses amis (1792). Força son neveu Gustave IV à abdiquer (1809). Il prit le nom de *Charles XIII*. La peur de Napoléon lui fit accepter pour héritier Bernadotte. En 1814, les alliés lui donnèrent la Norwège pour reconnaître son concours contre la France. Toutes ses intrigues eurent pour complices les francs-maçons, dont il était un des grands maîtres.

plats à son dîner, mais il en renfermait toujours un dans son secrétaire pour son souper.

Les pauvres, d'après l'usage de Trieste, s'annoncent en frappant aux portes. Dès que le roi, qui avait une poche pleine de monnaie pour eux, entendait un mendiant frapper, il ne manquait jamais de descendre de son second étage pour lui porter son aumône. Enfin, il faisait faire l'exercice au peu de domestiques qu'il avait chez lui, dans sa chambre même, comme Charles XII à Bender [1].

Cependant ses idées étaient, en général, positives et saines sur toutes les affaires *fors une*. C'était *son dada* : quand malheureusement la conversation lui rappelait les violences dont ses généraux Klingsporr et Adelscreutz et son maréchal de la cour, Silvespare [2], avaient usé à son égard dans son propre palais, ou son emprisonnement avec sa famille dans la forteresse de Drottningholm, et son abdication forcée et sa déclaration arrachée en juin 1809, le dada se mettait en campagne et l'emportait.... mais c'est une tête.... une tête couronnée ! Halte là : mes souvenirs ne vont pas jusqu'à l'oubli.

Je me rappelle qu'il voulut faire aussi son *Itinéraire à Jérusalem*. Le sachant à bord du bâtiment qu'il fréta pour aller en Terre Sainte, mon frère lui envoya par son fils, mon neveu, des caisses de liqueurs, de thé, de chocolat, comme adieux d'hospitalité, comme hommage : le prince fit au jeune homme l'honneur de le retenir à déjeuner ; mais on leva l'ancre par ses ordres ; et l'on perdait déjà Trieste de vue, quand mon neveu, s'apercevant que le vaisseau marchait et que le roi de Suède trouvait plaisir

---

1. Voltaire, *Charles XII*, livre V.
2. Ces noms s'écrivent aussi : Silverspare et Adlercreutz.

de le faire pèlerin malgré lui, protesta contre ce rapt, et eut de la peine à obtenir d'être remis à terre. L'idée de l'emmener avait pris au roi, parce qu'il pensait apparemment que les voyages forment la jeunesse. Une circonstance peu importante fit, à je ne sais quelle hauteur, revenir le prince peu de temps après son départ.

Il était écrit que toutes les majestés de bon aloi ou de raccroc se rencontreraient chez Joseph Labrosse, et certes sans se donner le mot. Pendant que nous logions le roi de Suède, arriva Jérôme, dit le roi de Westphalie [1]. J'ai cru que le carnaval de Venise était transporté à Trieste, à l'apparition de ce second roi Théodore, plus Corse encore que son devancier.

L'extérieur de mon frère était si simple, sa figure calme et son maintien s'étaient si bien mis en harmonie avec les chiffres, avec les états à parties doubles, qu'en le voyant à son bureau, on aurait juré qu'il n'avait pas fait d'autre métier toute sa vie. Il travaillait ainsi modestement un matin, quand un jeune homme, en redingote boutonnée jusqu'au menton, entra demandant si cette maison était la demeure du banquier Joseph Labrosse : mon frère salua froidement de la tête l'inconnu en le regardant avec le flegme d'un Allemand. Le jeune homme sortit de son portefeuille une très forte traite à son ordre tirée sur Joseph Labrosse.

1. *Jérôme Bonaparte* (1784-1860). Le dernier frère de Napoléon Ier. Officier de marine (1800). Roi de Westphalie (1807-1813). Marié à Mlle Paterson sans l'aveu de son frère (1803), et à Catherine de Wurtemberg (7 août 1807). Après Waterloo, exilé jusqu'en 1847; il sollicita et obtint de Louis-Philippe son retour en France et une pension. Fait par son neveu, le prince-président, gouverneur des Invalides (1848) et maréchal de France (1850). Président du Sénat (1852). — La chute de Napoléon Ier le conduisit à Trieste (août 1814-24 mars 1815). Il y acheta une maison et y garda un train princier. — Une lettre de la princesse Catherine de Wurtemberg (30 avril 1815) parle de M. Labrosse et des difficultés qu'il doit faire pour lui délivrer des fonds, par suite de la révolution des Cent-Jours.

Mon frère ne tarda pas à voir que l'inconnu avait des traites plein ses poches, car ce dernier, qui pour lui ne tenait pas à l'incognito, déboutonna son enveloppe, et, déclarant être le roi de Westphalie, manifesta sur un uniforme bleu une traînée de plaques, signes indubitables des prévenances forcées qu'avaient eues les monarques de l'Europe pour tous ceux qui portaient le nom de Bonaparte. Joseph Labrosse n'en alla ni plus ni moins vite, n'en dit pas une parole de plus, malgré l'aspect éclatant de cet assortiment complet d'étoiles, d'aigles, de lions, d'éléphants; mais il fit avertir Sa Majesté le roi de Suède que Sa Majesté le roi de Westphalie se trouvait dans la maison, lui demandant en même temps ses intentions. « Le roi du second étage, répondit le prince, ne se soucie « pas du tout d'envisager le roi du rez-de-chaussée, mais « la reine est ma cousine, et si elle habite Trieste, je serai « fort aise de la voir. »

Après des souvenirs aussi augustes (je veux parler du roi de Suède et de la princesse de Wurtemberg, reine de Westphalie[1]), je ne puis plus me souvenir de personne, je ne veux plus me souvenir de rien....

L'année 1814 arriva : « Car il devait périr cet homme « fatal (Napoléon Bonaparte apparemment), il devait pé- « rir dès le premier jour de sa conduite par une telle en- « treprise; mais Dieu voulut se servir de lui pour punir « le genre humain et tourmenter le monde. La justice de « Dieu voulait se venger, et avait choisi cet homme pour « être le ministre de ses vengeances. Cet homme a duré « pour travailler aux desseins de la Providence. Il pensait

1. Catherine *de Wurtemberg* (1783-1835). Fille du duc Frédéric, créé Roi par Napoléon. Mariée par raison politique à Jérôme Bonaparte, elle montra la plus courageuse dignité à ne pas vouloir séparer son sort du sien dans l'adversité.

« exercer sa passion et il exécutait les arrêts du ciel.
« Avant que de se perdre il a eu le loisir de perdre les
« peuples et les États, de mettre le feu aux quatre coins
« de la terre, de gâter le présent et l'avenir par les maux
« qu'il a faits, par les exemples qu'il a laissés [1]. »

Balzac, mort en 1655, pouvait-il écrire cela de Cromwell [2]? Il a certes deviné Napoléon le Grand; et sans excepter Bonaparte lui-même, on peut dire qu'il a été le seul en Europe et en France qui ait eu cette clairvoyance intuitive : mais ma citation n'est là que pour faire observer une singularité historique peu connue, car pour le géant politique du XIXe siècle : *nec beneficio, nec injuriâ cognitus.*

L'année 1814 arriva, et la restauration de la monarchie légitime avec elle. Je l'ai appelée, cette restauration miraculeuse, et je la bénis de tout mon cœur, de tout mon esprit et de toutes mes forces : mais, hélas! depuis 1814, sans un grand effort de mémoire, je me souviens que j'en ai déjà vu deux, et.... j'en reste là.

---

1. *Socrate chrétien.* Discours VIIIe. « Considérations sur quelques paroles des *Annales* de Tacite. » — Balzac parle de Dioclétien.
2. Cromwell est mort en 1658.

LETTRES DU COMTE DE MORÉ

―――

I.

Le comte de Moré à son frère Joseph Labrosse,
à Trieste.

Paris, le 1ᵉʳ octobre 1815.

Un volume suffirait à peine, cher frère, si je voulais te donner le détail de ce qui s'est passé sous mes yeux depuis le 20 mars. Les trois mois de règne du monstre ont remué toutes les passions et fait un mal que dix années ne sauraient réparer. On peut dire avec vérité qu'il a mis le feu aux quatre coins de la France. La présence de cette immense quantité de troupes alliées finit de la ruiner. Ajoutez à tout cela plusieurs centaines de millions à leur payer, et le pillage d'une grande quantité d'habitations. Mme Thomé [1] est du nombre des victimes. Son château de Rentilly a été pillé. Nous avons été ici dans le plus cruel embarras; n'ayant plus le sou, obligés de nourrir et loger des troupes. Je tremblais que Fou-

---

1. Mme de Thomé, cousine par son mari des deux frères : MM. de Pontgibaud.
   La marquise de Thomé et la comtesse de Salaberry, grand'mères de M. de Thomé et de MM. de Pontgibaud, étaient sœurs. Leur père, Jean-François *Ogier*, seigneur *d'Hénonville*, président au Parlement (1727), avait été ambassadeur en Danemark (1753-1766).

gières [1], qui était parti, ne perdît le reste de ses biens. On allait mettre le séquestre sur tout ce qui avait été de la maison du Roi ou des Princes. Nous ignorons s'il pourra conserver sa place, vu le mauvais état des finances. Il n'y a encore rien de nouveau à cet égard ; mais on fait avec raison tant de réformes qu'il faut s'y attendre. Notre seul espoir est dans la Chambre des députés; mais comment réparer les finances? Le plus grand de nos maux est le mauvais esprit de cette nation, où le malheureux monarque ne peut assurément pas compter sur le dixième de la population. Le reste l'accuse de tous ses maux, ce qui est très injuste. On ne peut lui reprocher avec raison qu'une très grande faiblesse, ce qui le fait abandonner de tous ses partisans, qui diminuent tous les jours. Je ne doute pas de ses bonnes intentions, mais il gouverne une nation démoralisée, à qui une salutaire terreur était nécessaire. Et sous ce point de vue, Napoléon était l'homme, sans contredit, le plus fait pour gouverner. Il avait mis la population en coupe réglée par la conscription, faisait fréquemment fusiller, déporter, et personne n'osait bouger. Il gouvernait la France comme elle doit l'être. La preuve en est incontestable. A peine eut-il reparu avec six cents hommes, que la maison de Bourbon a dû se retirer. Il reviendrait encore plus facilement aujourd'hui si les Anglais le lâchaient. Il rallierait encore les trois quarts de la France.

Je m'aperçois, cher frère, que c'est peut-être un peu trop te parler politique. Tu me l'avais interdit dans notre ancienne correspondance. Je viens de recevoir des

---

1. Le comte *de Fougières*, fils de François-Marie, maréchal de camp, sous-gouverneur des Enfants de France, et de Marie-Thérèse Jourda de Vaux, en secondes noces comtesse de Moré, dame d'honneur de la comtesse de Provence.

lettres d'Auvergne, qui m'annoncent qu'Engelvin [1] le cadet, vu le désordre de ses affaires, s'est suicidé. Il s'est rendu justice lui-même. Il s'est pendu à la pointe d'un rocher ; la corde a cassé, il est tombé tout fracassé et raide mort. Son ami Boutarel n'a pu survivre à ce malheur, il est mort de chagrin huit jours après. On a heureusement trouvé chez ce dernier une lettre par laquelle Engelvin lui mandait qu'il ne pouvait plus survivre au désordre de ses affaires. Sans cette circonstance, on accusait déjà les royalistes du pays d'être cause de cette catastrophe. Des voyageurs m'ont donné ces détails.

Le fils Legay [2] me mande que tes bois sont au pillage. Il paraît que tes biens ont ruiné tous leurs acquéreurs ; et on croit que tu pourrais les ravoir à très bas prix. Le château n'est plus habité par personne. Les nouvelles ordonnances du Roi relèvent du service tout officier âgé de cinquante ans, sur terre comme sur mer. Voilà le cousin Ferrières [3] réformé. Il avait obtenu un commandement de port, ce qui lui valait cinq mille francs. Sa pauvre fille est morte.

Je ne peux réussir à rien ; mon avenir m'effraie. Mon voleur est en Angleterre fort riche et fort heureux ; c'est un bon métier que de s'approprier la fortune d'autrui ; il a été condamné ici à être fouetté, marqué et aux galères perpétuelles. Il en rit à Londres.

J'en suis arrivé au point de regretter d'avoir une bonne santé ; je crains de vivre longtemps ; ne voyant pour moi que malheur et souffrance pour la fin de mon histoire. J'espère, cher frère, que tu seras plus heureux. Le ménage fait tous les vœux possibles pour celui de Trieste.

---

1. Engelvin était acquéreur de biens nationaux. — Voir l'Appendice V.
2. Les Legay, anciens baillis de la comté de Pontgibaud, avaient continué à correspondre avec leurs ci-devant seigneurs émigrés.
3. Le marquis de Ferrières, contre-amiral, cousin de MM. de Pontgibaud, père de la marquise de Malet.

II.

Le comte de Moré à Joseph Labrosse, à Trieste.

Paris, 28 avril 1816.

Je vais tâcher de répondre actuellement à la deuxième partie de ta lettre relative aux débris épars de notre famille. J'ai dîné hier avec le cousin du Blaisois [1], et nous nous sommes longuement entretenus de toi et de ma sœur. Le bon cousin fait ici beaucoup de sensation. Il est généralement aimé et estimé ; c'est un de nos meilleurs députés. Il ne parle jamais de sa femme. Il a six enfants de son premier mariage. Sa fille n'est pas encore mariée. Mme de Moges [2] mère ne quitte plus Saint-Georges en Normandie [3], elle est inconsolable de la mort de son mari. L'aîné des de Moges est colonel d'une légion départementale, a la croix de Saint-Louis et tous les honneurs possibles. Il est beau-frère du prince de Broglie [4].

.... Les dernières nouvelles qui viennent de Toulon par M. de Ferrières ne sont pas rassurantes ; je meurs de peur que le pauvre cousin ne perde encore sa dernière fille. Voici à peu près ce que je peux te dire pour te dési-

---

1. Charles-Marie, comte *de Salaberry* (1766-1847), fit partie de l'armée de Condé. Commandant des gardes nationaux de Loir-et-Cher en 1814. Député de Blois de 1815 à 1830 ; siégea à l'extrême droite et fut célèbre par son intransigeance royaliste. Mme de Staël, à qui il avait courageusement offert l'hospitalité de son château de Fossé, lorsque l'Empereur l'envoya en exil, a écrit de lui : « Vendéen avec un caractère du moyen âge, tout français, tout généreux, tout triste, tout gai. » Marié à Félicité de Laporte, et en secondes noces à Mlle de Coëtquen des Ormeaux.

2. Herminie-Françoise *d'Hariague*.

3. Le château de Saint-Georges d'Aunay, dans le Calvados.

4. Alphonse-Gabriel-Octave, prince *de Broglie-Revel* (1785-1865), marié à Armandine *de Moges* (1800-1864).

gnorantiser sur la famille. Je sais que c'est la partie de ma lettre que ma sœur écoutera avec le plus d'intérêt. Je n'ose pas ouvrir directement correspondance avec elle, car il faudrait que j'écrivisse un volume et j'avoue que je suis d'une paresse invincible.

Je crois inutile de te parler politique; tu m'as recommandé de ne pas m'en occuper; je te dirai donc que je me borne à faire des vœux pour la durée de tout ceci : je suis comme il y a trois ou quatre ans, à cette différence près qu'il n'est pas probable que je sois fusillé sous ce régime-ci. Je plains sincèrement le Roi, que je regarde comme le plus malheureux des Français. Au surplus, tout se calme un peu; il y a moins de propos et d'actes séditieux. Les impôts se paient malgré leur énormité insuffisante pour les engagements vis-à-vis des alliés. Espérons dans la Providence.

Adieu, cher frère....

III.

Le comte de Moré à Joseph Labrosse.

Paris, 14 juin 1816.

Je me flatte que M. de la Rüe, nouveau consul de France à Trieste, à qui j'ai remis une lettre pour frère et sœur, les aura trouvés en bonne santé; j'aurais désiré, à l'époque de son départ, que Legay m'eût fait parvenir sa réponse à diverses questions que je lui avais faites sur l'Auvergne et que je viens de lui réitérer. J'espère qu'il y répondra, surtout en ce qui concerne les acquéreurs. Je sais qu'en général cette nature de biens nationaux est en grande défaveur presque partout. Je me demande ce qu'il faudrait faire, en vérité, pour rassurer les usurpateurs de ces biens; mais il est impossible de tranquilliser les consciences. Nos députés, en s'occupant du sort du clergé, ont déplu singulièrement à ces nouveaux propriétaires. Les journaux t'ont, sans doute, appris que nous avons été à la veille d'une guerre civile dans le Dauphiné. Tout est rentré dans l'ordre, grâce à une trentaine de fusillades, seule manière d'en finir [1]. Le Roi paraît enfin décidé à ne plus faire de grâces; on a abusé de sa clémence. Les choses iront beaucoup mieux; notre situation était depuis six semaines insupportable; on ne s'entretenait que de conspirations; on a fait arrêter ici plus de quatre cents personnes que les tribunaux vont juger [2] : des exemples sont nécessaires pour le repos de tout le monde.

Notre cousin Ferrières vient de perdre sa dernière fille. Je t'avais mandé que je craignais fort cet événement; je ne connais pas de père plus malheureux que lui et qui mérite moins de l'être. Il vient d'obtenir la grande croix de Saint-Louis; mais il est bien peu sensible à cette nouvelle faveur; il ne travaillait que dans l'espoir de faire un sort à sa fille. Je suis profondément affligé de ce malheur. Salaberry m'a amené, ces jours derniers, sa fille aînée, qui, sans être jolie, a une figure aimable, elle est fort intéressante. Ma sœur m'a paru désirer savoir à quelle époque il a fait son voyage en Turquie. C'est entre 1791 et 1792 que, sans prévenir sa famille, il est allé à Vienne, d'où il a mandé à son père sa résolution; il en reçut les fonds nécessaires et fut à Constantinople [3]. Je suis persuadé que ma sœur a lu avec

---

1. Conspiration de Didier (mai 1816). Il fut guillotiné le 10 juin.
2. M. Decazes était ministre de la police.
3. « M. de Salaberry n'avait qu'un fils unique, qui annonçait de l'esprit, du cœur et un caractère, et il n'avait rien épargné pour lui donner la

intérêt ses mémoires; je ne sais si elle connaît son voyage au Mont Dore, qui est fort agréablement écrit [1]. Salaberry est fort instruit et très aimable; il est, comme son père, un peu léger, mais a beaucoup de cœur.

Nous faisons ici de grands préparatifs pour les fêtes qui doivent avoir lieu pour le mariage du duc de Berry [2]. Dieu lui accorde postérité mâle! Tel est le vœu de tous les bons Français! Mes souhaits sont d'autant plus désintéressés que quoi qu'il puisse arriver, je n'ai plus aucune espérance de bonheur; rien n'est changé pour nous; aucunes grâces ni pensions. Le gouvernement est trop malheureux; il y a cependant des intrigants qui obtiennent ce qu'ils n'ont pas mérité. Adieu, cher frère et sœur, si je peux être de quelque utilité à l'un ou à l'autre, ne m'épargnez pas; c'est m'obliger que de me demander un service.

IV.

Le comte de Moré à Joseph Labrosse.

Paris, 2 juillet 1816.

Je t'envoie, cher frère, la dernière lettre que j'ai reçue de Legay. Comme les précédentes, elle ne précise rien, mais se borne à me confirmer qu'il serait possible de ravoir à bas prix (150,000 fr.) toutes tes anciennes pro-

---

meilleure éducation. Lorsque la Révolution arriva, le jeune homme venait de parcourir toute l'Europe pendant trois ans; il avait retiré tout le fruit possible de ce voyage, qu'il avait poussé jusqu'à Constantinople. » Dufort de Cheverny, *Mémoires*, II, chap. xxii.

1. M. de Salaberry a donné: *Voyage à Constantinople par l'Allemagne, la Hongrie, les îles de l'Archipel*, in-8, 1799. — *Mon voyage au Mont-d'Or* (sic), in-8, 1802.

2. La cérémonie eut lieu à Notre-Dame, le 17 juin 1816.

priétés d'Auvergne ; tu jugeras avec ma sœur ce que tu crois convenable de faire. Elle est de bon conseil. Il eût été à désirer que l'un ou l'autre de vous deux eût été dans le pays, car je ne peux rien faire tout seul ; je me borne donc aux renseignements. Je te prie seulement d'aviser dans ta sagesse ce que tu crois devoir faire, et dans le cas où tu te déciderais à tenter de rentrer dans cette terre, que tu veuilles bien considérer que je me trouverais ton seul créancier. Je n'oublie pas avec quelle générosité tu as agi envers moi lors de l'ouverture de la succession de notre père. Je ne crois pas que nous puissions jamais nous flatter de rentrer dans nos domaines sans rien payer, le Roi veut d'autant plus rassurer les acquéreurs, qu'il vient de racheter lui-même et à haut prix une partie de Marly qui avait été vendue. On ne peut rien espérer que par des transactions plus ou moins favorables. Le Roi a fait jurer à tous les princes le maintien de sa charte ; il n'y a donc qu'une nouvelle révolution qui pourrait encore tout changer, et assurément personne ne la désire. Les esprits se calment ; le gouvernement se consolide tous les jours, quoique l'on ne puisse se dissimuler qu'il n'y ait grand nombre de mécontents, dans tous les partis.

Je crois t'avoir parlé, dans le temps, du mariage de Belabre avec une demoiselle de M...., d'Amiens. Cette jeune personne a peu de fortune, mais en revanche un embonpoint extraordinaire. Elle n'a que dix-sept ans et ne pourrait entrer sans que les deux battants des portes fussent ouverts. Je n'ai jamais vu rien de semblable. Elle est assez jolie et a quelques talents. Je crois que les journaux vous auront instruits de toutes nos belles fêtes à l'occasion du mariage du duc de Berry. La jeune princesse paraît plaire beaucoup et, sans être jolie, elle a de la grâce, de l'affabilité et porte une certaine gaieté dont notre cour avait besoin. J'ai remarqué un air de satisfaction générale dans les visages des Parisiens; tout s'est passé à merveille.

Le ménage de la rue Saint-François [1] fait tous les vœux du monde pour le retour à Paris des Triestains. Dieu veuille qu'ils soient exaucés!

V.

Le comte de Moré à Joseph Labrosse.

Paris, 4 octobre 1816.

Nous espérons, cher frère, que tu te seras bien trouvé de ton voyage aux eaux. Le temps froid et affreux que nous avons eu cet été nous a empêchés d'aller aux boues de Saint-Amand pour achever la guérison de Mme de Moré, qui, par suite d'une chute en carrosse, a conservé beaucoup de douleurs au genou et de grandes difficultés à marcher. Pour comble de malheur, nous n'avons plus le moyen de payer un laquais dont le bras devient nécessaire à la vieillesse et aux infirmités lorsqu'elles se réunissent. Diverses causes, cher frère, ont retenu ma plume depuis quelque temps, n'ayant aucunes nouvelles d'Auvergne à te donner. Legay ne t'a pas écrit plus clairement qu'à moi. C'est un assez bon homme mais très borné. Je me rends à tes avis, qui sont généralement très sages : il suffit qu'un membre de votre trio se rende sur les lieux, examine ce qu'il est possible de faire, soit pour y faire reprendre

---

[1]. Le comte et la comtesse de Moré habitaient alors rue Saint-François, au Marais.

racine à la famille, ou en faire un objet de spéculation. Tous les Auvergnats que j'ai rencontrés s'accordent sur ce point qu'avec cent mille francs tu rentrerais dans toutes tes propriétés. Au surplus, Pontgibaud est habité par de très mauvais sujets, et néanmoins j'ai ouï dire que beaucoup d'entre eux avaient encore le souvenir des bontés que l'on a eues pour eux. Je leur sais bon gré de rendre justice à ma sœur, dont ils font l'éloge dans toute occasion. Ils ne l'en ont pas moins pillée dans le temps, mais ils en disent beaucoup de bien aujourd'hui.

Je ne sais, cher frère, si tes occupations commerciales te donnent le temps d'observer ce qui se passe dans ta patrie. L'ordonnance du Roi du 5 septembre, qui dissout la Chambre des députés, est un événement fort extraordinaire, et dès le jour même de la promulgation, la tristesse était peinte sur la figure de tous les honnêtes gens. Les jacobins, au contraire, avaient une joie indécente. Les prêtres étaient insultés publiquement dans les rues, et les cris de 1790 : A bas les calotins! A bas les nobles! se faisaient entendre [1]. Tout ceci est un peu calmé. On observe que les nouvelles élections donneront grand nombre des mêmes députés. Il en résultera que ces monstres rentreront dans leurs antres. Leurs regards féroces me faisaient frémir. Je ne dois me permettre aucune réflexion sur un acte émanant du trône, mais l'ordonnance du 5 m'a glacé d'effroi. Dissoudre une assemblée qui, pour la première fois depuis vingt-cinq ans, a parlé honneur, religion, probité, royalisme! il me semblait voir le Roi tirer à mitraille sur ses troupes. On attribue

---

1. « On fait crier dans tous les départements : « A bas les nobles! A bas les prêtres! » On agite aussi avec les subsistances. C'est une véritable faction qui veut s'emparer du gouvernement. » — *Lettre de M. de Villèle à M*^{me} *de Villèle,* 22 janvier 1817.

cette mesure à l'influence de deux ministres [1] qui craignaient d'être mis en accusation à la prochaine session. Nous touchons à de grands événements et sommes encore en pleine révolution....

J'avais parfaitement vu et prévu le 20 mars : je l'ai annoncé trois mois d'avance; on s'est moqué de moi et il est arrivé. Laissons la triste politique.

Pour te donner une juste idée du bonheur des royalistes, je t'apprendrai que M. de Chabrol, préfet de la Seine, vient d'accorder une place de onze cents francs d'appointements, comme commis dans ses bureaux, au fils du vicomte de Laqueuille. Voici deux frères Laqueuille commis dans la préfecture. Des dames du plus haut parage sollicitent des bureaux de papier timbré, ce qui produit environ quinze cents francs, en employant huit heures par jour à vendre des feuilles de papier à cinq, dix ou vingt sols la pièce. Je te dirai, pour te consoler, que nombre d'anciens laquais sont aujourd'hui administrateurs, propriétaires de terres, d'hôtels, ayant beaux chevaux, bons carrosses, etc., dont ils baissent souvent la glace pour cracher sur le nez d'un pauvre ci-devant comme moi. Je peux en parler, car cela m'est arrivé. J'en ai eu un tel accès de colère, ne pouvant me venger, que j'ai été sur le point d'avoir une attaque d'apoplexie. Je te recommande donc, cher frère, de faire ton possible pour revenir ici en carrosse, car nous sommes vraiment trop à plaindre. Quant à moi, mon sort est décidé, il ne me reste qu'à le subir, ce que je ne fais pourtant pas très philosophiquement, car je me trouve beaucoup plus malheureux depuis le retour de l'objet si désiré.

---

1. M. Decazes fut l'inspirateur de la dissolution; il persuada sucessivement ses collègues : le duc de Richelieu, puis M. Lainé, M. Corvetto, enfin le duc de Feltre. Hésitants, le chancelier Dambray et M. Dubouchage suivirent la majorité du cabinet.

Il me reste à te parler de ma situation financière ; les eaux sont basses et très basses, car la deuxième Restauration ne m'a pas plus restauré que la première. Adieu, cher frère, heureux ou malheureux, mes sentiments seront toujours les mêmes pour le trio [1] et je ne cesserai jamais de faire des vœux pour sa prospérité ; c'est ainsi que pense et pensera toujours le ménage de la rue Saint-François.

VI.

Le comte de Moré à Joseph Labrosse.

Paris, 25 novembre 1816.

Nous sommes, cher frère, extrêmement satisfaits d'avoir ignoré ta maladie et d'apprendre ton parfait rétablissement. Je sais bien bon gré à ma sœur et à mon neveu de nous avoir épargné la connaissance de ta situation, d'autant plus qu'à pareille distance l'inquiétude est terrible. Merci de la belle provision de bois que tu nous donnes pour cet hiver qui, je crains, sera sévère, si j'en juge par le froid excessif qu'il fait ici....

Je te tiendrai toujours au courant de tout ce que j'apprendrai ; notre pauvre France fait pitié : inquiétude et tristesse générales, mauvaise récolte en blé, point de vin, et un milliard quatre-vingt-huit millions à payer pour l'année 1817. Telle est la demande faite à la Chambre la semaine dernière. Où trouver cette somme ? Point de crédit, peu de commerce, la moitié de la France à vendre, point d'acquéreurs, division effrayante d'opinions, bonapartistes, républicains, constitutionnels, royalistes purs que l'on nomme ultras, jacobins en quantité, prodigieuse

---

1. Le comte et la comtesse de Pontgibaud et leur fils Armand.

misère, telle est à peu près notre situation. Il faut un nouveau miracle pour nous en tirer. Je plains sincèrement le Roi, qui a le malheur de ne contenter personne. Il marche tant qu'il peut avec les révolutionnaires; ils occupent toutes les places, ont tout l'argent et les dignités, et malgré cela ils soupçonnent encore le monarque de n'être pas de bonne foi. Je ne sais quels gages il faut leur donner. Les royalistes, de leur côté, l'accusent d'ingratitude, etc., etc. Quelle horrible position! Je ne doute nullement de la pureté de ses intentions, mais je crains bien qu'il ne se soit trompé dans la marche à suivre. Le temps nous l'apprendra et, je crois, incessamment. Je me tiens en mesure de me retirer sur le Poitou et la Bretagne en cas d'événement et j'y vendrai le plus chèrement possible le peu d'années qu'il me reste à vivre, si Messieurs les bonnets rouges veulent recommencer. La Vendée est toute prête à les recevoir. Dieu veuille que rien de tout cela n'arrive! car notre pauvre France finirait par être la proie de l'étranger. Ce sont toutes ces réflexions et observations qui m'ont décidé, dans ma dernière lettre, à t'engager à temporiser, car je verrais avec un profond chagrin que tu engageasses tes fonds, si péniblement gagnés, dans un pays qui ne présenterait aucune solidité.

Adieu, cher frère....

VII.

Le comte de Moré à Joseph Labrosse.

Paris, 13 février 1817.

.... Legay ne me dit plus rien quant aux acquéreurs qui en général, quoi que puisse faire le gouvernement, ne sont pas plus rassurés et ne trouvent presque nulle part à vendre ou à emprunter, et malgré cela font si peu de transactions avec les anciens propriétaires. Je craignais beaucoup de troubles cet hiver, vu l'excessive cherté du pain; il y a eu des mouvements presque partout, ils ont été heureusement apaisés; la belle saison approche et avec elle l'espérance. Malgré la misère publique, il n'y a jamais eu autant de bals. Ce pays est indéfinissable. On n'y rencontre que des mécontents; les spectacles n'en sont pas moins suivis ainsi que les restaurations [1], et l'on dit qu'il n'y a pas d'argent. J'engage ma sœur à se procurer la Correspondance administrative de M. Fiévée et l'ouvrage de M. de Chateaubriand, si elle veut bien juger de notre pays et de son avenir [2]. Le cousin de Salaberry a parlé à merveille à la Chambre toutes les fois qu'il a porté la parole, mais les mauvais sont en force et nous précipitent encore dans la démagogie. Telle est l'opinion des personnes les plus éclairées. Il faut encore un miracle de la Providence pour nous sauver. Adieu, cher frère, sois assuré des vœux que frère et sœur font pour le trio de l'Adriatique, à qui nous souhaitons bonne santé, succès dans le commerce, en conservant l'espérance de nous réunir un jour.

1. Restaurants.
2. Jean *Fiévée* (1767-1839), journaliste de talent; écrivit aux *Débats* sous l'empire, envoya à Napoléon des consultations politiques. Préfet de la Nièvre (1813). A la Restauration, prit rang dans l'opposition de la droite royaliste. De 1815 à 1819, il publia chaque année une *Correspondance politique et administrative* qui eut un grand succès.

Chateaubriand ne publia rien en 1817; il s'agit évidemment ici de son célèbre écrit : *la Monarchie selon la charte*, paru le 18 septembre 1816, et qui le fit rayer de la liste des ministres d'État.

VIII.

Le comte de Moré à Joseph Labrosse.

Paris, mai 1817.

C'est en vérité, cher frère, jouer de malheur que de rencontrer la goutte, ayant toujours été sobre, et cette maladie n'étant pas héréditaire dans notre famille. Si l'un des deux la méritait, ce serait sans contredit moi, qui n'ai rien épargné pour l'avoir; je suis au regret de te savoir affligé de ce mal et me flatte encore que ce pourrait bien être quelque douleur de rhumatisme, suite désagréable des agréables nuits de la campagne de 92 qui nous est si profitable aujourd'hui. Tu me mandes, cher frère, que ma sœur a eu connaissance des ouvrages que j'indiquais. En ce cas elle est au courant de notre situation et de nos espérances. Rien ne me paraît devoir changer à cet égard. Le parti ennemi domine et rien n'indique d'amélioration pour nous. Je joins ici la dernière lettre de Legay sur tes affaires d'Auvergne et verrai avec grand plaisir que quelqu'un vienne juger de ce qu'il y aurait à faire. Je n'ai jamais voulu y faire un voyage, dans la crainte de commettre quelque maladresse, n'étant pas assez sûr de pouvoir me contenir à la vue de ces brigands. Nous sommes et serons jusqu'à la récolte dans de grandes inquiétudes. Le pain coûtant de 10 à 12 sols la livre, dans presque tous les départements, il existe une affreuse misère, malgré les aumônes prodigieuses de la famille royale et des particuliers.

Sachant l'intérêt que prend ma sœur aux nouvelles de famille, je crois pouvoir vous annoncer que Mlle de Salaberry est sur le point d'épouser un M. de Lavau, conseiller à la cour royale, fils d'un ancien président de la Chambre des comptes de Nantes [1]. On le dit bon sujet, ayant dix mille livres de rentes; la petite cousine, sans être jolie, est fort agréable, a un excellent caractère. Mme de Ferrières vient de perdre sa mère, âgée de quatre-vingt-dix-huit ans; le vicomte de Moges habite la rue de Bondy avec sa femme. L'emploi du vicomte à Paris est de faire les honneurs du salon des étrangers. On y joue un jeu d'enfer et on y fait la plus grande chère. Le vicomte a mille francs par mois pour en faire les honneurs. Ferrières est toujours à Toulon avec le commandement, j'ai craint un moment qu'il n'en fût dépossédé comme ultra-royaliste. Quant à l'aîné, il est gros comme une tour; le pauvre diable est complètement ruiné, ayant compromis ce qui lui restait avec les mérinos de son gendre qui a fait faillite. On est enfin parvenu à faire entrer comme garde du corps le jeune Lambert des Granges [2], qui n'était encore que caporal dans un régiment d'infanterie. On parle du prochain mariage de Mlle de Guermande avec le comte de Cossé-Brissac [3]. Mlle de Guermande est l'une des plus jolies personnes de Paris.

Adieu, cher frère....

1. Guy *de Lavau* (1787-1874). Avocat en 1810; juge auditeur en 1815; conseiller à la cour royale en 1816; préfet de police (20 décembre 1821). Conseiller d'État. Vécut après 1830 dans une retraite absolue.
2. Fils de M. Charles *Lambert des Granges*, ancien colonel et lieutenant des gardes suisses de Monsieur, et de Mme Lambert des Granges, née Nigot de Saint-Sauveur.
3. Ce projet n'eut pas de suite; mais le 27 octobre 1817, Désiré-Louis-Michel-Timoléon *de Cossé*, comte *de Brissac* (1793-1870), épousa Anne-Charlotte-Marie-Henriette *de Montmorency-Tancarville*. Il fut aide de camp du duc de Bordeaux; il était cousin du premier maître d'hôtel de Louis XVIII.

IX.

Le comte de Moré à Mme Joseph Labrosse.

Paris, 20 juin 1817.

Je reçois à l'instant, chère sœur, votre lettre du 3, et m'empresse de répondre à vos justes observations. Je vois avec peine que mon frère est obligé d'avoir recours au kina, et que sa santé n'est pas, à beaucoup près, celle que je lui désire bien sincèrement; l'éloignement n'ayant point affaibli les sentiments que nous avons pour lui, c'eût été grande joie de nous retrouver. Je crois que c'est mon neveu qui sera votre ambassadeur; soyez assurée d'avance de tout le plaisir qu'il nous fera en venant en France. J'ai toujours pensé qu'il était nécessaire de ne pas perdre de vue tout à fait cette ancienne propriété de Pontgibaud; mais n'ayant ni caractère ni autorité pour agir sur ce point, si je m'y étais transporté, ce n'eût été que pour vous donner des renseignements plus positifs, car je n'ai reçu de Legay d'autres informations que celles que je vous ai littéralement copiées. J'ignore pourquoi il me presse si fort aujourd'hui de vous engager à racheter, tandis que dans ses précédentes lettres il m'assurait que les acquéreurs mourraient plutôt de faim que de trouver à vendre ou à emprunter, que l'ordonnance du 5 septembre n'avait rien changé à leurs terreurs et à leur situation, etc., etc. Je sais que l'on trouve très rarement à vendre un bien d'émigré, que l'opinion en règle le cours à moins de moitié de sa valeur. Je sais également que vos biens rapportent presque le double de ce qu'ils rapportaient autrefois et sont dans le plus bel état; au total, Legay est un assez triste correspondant; je le crois fort dans vos intérêts, mais c'est le père qu'il aurait fallu ici pour démêler cet écheveau. Celui-ci est trop borné, mais à défaut d'autres il faut s'en servir. Il me fatigue de demandes qui lui sont personnelles. Je viens de faire placer un de ses protégés, fort honnête garçon, comme greffier d'une justice de paix, ce qui vaut mille francs par an. A Pontgibaud, on me suppose grand crédit à Paris, ce qui n'est pas un mal.

Nos journaux vous auront, sans doute, parlé de nos malheurs sous le rapport des subsistances et de l'excessive cherté du pain, qui valait 13 à 14 sols la livre dans beaucoup de départements; il y avait plus de vingt mille paysans de la Bourgogne mendiant dans les rues de Paris, des révoltes partout, mais l'armée a fait son devoir; tout se calme et fait pressentir une récolte abondante, ce qui ôtera tout prétexte aux malveillants, bien nombreux, et toujours prêts à tirer parti des embarras du gouvernement pour faire une nouvelle révolution. Leurs projets ont été déjoués et partout les troupes ont marché contre les rassemblements sans hésitation, et les cours prévôtales vont punir un grand nombre de ces enragés.

Je désirerais bien, chère sœur, finir mon épître par quelques nouvelles de famille, mais il y a disette, et j'ignore ce qui concerne en ce moment les personnes de la société, toutes éparses à la campagne.

Agréez, chère sœur, les vœux et les hommages du ménage pour les bons habitants de l'Adriatique.

Comte de Moré.

Un de mes amis me prie de l'adresser à vous pour avoir des informations sur le comte Antoine de Bercheny, magnat de Hongrie, anciennement au service de la France avec un régiment de son nom. Il est mort en Hongrie ; on désirerait savoir s'il y a laissé quelque fortune [1].

Nous quittons la rue Saint-François et allons habiter place Royale, numéro 6, dans un petit entresol qui convient parfaitement à notre état de fortune [2].

J'ai reçu trois cent soixante francs d'un curé de Riom, provenant d'une restitution pour vous.

X.

Le comte de Moré à son neveu M. Armand Labrosse.

Paris, le 15 septembre 1818.

Mon premier soin en arrivant à Paris, mon cher neveu, a été d'aller rue Saint-Dominique [3], pour pouvoir vous donner des nouvelles de toute la famille. J'ai eu le plaisir de rencontrer presque tout le monde. On venait de recevoir des nouvelles de Trieste, qui m'ont fait d'autant plus

---

1. Ladislas-Antoine, comte *de Bercheny* (1689-1778). Prit du service en France (1712). Leva un régiment de hussards promptement célèbre (1720). Maréchal de camp (1738). Lieutenant général (1744). Maréchal de France (1758).
2. L'hôtel de Guéméné. Victor Hugo, quelque temps après 1830, vint s'installer dans l'appartement situé au-dessus de celui qu'habitait le comte de Moré.
3. Rue Saint-Dominique, chez Mme la marquise de la Rochelambert, belle-mère de M. Armand Labrosse (comte de Pontgibaud), qui avait épousé, le 2 mai 1818, Mlle Amantine de la Rochelambert. — La bénédiction nuptiale fut donnée à Saint-Thomas d'Aquin, par Mgr de Coucy, archevêque de Reims, grand-oncle de l'épouse. Les témoins étaient : le comte de Moré; le marquis de Dreux-Brézé, grand maitre des cérémonies de France; le comte Auguste de La Rochelambert. — Avec l'agrément du Roi, avaient signé au contrat : le comte d'Artois, le duc et la duchesse d'Angoulême, le duc et la duchesse de Berry, le duc et la duchesse d'Orléans, Mademoiselle d'Orléans. — Les nouveaux époux furent présentés au Roi le 18 mai, mais à une heure différente : le comte de Pontgibaud à midi et demi, la comtesse à huit heures du matin.

grand plaisir qu'elles m'apprennent que ma sœur est beaucoup mieux. Nous en étions inquiets ; nous eussions bien désiré aussi savoir s'il était question de quelque petit lutin. Je me flatte que nous en entendrons parler incessamment et plus heureusement que de ce qui vient d'arriver à Mme la duchesse de Berry [1]. La cour est consternée de cet événement, car c'était un prince. Cette maison est vraiment malheureuse. M. le duc de Bourbon [2] va beaucoup mieux et l'on espère son prochain rétablissement. Je pense que les journaux vous ont instruits de son aventure à la chasse. On a craint pendant vingt-quatre heures de ne pouvoir sauver le prince, mais il est hors de danger.

A propos de chagrin, Amantine ou *Lutine*, comme ma sœur l'appelle, ne trouve plus son beau-père aussi gai à Trieste qu'il l'était à Paris [3], ce qui lui fait de la peine ; j'espère cependant qu'il conserve sa bonne santé, et qu'un peu moins de gaieté vient peut-être de l'ennui des affaires ou parce qu'il n'a plus les grandes dissipations qu'offre notre capitale. Je crois, d'ailleurs, que notre climat lui est plus favorable que celui d'Italie ; nos vœux seraient bien certainement de vous voir tous ici, mais je crois bien prudent d'attendre encore, et mon opinion est partagée par tous ceux qui ont conservé le bon sens. Je n'entends plus parler de Legay. Un cousin de Boutarel est venu voir Mme de la Rochelambert, elle vous en aura instruits. On pense que les prochaines élections de députés seront très républicaines ; on s'agite beaucoup à ce sujet. Il paraît hors de doute que M. de la Fayette sera nommé. Je

---

1. Le prince que mit au monde la duchesse de Berry, le 13 septembre 1818, vécut à peine quelques instants.

2. Louis-Henri-Joseph *de Bourbon-Condé* (1756-1830), dernier prince de Condé.

3. Joseph Labrosse avait fait le voyage de France à l'occasion du mariage de son fils.

doute que ce choix soit fort agréable à la cour [1]. Il en arrivera plusieurs autres du même calibre. Les ministres pourront regretter les ultras. Il faut dans de telles occurrences, mon cher neveu, vous occuper beaucoup de vos affaires. Vœux sincères du ménage de la place Royale, qui vous est tendrement attaché.

XI.

*Le comte de Moré à son neveu et à sa nièce,
M. et Mme Armand Labrosse.*

Paris, 20 janvier 1819.

Je n'ai aucunes nouvelles d'Auvergne ; Henri de la Rochelambert [2] a dû faire quelques démarches auprès du chef de la gendarmerie pour l'affaire du château. J'en ignore encore le résultat. Il paraît que M. Legay, qui me fatiguait jadis de son insignifiante correspondance, m'a tout à fait abandonné. Je dois, au surplus, dire que le temps est bien mauvais pour spéculer sur les anciennes propriétés ; quoique les terres aient baissé de valeur, les mauvais esprits s'étant néanmoins fortifiés, il n'y a donc absolument que le besoin qui puisse déterminer à vendre. La vente d'Anchald [3] est un bonheur, puisqu'elle amène

---

[1]. La Fayette fut, en effet, élu député de la Sarthe, le 26 octobre 1818 ; Louis XVIII se montra particulièrement mécontent de ce choix.

[2]. Le marquis Henri-Michel-Scipion *de la Rochelambert* (1789-1863). Capitaine au premier régiment des grenadiers à cheval de la garde royale. Sénateur sous le second Empire (9 juin 1857). Frère de la comtesse Armand de Pontgibaud. Il épousa en 1822 Mlle de Bruges, dont il eut un fils, marié (1866) à Mlle Pouyer-Quertier, et trois filles : la comtesse de Valon, la comtesse de Labédoyère, en secondes noces princesse de la Moskowa, et la comtesse de la Poéze.

[3]. Petite gentilhommière située près de Pontgibaud.

un honnête homme dans le pays. La tempête des fonds publics et des banqueroutes commence à s'apaiser un peu, de sorte que les inquiétudes sur diverses maisons se dissipent. On craignait beaucoup pour Goupy et Busoni, ainsi que pour Scherer et Finguerlin. La maison Laflitte et Perregaux était aussi indiquée dans la liste des grosses pertes occasionnées par la baisse des fonds. Il paraît que depuis quelques jours on est plus tranquille à leur sujet. Le commerce se plaint beaucoup de tous les deuils qui se succèdent si rapidement; on n'en danse pas moins; l'ambassadeur d'Angleterre, au grand étonnement de tout le monde, vient de donner un bal magnifique. Il a été ouvert par le duc de Glocester et la duchesse de Berry, bien qu'elle fût en grand deuil; je connais, mon cher neveu, votre goût pour la danse; j'espère que notre aimable nièce profitera des redoutes de Trieste cet hiver; nous nous flattons que l'année prochaine il pourrait survenir quelques empêchements. Nous attendons d'ici à trois semaines la naissance d'un petit-fils; donnez-nous l'année prochaine de pareilles étrennes et croyez aux plus tendres sentiments de la place Royale.

Je trouve bien naturel, mon aimable nièce, d'écrire dans la même lettre à un aussi bon ménage; je partage votre sainte colère contre la famille qui ne répond pas à vos jolies lettres. Mais on m'assure qu'on vous écrit souvent; si le fait n'est pas très exact, je dois pourtant dire qu'on s'entretient beaucoup de vous. Nous avons le plaisir de voir souvent les vôtres, malgré la grande distance qui nous sépare. Nous partageons la joie que vous devez éprouver d'avoir votre cousin, M. de Brézé, sur les bords de l'Adriatique; ce doit être un plaisir extrême. Nous sommes assurés d'avance que vous le retiendrez le plus longtemps que vous pourrez. Quel dommage que son voyage soit dans une aussi mauvaise saison ! Le choix que vous comptez faire de votre société est plein de sagesse et vous supprimera dans la suite beaucoup de petites tracasseries qui naissent presque toujours de la légèreté des premières liaisons. Nous vous engageons à bien profiter des bals de cet hiver, puisque nos vœux et nos espérances seraient comblés s'il y avait quelque empêchement l'année prochaine. Je voudrais bien, ma chère nièce, pouvoir vous donner de bonnes nouvelles de la santé de Monsieur votre père. Il a été mieux pendant quelque temps. Mme de Vaulserre s'applaudissait d'avoir découvert un remède qui semblait le soulager. Madame votre sœur a quitté les Missions étrangères et demeure rue du Bac, à très peu de distance. Le bon archevêque de Reims se porte à merveille [1]. Monsieur votre frère est revenu avec son régiment dans nos quartiers, qu'il ne connaît que pour son service, car il passe avec raison tout son temps de liberté avec sa famille. Mme de Vaulserre est encore à Paris ; Madame votre sœur donne des soirées tous les vendredis ; nous avons le regret de ne pouvoir nous y rendre à cause de la distance et de l'heure. Elles commencent à dix ou onze heures du soir. J'ai oublié, dans la gazette de famille que j'ai envoyée à ma sœur, de lui parler du cousin Chenizot, qui est toujours votre adorateur et visite souvent la rue Saint-Dominique. La tante me charge de mille amitiés pour nièce et neveu.

---

[1]. Jean-Charles *de Coucy-Polecourt* (1746-1824). Aumônier de la Reine. Évêque de la Rochelle (1789). Vécut en Espagne pendant la Révolution. Refusa de se démettre au Concordat de 1801. Désigné pour l'archevêché de Reims en 1817 ; prit possession en 1821. Pair de France (1822).

XII.

Le comte de Moré à M. Armand Labrosse.

Paris, 9 mars 1819.

Les bruits publics, mon cher neveu, ne vous ont appris malheureusement que des réalités, et la maison Scherer et Finguerlin est en faillite.... Mme Auguste de la Rochelambert [1] vient d'arriver à Paris avec son joli petit garçon, et demeure près des Missions, chez Mme de la Rochelambert [2] ; je vais aussi souvent que possible voir toute la famille ; Mme d'Aurillac [3] a repris son logement rue Saint-Dominique ; M. de Brézé est rue de Varennes. J'ai souvent l'occasion depuis quelques jours d'aller dans ces parages, ayant réussi à marier la petite de Vaucresson l'aînée avec le fils du comte de Blangy [4]. Mme de Blangy, née d'Étampes, était dame de Madame Élisabeth. MM. de Blangy sont deux frères, on ne fait point d'aîné et l'on donne quarante mille livres de rente à chacun, en bonnes terres de Normandie. Le jeune homme a trente ans, est fort bon sujet ; c'est un

---

1. Mme Auguste de la Rochelambert, née de la Rochelambert, sœur de la comtesse Armand de Pontgibaud.
2. La marquise de la Rochelambert, mère de la comtesse Armand de Pontgibaud, sœur du marquis de Dreux-Brézé, grand maître des cérémonies de France.
3. Marie-Marguerite *de Dreux-Brézé* (1763-1844), veuve de Pierre-François *de Saint-Martial*, baron *d'Aurillac,* député de la noblesse du bailliage de Saint-Flour aux États généraux, était tante de Mme Armand de Pontgibaud.
4. Pierre-Henry *Leviconte*, marquis *de Blangy* (1756-18 ?). Colonel de cavalerie, épousa Mlle d'Étampes, dame de Madame Élisabeth. Il eut deux fils : A. Xavier, marquis *de Blangy*, marié à Mlle de Reclesne, dont trois filles : la comtesse Dauger, la comtesse de Nédonchel, la comtesse de Pontgibaud.
— B. Maximilien, comte *de Blangy*, marié à Mlle de Vaucresson, dont Roger, marquis de Blangy, la comtesse de Sainte-Marie d'Agneaux et la marquise de Bec de Lièvre.

fort beau mariage. Cette jeune personne me paraît très reconnaissante de ce que j'ai fait pour elle, car c'est moi seul qui ai tout arrangé. Ce mariage aura lieu à la mi-carême ; il y a trois mois que j'y travaillais, personne ne s'en était douté ; il n'est public que depuis quinze jours. La dot de la jeune fille s'élève à quatre cent soixante et douze mille francs. M. et Mme de Givry donneront au moins cent mille écus. Puymodan est au désespoir de la faute qu'il a commise ; je l'avais bien servi et averti ; M. de Pradel a eu également tort de la refuser, je m'étais donné bien de la peine pour la lui faire accorder.

Je me suis décidé à aller voir Mme de Belabre [1], puisque vous en êtes tous amoureux ; je la connais pour être extrêmement aimable. Je l'ai entretenue de toutes les choses agréables que contenait la lettre de ma sœur.

Mme de Belabre, en me chargeant de mille choses aimables pour MM. Labrosse père et fils, me charge également de les prier de lui expédier à Paris une caisse de vingt-cinq bouteilles de marasquin vrai Zara, plus cent cinquante livres de café vrai Moka ; on lui a dit que cela se vendait par balles de soixante-dix livres, dans ce cas elle en prendrait trois balles. Le prix en sera payé à l'adresse qu'indiquera M. Labrosse, aussitôt réception. Elle désire que l'on n'oublie pas que c'est pour une pauvre femme de la rue Saint-Dominique, qui n'aime que ce qui est très bon. J'entends d'ici mon frère se plaindre de ce qu'il n'y a jamais rien d'utile dans mes lettres, mais ce qu'il y a de sûr, c'est qu'il ne risque pas de faire banqueroute dans cette affaire.

Je crois inutile, mon cher neveu, de vous entretenir de celles qui occupent tout le monde ici. Il y a tristesse pro-

---

1. Mlle de Thomé, parente, par sa mère, de MM. de Pontgibaud.

fonde ; dans certaines classes on se frotte beaucoup les yeux, car on croit rêver, et quel que soit l'extrême plaisir que j'aurais de revoir ici frère, sœur, neveu et l'aimable nièce, je bénis la Providence qui vous a conduits sur la mer Adriatique. Ne songez pas à revenir dans nos parages, où les têtes les plus sages prévoient de terribles et prochaines tempêtes. Je les attends avec calme, n'ayant plus rien à craindre pour la cargaison. Le bruit court encore que plusieurs grandes maisons vont être incessamment en faillite. MM. Scherer et Finguerlin jouissaient d'une excellente réputation. Tout ce qu'il y a d'honnêtes gens prennent part à leur malheur, dont on ne dit pas encore la cause, mais personne ne croit à la moindre fraude. Je ne reçois plus de nouvelles de Legay ; il m'honore de son indifférence. Je m'en console puisque je n'en ai jamais tiré un mot ayant le sens commun. Je vous prie, mon neveu, d'être auprès de frère, sœur et nièce, l'interprète des plus tendres sentiments du ménage de la place Royale.

XIII.

*Le comte de Moré à M. Armand Labrosse,
comte de Pontgibaud.*

Paris, 9 mai 1819.

Nous sommes comblés de joie, mon cher neveu, de la bonne nouvelle que vous nous annoncez [1]. Mme de la Rochelambert avait eu la bonté de nous en instruire. Nous avons été très sensibles à cette marque de son intérêt.

---

1. Naissance de Joachina de Moré de Pontgibaud.

Veuillez être notre interprète auprès de l'aimable nièce et de frère et sœur, dont nous partageons la joie. Il paraissait manquer quelque chose au bonheur du quatuor que nous prions de ne pas encore regretter la patrie. Ce n'est certainement pas le moment de se rendre aux vœux des parents et amis et c'est dans leur véritable intérêt que je m'explique aussi franchement, car notre séparation comptera toujours pour beaucoup dans les malheurs de cette horrible révolution. Nous commençons quelques préparatifs de voyage pour les premiers jours de juin. C'est une distraction nécessaire, particulièrement à votre tante, qui a de fréquentes indigestions de politique. J'ignore encore où nous porterons nos pas.

Mme de Belabre vous remercie de ne l'avoir pas oubliée; je crois vous avoir demandé pour elle trois balles café Moka et vingt-cinq bouteilles de marasquin de Zara. Je n'ai pas encore reçu les coquilles annoncées par Marseille. Le comte de Ruffo me parle toujours de vin nommé Piccolito et de marasquin de Zara que mon frère devait lui expédier. Au surplus, rien n'est très pressé pour cette commission, attendu qu'il ne sera de retour à Paris que dans trois mois. Il vient de partir pour les eaux de Bagnères. Mlle de Vaucresson peut se vanter d'avoir fait un bon mariage, et j'ai la satisfaction de l'avoir fait tout seul. Le ménage paraît fort heureux. Le mariage a fait un miracle : cette jeune personne est toute changée à son avantage. Elle est déjà grosse. C'est d'une jolie petite fille que Mme de Fougières est accouchée. Je n'ai pas voulu dans le temps vous instruire de la vraie position de M. de la Rochelambert, qui nous a donné pendant huit jours les plus grandes inquiétudes ; il est un peu mieux.

Mme de Vaulserre a, avec raison, beaucoup de chagrin d'avoir vu s'évanouir toutes ses espérances. Elle est bien tendrement attachée à sa sœur et se réjouit avec nous des bonnes nouvelles de Trieste. Adieu, mon cher neveu....

XIV.

*Le comte de Moré à M. Armand Labrosse,
comte de Pontgibaud.*

Paris, 13 juillet 1819.

Je ne sais, mon cher neveu, ce dont j'ai pu me rendre coupable aux yeux de votre excellente maman; mais elle me traite avec beaucoup d'indifférence. Je suppose qu'elle a été mécontente du rédacteur de sa gazette de famille, car depuis longtemps elle ne m'adresse aucune question, ignorant, sans doute, le plaisir toujours nouveau que me procurait sa correspondance. Je la prie pourtant de vouloir bien se rappeler que lorsqu'elle était éloignée des objets qui font son bonheur et qui nous ont laissé beaucoup de regrets, je m'empressais alors de la tenir au courant de leurs nouvelles; je partageais ses peines et fortifiais sa patience. Mais aujourd'hui qu'elle est entourée de tout ce qu'elle aime, que l'avenir lui sourit, que ses vœux sont près de se réaliser, elle oublie qu'il y a un pauvre diable dans son entresol qui ne cesse de faire des vœux pour ses parents; on ne lui dit plus mot. Il espère néanmoins que l'on n'attendra pas jusqu'au billet de part de l'heureux événement pour l'en informer.

Vous en recevrez, sans doute, un (billet de part) de la perte d'un des nôtres. Ferrières l'aîné a été frappé d'une attaque d'apoplexie foudroyante chez Mme de Bayon, où sa femme était allée passer quinze jours. Il paraissait bien portant, n'avait jamais été plus gai ; il faisait fort chaud. De retour à Paris, vers dix heures du soir, il fit une partie de billard, but de la bière ; ayant commandé un bain à une heure du matin, il ne fut pas un quart d'heure dans l'eau qu'il se trouva mal, demanda qu'on l'en retirât, et à peine sorti expira. Sa veuve est dans la douleur, ainsi que son excellente fille Mme de Malet. Je viens d'assister à la triste cérémonie des funérailles. Mme de Ferrières avait oublié tous ses torts et lui était bien sincèrement attachée.

Vous avez vu, mon cher neveu, que votre beau-père avait fait une chute, ou pour mieux dire que sa voiture avait été renversée en allant dans ses terres. Il a été blessé à la tête par une glace cassée. Il paraît rétabli de cet accident. Auguste de la Rochelambert avait donné aussi des inquiétudes ; mais il va très bien. Mme de Vaulserre est toujours fort délicate. Quant à madame votre belle-mère, je ne l'entends jamais se plaindre de sa santé ; Saint-Remy, que j'ai été voir, m'assure que si vous n'avez pas reçu de ses nouvelles, ce n'est que par suite de son embarras après ce qui s'est passé. Mme d'Anchald me charge de la rappeler à votre souvenir, ainsi qu'au bon Labrosse. Nous avons reçu le sac de coquilles ; ce n'était pas encore cela. C'est un petit malheur.

Je pense que nos journaux, aujourd'hui très émancipés, vous tiennent au courant de notre situation, toujours douloureuse. Je n'en ferai donc aucune mention et finis mon épître en vous priant, mon cher neveu....

XV.

Le comte de Moré à sa belle-sœur Mme Joseph Labrosse.

Paris, 10 septembre 1819.

J'ai parfaitement bien fait, ma chère sœur, de me plaindre de votre silence, puisque cela m'a valu une lettre de votre main. J'ai communiqué au cousin Thomé l'article qui le concernait, il me charge de vous en remercier et de vous dire qu'il y a tout à gagner pour lui à correspondre avec vous. Il part sous peu pour passer six semaines dans le beau château de Fontenay [1] à M. de Blangy, au delà de Caen, sur les bords de la mer. Toutes les affaires de la succession sont à peu près terminées ; terres et maison vendues. M. Thuret, banquier et consul de la Hollande, a acheté le château et la ferme de Rentilly moyennant six cent dix mille francs, ce qui équivaut à six cent soixante, car il a cinquante mille francs à payer à l'enregistrement. M. de Thomé a acheté les bois situés à Pontcarré, dépendant de la terre, et a également retenu pour son compte la maison rue des Francs-Bourgeois. Il reste environ six cent mille francs de fortune à Thomé ; il me paraît peu occupé de mariage, et je peux vous assurer qu'il ne se ruinera jamais. C'est ici le cas de vous faire part d'un trait fort noble du cousin Chenizot [2] ; il a fortement engagé Thomé à conserver son château, et pour lui en faciliter l'acquisition il offrait cent mille écus comptant

---

[1]. Par suite de son mariage avec Mlle Noémi Leviconte de Blangy, le comte César de Pontgibaud, petit-neveu de l'auteur de cette lettre, est devenu, en 1847, propriétaire du château de Fontenay, dont il est question.

[2]. Le vicomte François-Vincent *Guyot de Chenizot*.

prêtés pour six ans à l'intérêt de trois pour cent. Ce procédé lui fait d'autant plus d'honneur que les placements se font ici à six pour cent, le cours des effets publics étant à peu près de sept pour cent. Étant sur le chapitre des bons procédés, c'est, je crois, le moment de remercier d'une caisse de marasquin que Mlle Julie a fait déposer à la maison. Nous ignorons à laquelle des deux générations nous devons cet aimable souvenir, qui sera certainement bu en famille à la santé du quatuor et au prochain bonheur de l'arrivée du petit-neveu qui doit combler nos espérances et nos vœux.

M. de Brézé a mandé à sa famille combien, ma chère sœur, votre réception lui avait été agréable ainsi qu'à M. de Bourbon-Busset [1], et le bonheur dont ils avaient joui pendant les moments passés auprès de vous. Je n'ai pas cru devoir vous faire part des inquiétudes que nous avait données Mme Auguste de la Rochelambert. Elle est en ce moment en pleine convalescence. Les nouvelles de son père continuent à être bonnes, les vomissements ayant totalement cessé; c'est une suite fort extraordinaire de la chute qu'il a faite. Il aurait pu se casser la tête; on ne saurait conseiller ce remède à ceux qui sont en pareil cas. Les plaies à la tête n'étant pas encore fermées forment un cautère qui guérit l'estomac.

Je crois, chère sœur, fort inutile de vous parler politique; vous pouvez d'autant plus aisément nous juger que, la presse étant libre, les journaux ne se gênent plus. Les royalistes sont beaucoup plus maltraités et ont beaucoup moins de ressources que sous le régime impérial. Nous

---

1. Est-ce François-Louis-Joseph, comte *de Bourbon-Busset* (1782-1856), lieutenant général, pair de France (1823); marié en 1818 à Charlotte de Gontaut-Biron, — ou son cousin Eugène, vicomte *de Bourbon-Busset* (1789-1861), marié en 1832 à Eugénie de Nédonchel?

sommes assez heureux pour pouvoir offrir en ce moment un triste asile à une victime de notre cause; je prie mon frère d'y coopérer. Voici le fait. Nous avons retrouvé avec peine un lit à l'hôpital des Incurables de la succession Ogier. La nomination est dans ce moment à mon frère et à moi, Salaberry et Mme de Moges. Il me manque le pouvoir de mon frère pour y colloquer un malheureux émigré, ci-devant riche et âgé de soixante-dix-huit ans. Il en faut soixante-dix pour être admis; je prie mon frère de m'envoyer son pouvoir, dont ci-joint la teneur.

C'est Thomé qui, le dernier, avait nommé un malheureux qui n'y a vécu que six mois. On y est fort mal actuellement, les biens de l'hôpital ayant été presque en totalité vendus. Vive la philosophie et le libéralisme! Mon frère m'obligera s'il veut bien m'expédier promptement ce pouvoir afin de soulager ce malheureux.

Le bon Armand m'ayant mandé dans sa dernière lettre que les ports de lettres avaient triplé dans votre pays, il faut, chère sœur, que j'insère dans celle-ci tout ce que je pourrai. Je vais donc vous envoyer copie de la dernière de Legay, puisqu'elle concerne vos affaires d'Auvergne. J'espère que mon neveu la comprendra, et si je puis le servir, qu'il me donnera ses instructions. Ce Legay est si bête que je ne l'entends pas; il est bon de vous dire qu'il m'accable de ses lettres pour que je lui fasse obtenir la place de juge de paix à Pontgibaud, attendu que celui qui l'occupe va être destitué pour friponnerie. J'ai fait quelques démarches en sa faveur et réussirai peut-être. J'éprouve, néanmoins, quelques remords de mes démarches, car je ne peux me dissimuler que ce ne soit un triste sujet. Dans sa dernière lettre, il m'annonçait la mort de M. Tissandier, et la vente probable de Tournebise. Voici la copie de cette lettre :

« Monsieur le Comte, une question administrative vient de s'élever dans les bureaux de la préfecture de ce département à propos des prétentions de Monsieur votre neveu à l'occasion de ses droits sur la propriété de la halle de cette ville. Voici le fait. Plusieurs ordonnances et décrets ont attribué les halles aux communes dans lesquelles elles sont situées, mais à la charge par ces mêmes communes de payer le prix aux propriétaires suivant estimation par expert ou le revenu de l'estimation jusqu'au remboursement du capital. En conséquence, celle de Pontgibaud, ayant été estimée trois mille francs, comporte cent cinquante francs de revenu. Ce revenu est dû à M. le Comte depuis et compris 1793 jusqu'à ce jour, ce qui fait en arrérages trois mille neuf cents francs. La commune, ne se trouvant pas assez riche pour payer une somme de trois mille neuf cents francs, a pris, le 9 mars, une délibération qu'elle a adressée au préfet, par laquelle exposant son peu de moyens d'une part, l'inutilité de ce bâtiment dans un lieu où il n'y a pas de marché de grains et par conséquent lui devenant plus à charge que profitable, offre à M. le Comte l'abandon pur et simple si elle peut y être autorisée, suppliant le préfet d'être son interprète auprès des autorités compétentes pour la remise de la halle à l'ancien propriétaire, et auprès de M. le Comte pour la remise des arrérages de la location. M. le préfet, ne pouvant prendre sur lui de donner aux lois qui ont prescrit les droits de la féodalité une interprétation qui n'est pas de son ressort, n'a pu prendre d'arrêté pour la remise de cette halle. J'en ai écrit à M. Armand pour qu'il s'adresse au ministre de l'intérieur pour avoir une solution favorable. Il est intéressant de savoir de ce magistrat s'il peut autoriser M. le Comte à jouir de cette halle comme telle et si la commune peut se décharger valablement de ce bâtiment. M. Armand vient de se rendre adjudicataire des moulins de Pontgibaud qui avaient été acquis par Engelvin. C'est le bruit de ce pays.

« Agréez, etc.... »

Mon neveu sait mieux que moi ce que tout cela veut dire et ce qu'il y a à faire. C'est par hasard, chère sœur, que je suis à Paris; la santé de M. de Fougières nous a donné beaucoup d'inquiétudes; il est un peu mieux, nous avons borné nos voyages à l'aller voir à Montfermeil. Les chaleurs excessives nous ont aussi découragés d'aller plus loin. Mme de Fougières a une fort jolie petite fille qui est nourrie par une excellente Picarde, je n'en peux désirer une meilleure pour le duc de Bordeaux, si Mme la duchesse de Berry nous en donne un que nous attendons tous les jours [1]. Je vous dirai bien franchement que nous attendons avec non moins d'intérêt un petit duc de Trieste. Mme de Vaulserre [2] a bien supporté son voyage malgré sa grande faiblesse. Je pense, chère sœur, avoir bien rempli ma feuille; je dois seulement conserver une place pour vous renouveler l'assurance des plus tendres sentiments du ménage de la place Royale pour l'heureux quatuor triestain.

Mme de Lavau (Mlle de Salaberry) vient d'accoucher d'une fille; la mère et l'enfant se portent à merveille; Mme de Blangy nous donnera un petit parent de plus à la fin de l'année. Je m'occupe à marier sa sœur; ainsi, ma chère sœur, soyez tranquille, les cousins et cousines ne nous manqueront pas.

---

1. Ce ne fut pas encore un duc de Bordeaux qui naquit onze jours après cette lettre, mais Louise-Marie-Thérèse *d'Artois*, plus tard duchesse de Parme.

2. La marquise de Vaulserre, sœur de la comtesse Armand de Pontgibaud.

XVI.

*Le comte de Moré à M. Armand Labrosse,
comte de Pontgibaud.*

Paris, le 5 juillet 1820.

Enfin, mon cher neveu, nous voilà donc hors d'inquiétude pour la petite Joachina [1]; votre lettre du 21, que Mme de la Rochelambert a eu la bonté de nous communiquer, nous a rassurés, et nous voudrions bien qu'il en fût de même pour votre bonne mère. Nous avions été bien longtemps privés de nouvelles de Trieste ; vous devez penser qu'à pareille distance, on s'alarme facilement. Mme de Puymontbrun me demandait, il y a peu de jours, des nouvelles de ma sœur, se plaignant de n'avoir pas reçu de réponse à sa dernière lettre. Je vous prie de croire au besoin que nous avons de savoir heureux nos parents, que les événements ont séparés de nous, et auxquels nous n'oserions conseiller encore de se rapprocher! Nous avons été récemment témoins de choses qui nous prouvent le peu de stabilité de *notre restauration*. Les troupes se sont heureusement bien conduites ; mais si un seul régiment avait manqué à son devoir, il y avait *révolution nouvelle* [2]. Il ne faut pas juger de la confiance ou de notre

---

1. L'aînée des enfants du comte de Pontgibaud et de Mlle de la Rochelambert, morte en bas âge. Elle repose avec ses grands-parents au chevet de la cathédrale de Trieste.
2. Allusion aux troubles qui éclatèrent à Paris à propos de la loi électorale, en juin 1820. Des étudiants, excités par les députés de la gauche, entretinrent une agitation factice pendant plusieurs jours ; il y eut des rixes entre eux et les gardes du corps ; au milieu d'un tumulte, le jeune Lallemand fut tué.

prospérité par la hausse considérable de nos fonds publics. Ici, tout est jeu : point de commerce, beaucoup de capitaux sans emploi, manque de confiance entre les particuliers, car les plus riches propriétaires en biens-fonds ne trouvent pas à emprunter. On préfère le jeu de la Bourse, pour pouvoir réaliser le lendemain.

Je pense, mon cher neveu, que vous avez des nouvelles d'Auvergne; je ne saurais vous en donner, Legay m'ayant fait grâce de ses insignifiantes lettres. Vous avez su dans le temps la mort de l'archevêque de Bourges [1], dont la courte apparition dans son diocèse a fait beaucoup de malheureux dans la classe marchande; car il y a déficit de 50,000 francs dans sa succession, à laquelle ses parents se sont empressés de renoncer.

Je voudrais bien, mon cher neveu, que vous me fissiez le plaisir de me répondre sur la demande que me fait sans cesse le comte de Ruffo, que je rencontre perpétuellement: il prétend que vous lui avez promis de lui expédier du vin de Piccolito et une caisse de marasquin de Zara, qu'il vous avait prié de faire mettre le vin en dame-jeanne pour plus grande sûreté, et qu'il faudrait faire assurer et expédier à Paris. Le cher homme est fort riche aujourd'hui et très gourmet, il est très occupé de faire bonne chère, c'est là son affaire essentielle. N'oubliez pas, mon cher neveu, cet article, afin que je puisse me tirer d'affaire avec lui. Ce serait grande fête pour nous de voir revenir toute la famille de l'Adriatique, mais à quelle époque pouvons-nous nous flatter de cet espoir? Mon frère est si gai lorsqu'il est à Paris, pourquoi ce charmant pays est-il toujours à l'état de volcan?

---

1. Étienne *des Gallois de la Tour*, grand vicaire d'Autun, désigné en 1789 pour le futur évêché de Moulins, que la Révolution empêcha d'être érigé ; archevêque de Bourges à la Restauration, mort le 20 mars 1820.

XVII.

*Le comte de Moré à M. Armand Labrosse,
comte de Pontgibaud.*

Paris, 8 décembre 1820.

Vous avez vu par les journaux, mon cher neveu, les nouvelles nominations à la Chambre [1]. On attend de l'amélioration dans le système par les bons choix; vous devez néanmoins voir que le Roi suit toujours le même plan dans la nouvelle organisation de sa maison civile [2]; même amalgame bon et mauvais; il s'obstine à tout confondre, perdant ses partisans sans faire de conquête sur ses ennemis naturels. Comment cela finira-t-il? C'est là ce que l'on se demande. Au surplus, on renouvelle toujours le bruit de l'indemnité à accorder aux émigrés. A en juger par la hausse de nos fonds publics, nos finances paraissent dans un état prospère. Je crois cependant observer d'un autre côté une grande misère; les crimes de tout genre se multiplient d'une manière effrayante avec les plus atroces circonstances [3]; la démoralisation est à son comble, et la population augmentant d'une manière prodigieuse, Dieu sait, s'il n'y a ni peste ni guerre, ce que nous deviendrons dans dix ans. En attendant, l'on chante et l'on rit;

---

1. Les élections partielles du 13 novembre 1820 donnèrent 196 sièges aux royalistes et 30 aux libéraux.
2. Ordonnance du 21 novembre 1820.
3. L'année 1820 fut, en effet, marquée par un grand nombre de crimes : assassinats, parricides, suicides, incendies; on jugea Louvel pour le meurtre du duc de Berry; Gravier, pour la tentative contre la duchesse de Berry; l'amiral Decrès, l'ancien ministre de la marine de l'Empereur, périt mystérieusement le 23 novembre, brûlé dans son lit.

il m'a été impossible de me procurer des couplets pleins d'esprit et de malice qui ont été faits sur les nouveaux gentilshommes de la Chambre et les chambellans de la garde-robe [1]. On vous les chante, mais personne ne veut vous les donner. Comme il y en a beaucoup, je n'ai pu les retenir pour égayer un peu ma sœur. J'espérais que Mme de Ferrières, qui est assez au courant de tout, pourrait me les procurer. Elle ne l'a pu jusqu'à présent. Le baptême du jeune Henri V est remis au printemps; on croit qu'il y aura à cette époque une nouvelle promotion dans l'ordre du Saint-Esprit, environ soixante membres nouveaux, pris dans l'histoire de France en partie et l'autre dans les rues Saint-Denis et Saint-Martin, voire même les agents de change de la chaussée d'Antin. Il y en aura pour tout le monde. Voici, mon cher neveu, les on dit de Paris, dont je ne garantis pas l'authenticité. Salaberry est attendu pour la session; les Malet sont à Choisy, faisant leurs sucres; les Ogier sont toujours dans leurs terres; nous espérons que le cousin Beauceron [2] passera l'hiver à Paris avec sa femme, et abandonnera trois ou quatre mois les mérinos, dont la spéculation devient de jour en jour moins lucrative.

Le vieux Chenizot accable toujours tout le monde de ses visites, ayant cinq ou six ordres de plus, ennuyant à peu près tout le monde, ce qui me paraît devoir être la partie la plus claire de son héritage. Il lui a pris fantaisie d'av... le titre de Marquis, mais sur l'observation, qui lui a été faite au sceau des titres, qu'il faudrait payer 1,200 francs, sans pouvoir faire prendre en déduction ses titres de Baron et de Vicomte, comme il le demandait,

---

1. Voir, sur cette promotion des gentilshommes de la chambre, les *Mémoires du général de Saint-Chamans.*

2. Le marquis de Ferrières, fixé à Ver, Eure-et-Loir.

il s'est retiré, n'ayant pu attendrir la commission, à laquelle il faisait valoir son grand âge et le peu de probabilité d'une longue jouissance. La commission a été inexorable. Je vous garantis la vérité de l'anecdote.

Je vous prie, mon cher neveu, d'être auprès de ma sœur, de mon frère, l'interprète de nos tendres sentiments.

XVIII.

Le comte de Moré à M. Armand Labrosse, comte de Pontgibaud.

Paris, du 28 mai 1821.

J'ai su, mon cher neveu, par Mlle Portelette, que la famille se plaignait de mon long silence; je vous prie de l'attribuer au peu de choses intéressantes que j'aurais eu à vous mander, et de plus, craignant de vous parler de notre monarchie, je vous trouvais bien près du congrès de Laybach [1], ayant ouï dire que presque toutes les lettres de l'Italie étaient décachetées : voilà les deux motifs de mon silence.

Je ne sais encore quel sera notre voyage cette année. M. et Mme de Fougières [2] nous pressent vivement de ne pas dépasser Montfermeil, mais nous avons assez l'habitude, hélas! de faire le contraire de ce que faisait don Quichotte, et de prendre les auberges pour des châteaux. Cette vie errante nous plaît assez pendant quelques mois, et nous fait trouver plus confortable notre entresol de la

---

1. 4 janvier-28 février 1821.
2. M. de Fougières était le fils de la comtesse de Moré, née de Vaux.

place Royale, où nous sommes comme dans une ville de province. Lorsque nous en sortons il nous échappe souvent de dire que nous allons à *Paris*, où je vous assure que l'on s'occupe peu du massacre des Grecs, même de l'Espagne; tous les jours de nouvelles salles de spectacle s'élèvent; le luxe y est au plus haut degré. Les Parisiens voient monter les fonds publics; voilà ce qui les occupe. Après cela, que Constantinople, Madrid, Lisbonne, soient brûlés, cela leur est égal.

Les fêtes du baptême du duc de Bordeaux ont été très brillantes [1], mais le clergé s'est plaint, et, je crois, avec raison, que l'on avait fait de Notre-Dame une salle de bal; et cela est vrai. Tous les piliers étaient couverts de gaze d'or et d'argent avec des milliers de guirlandes de fleurs. Soixante lustres et autant de candélabres portant cinq mille bougies éclairaient le vaste local, où l'autel seul indiquait que c'était une église. Il y a eu en général assez de gaieté dans les trois jours de fête, et le Roi a dû être satisfait des applaudissements du peuple. Une seule circonstance a été assez fâcheuse. Louis XVIII passait la revue de la garde royale dans sa calèche, il faisait beau lorsqu'il est sorti, mais tout à coup il est venu un grain. Il a fallu *transvaser* Sa Majesté dans un superbe carrosse qui la suivait. Cette opération devant l'armée m'a paru chose assez désagréable, d'autant qu'elle a exigé dix à douze minutes. Au reste, tout a été fort bien; le beau temps a favorisé les fêtes des deux jours suivants. On a beaucoup distribué de secours et de comestibles au peuple, ainsi que force dragées, suivant l'usage; une seule chose a été blâmée : c'est la distribution de trente-sept mille pâtés à domicile, dans les ménages indigents. Comme ces choses-

---

1. 1ᵉʳ mai 1821.

là se font toujours par entreprise et que l'on veut gagner sur les pauvres comme sur les riches, j'ai eu soin d'enfermer une belle chatte que j'aime beaucoup, craignant pour elle catastrophe, parce qu'elle est grasse et bien portante. Je crois avoir ouï dire que beaucoup de citoyens avaient perdu leurs matous durant les fêtes.

Je n'aurais jamais employé Mme de Vauborel [1] pour ma réclamation [2]; elle est allée, m'a-t-elle dit, solliciter de l'avancement pour un jeune Vauborel, qui est garde du corps, et d'après ce qu'elle m'a conté de l'accueil qui lui fut fait, j'ai conclu qu'elle n'obtiendrait rien. J'ai bien peu d'espérance de réussir sur cette réclamation, nous sommes loin d'être en faveur. Si j'avais été à la bataille de Waterloo, je serais payé depuis longtemps. Selon toute apparence, l'arrêt de Dijon sera cassé ; les libéraux ici ont été furieux de cette décision; il ne faut pas se dissimuler que la révolution règne et a permis au légitime souverain de prendre le titre de Roi et de se mettre à sa tête ; voyez ce qui entoure le trône.

La Chambre est toujours fort orageuse; celle des Pairs est ridicule et scandaleuse. On n'y parle que de déjeuners et de verres de vin, conspirations de cabaret qui déconsidèrent un gouvernement.

Il y a eu si abondante distribution de rubans rouges, que le prix s'en est élevé. Cette monnaie sera incessamment démonétisée, tant il y en a sur la place. Beaucoup de ces décorations contrastent si fort avec les figures qui les portent, qu'à leur vue je mets plus de soin que jamais à cacher mon mouchoir ou ce qu'il peut y avoir dans ma poche.

---

1. A cette époque ce ne pouvait être que Mme *de la Chambre de Vauborel*, chanoinesse de Sainte-Anne de Bavière, ou mieux encore sa belle-sœur, Mlle *Le Veneur de Carouges*, mariée à Charles de Vauborel (1782-1852).

2. Il s'agit sans doute de la pension de chevalier de Saint-Louis.

Rien de plus commun que de voir sur le banc des accusés de vol des messieurs décorés. Un juge m'a dit qu'il y en avait eu trente-sept de condamnés dans l'année 1820. Que doivent dire les étrangers qui assistent à ces séances? On assure que le Roi ira à Saint-Cloud dans le mois de juin. M. de Fougières profitera de ce temps pour se fixer à Montfermeil, où peut-être passerons-nous un mois pour jouir de la fraîcheur de cette belle forêt et de ses charmantes promenades.

Nous avons été enchantés et remercions votre père de nous avoir envoyé un échantillon de sa ronde écriture, qui vaut mieux que la mienne. J'ai au surplus une mauvaise plume, et l'on croirait que c'est mon chat qui la tient.

Adieu, mon cher neveu, soyez auprès de ma sœur et de votre aimable et bonne Amantine l'interprète de nos plus tendres sentiments.

XIX.

Le comte de Moré à M. Armand Labrosse, comte de Pontgibaud.

Paris, 7 janvier 1822.

Soyez-en bien convaincu, mon cher neveu, toutes nos affections et vœux sont toujours sur les bords de l'Adriatique; nous voudrions bien voir le petit César [1], destiné à faire le bonheur de la famille ; il me paraît qu'il se pré-

---

1. Le comte César *de Pontgibaud*, né à Trieste le 4 juillet 1821, épousa en 1847 Mlle Leviconte de Blangy, fut pendant quarante-cinq ans conseiller général du département de la Manche. Chevalier de la Légion d'honneur. Mourut le 11 octobre 1892, au château de Pontgibaud.

sente sous les auspices les plus heureux au moral comme au physique.

Vous me demandez quelle sensation fait ici l'histoire des Grecs et des Turcs [1]. Je vous assure que l'on s'en occupe peu, toutes les idées sont tournées vers la hausse ou la baisse des fonds. On joue un jeu infernal, étrangers comme Français, pairs de France, ducs, marquis, barons; les rues adjacentes de la Bourse sont fréquemment obstruées de leurs équipages ; les dames attendent dans leurs carrosses que les maris viennent les instruire du dernier cours. Cela et les spectacles, voilà Paris. La Chambre occupe peu, à cela près de l'influence que pourraient avoir sur la rente des discussions plus ou moins violentes. Du reste, les libéraux sont furieux du changement de ministère [2]. On parle de changer bon nombre de préfets. La nouvelle d'aujourd'hui est la nomination de M. de Chateaubriand à l'ambassade d'Angleterre [3]. Tout le monde a été étonné que le duc de Doudeauville ait accepté la Direction de la Poste [4]; sur cette nouvelle, Benjamin Constant [5] a demandé malignement : Qui a-t-on nommé duc de Doudeauville ?.... Je regrette de quitter la plume si vite, mon cher neveu, et vous charge....

---

1. Après d'horribles vexations, la Grèce s'était soulevée; 200,000 chrétiens furent égorgés par les Turcs, au cours de la lutte. L'Europe commença alors à intervenir.

2. Le 14 décembre 1821, M. de Villèle succédait au duc de Richelieu.

3. En remplacement de M. Decazes. Il partit pour son poste le 2 avril 1822.

4. Le duc Ambroise *de La Rochefoucauld-Doudeauville* (1765-1841), fameux par sa bienfaisance. Pair de France (1814). Directeur général des postes (1821). Ministre de la maison du Roi (1824). Se démit de la pairie en 1832. Il avait épousé Mlle de Louvois ; son fils était Sosthène de La Rochefoucauld.

5. Benjamin *Constant de Rebecque* (1767-1830). Suisse protestant. Célèbre par la facilité de ses mœurs, de sa plume et de ses opinions. On connaît sa liaison avec Mme de Staël, ses palinodies aux Cent-Jours, son roman d'*Adolphe*. Député de la Sarthe (1819), de Paris (1824). Président du Conseil d'État (1830).

XX.

*Le comte de Moré à M. Armand Labrosse,
comte de Pontgibaud.*

Paris, 10 février 1822.

Mille remerciements, mon cher neveu, pour les excellentes nouvelles que vous nous donnez par l'espérance d'une nouvelle augmentation de la famille, que nous aimons tendrement et dont l'éloignement est le sujet de nos regrets. Ne vous voyant faire aucun préparatif de retour en France, nous croyons que bons observateurs de notre situation, vous ne la croyez pas assez solide pour vous inspirer grande confiance, et sous ce rapport je dois convenir que vous avez raison. Nous saurons sous peu à quoi nous en tenir, et si le ministère actuel peut gouverner, il n'y a pas de moyens que l'on n'emploie pour le renverser. On cherche partout à soulever les troupes. Voici plusieurs tentatives qui ont échoué, mais elles se renouvellent à tout instant sur des points différents, et dans le cas où l'on viendrait à effrayer le Roi, et où il se déciderait encore à rappeler un ministère du système opposé, alors ce serait fini pour toujours. Mais ce que je crains par-dessus tout, c'est une catastrophe qui anéantirait *la dynastie*. Il faut habiter ce pays pour juger de la situation des esprits et de l'exaspération de ce qu'on y appelle les libéraux. Le peuple heureusement est encore calme, mais peu de chose le mettrait en mouvement. Ma situation me permet de voir et d'observer beaucoup. Je vois et entends toutes les classes de la société, et je trouve une inquiétude générale. Les débats violents des Chambres nous démontrent tous les jours que le système représentatif ne convient nullement aux têtes volcaniques des Français.

Mais, mon cher neveu, c'est vous entretenir trop longtemps de politique ; passons à un sujet plus agréable Votre petit César doit singulièrement amuser ma sœur et faire le bonheur de tous. Nous avons bu de bon cœur du Piccolito à sa santé, à son avenir plus heureux que le nôtre. Vous me demandez s'il est bon (le Piccolito); nous l'avons trouvé fort agréable et nullement *médicinal* comme le prétend Amantine ; mais une autorité supérieure à la nôtre, celle de l'ambassadeur de Naples [1], avec qui je dînais ces jours-ci chez M. de Ruffo, l'a déclaré parfait et en a redemandé plusieurs fois. Le comte de Ruffo vous prie instamment de lui envoyer vingt-cinq bouteilles de marasquin de Zara : je n'ai pu refuser de me charger de vous transmettre la demande de cette petite commission, dût mon frère se plaindre que mes demandes n'offrent jamais rien d'*utile*. Mais je suis obligé de satisfaire à tous ces petits devoirs de société, surtout vis-à-vis de cette famille que je fréquente beaucoup. Votre générosité vis-à-vis du village de Peschadoire, récemment incendié, me fait grand plaisir et répond victorieusement aux calomnies répandues contre nous.

Soyez auprès de tous, mon cher neveu....

XXI.

*Le comte de Moré à M. Armand Labrosse,
comte de Pontgibaud.*

Paris, 23 mai 1822.

Mon cher neveu, vous pouvez assurer votre chère Amantine que Mme de la Rochelambert est bien remise,

---

[1]. Le prince de Castelcicala.

elle a recouvré toute sa gaieté, et malgré la distance qui nous sépare [1], je vais souvent la voir, et nous rions ensemble de bon cœur. Nous serions cependant bien plus contents, si nous avions l'espérance de revoir les Triestains, mais rien ne nous indique quand nous nous retrouverons. Quels que soient nos vœux à ce sujet, je ne crois pas qu'il soit prudent pour vous de songer à revenir vous fixer en France. Je ne vois rien de rassurant; l'esprit public est loin de s'améliorer, et peu de chose suffirait pour faire éclater de nouveaux troubles.

J'ai été averti dans les premiers jours de ce mois par M. Chardin, parfumeur, rue Saint-Martin, qui me paraît vous être très attaché, que votre ancienne maison de la rue de Montmorency allait être vendue par adjudication. Elle est louée 13,200 francs, quitte d'impositions; on dit qu'elle est susceptible d'être louée 16,000 francs, attendu que les loyers ont considérablement augmenté, quoique l'on bâtisse partout. Le manque d'emploi de capitaux en est la cause, et la population de Paris est augmentée de 70,000 âmes en ces deux dernières années. Beaucoup de monde déserte ses propriétés, surtout à cause de la diversité des opinions; il n'existe de société nulle part; on vient à Paris, où tout est confondu. Nous touchons à l'ouverture d'une nouvelle session. Quelques personnes prétendent qu'elle sera fort orageuse. Je regrette cette époque de l'année, qui est celle de la fermentation des esprits et des rassemblements. Le nombre des mécontents est prodigieux; nous avons eu quantité d'incendies; ils cessent depuis que les élections sont finies. Paris nous a donné dix libéraux et deux royalistes [2]; mais nous sommes mieux traités par les départements.

1. De la place Royale à la rue Saint-Dominique.
2. Les élections parisiennes avaient eu lieu (9-16 mai) au milieu d'une

Je ne peux, mon cher neveu, donner la gazette de famille dont ma sœur est si friande; tout le monde est à la campagne. Notre cousine, Mme de Lavau, préfète de police, est à la veille d'accoucher; son mari jouit de la plus haute estime; les libéraux le craignent beaucoup, il n'est pas de leurs amis. Salaberry est resté à Paris pour la nouvelle session. Je ne vois rien de plus à dire sur la famille, et je vous prie, mon cher neveu, d'être notre interprète auprès de frère et sœur et de l'aimable Amantine; si elle est aussi engraissée que son portrait l'annonce, on peut dire que l'air de l'Italie lui a été très favorable. Au reste, cela lui sied à merveille; le petit César a effectivement un air de Labrosse; on croit trouver dans sa ronde petite figure quelques traits du grand-papa. Au surplus, il ne saurait mieux faire, car il a plu à tout le monde ici.

P.-S. — La ci-devant très belle Mme de Sainte-Croix, Mlle Talon, vient habiter le Marais. On dit qu'elle est séparée de son mari. L'un et l'autre étaient ultra-révolutionnaires [1].

---

grande effervescence. Les libéraux élus furent : le général Gérard, Gévaudan, Tripier, Alexandre de la Borde, Ternaux, Got, Saleron, Laffitte, Casimir Périer, Delessert, et les royalistes : de la Panouze et Le Roy.

1. Louis-Henri *Descorches*, qui prit le nom de marquis *de Sainte-Croix*, né à Sainte-Croix du Mesnil-Goufron, près Argentan (1749-1830). Maréchal de camp; ministre plénipotentiaire à Liège (1782-1788), puis en Pologne (1792), à Venise (1793), à Constantinople (1794). Préfet de la Drôme (1800-1814), de l'Aude pendant les Cent-Jours. Baron de l'Empire (1810). — Il avait épousé (3 août 1775) la sœur d'Antoine-Omer Talon, lieutenant civil au Châtelet, tante de Zoé Talon, comtesse du Cayla. — Ils eurent trois fils, dont Charles de Sainte-Croix, qui se distingua si fort dans la campagne de 1809, que l'Empereur le fit colonel, bien qu'il n'eût que trois ans de service; il fut tué l'année suivante en Portugal, général de brigade à vingt-huit ans, en passe de devenir maréchal. Marbot, qui fut son camarade à l'état-major de Masséna, a donné sur lui d'intéressants détails (*Mémoires*, tome II, chap. xxi). — Mme de Sainte-Croix, née le 3 avril 1756, mourut après son mari.

XXII.

*Le comte de Moré à M. Armand Labrosse,
comte de Pontgibaud.*

Paris, 10 août 1822.

Nous sommes profondément affligés, mon cher neveu, de la perte irréparable que nous venons de faire, et partageons sincèrement votre douleur. Vous avez perdu la meilleure des mères ; nous croyons bien inutile de recommander à vos soins notre frère ; c'est lui qui nous occupe le plus dans ce moment, mais nous sommes bien sûrs que rien ne sera négligé de votre part et de celle de la bonne Amantine pour faire diversion à son profond chagrin. Les touchantes expressions de sa lettre me prouvent sa tendresse pour lui ; notre petit César, l'espoir de la famille, doit être pour lui un sujet de consolation.

Je me conformerai, mon cher neveu, aux dernières volontés de ma belle-sœur en dérogeant à l'usage d'envoyer des billets de part et me bornerai à des parents et amis. Au reste, il n'y a presque plus personne à Paris. Avant la clôture des Chambres, bon nombre de députés avaient déjà quitté la capitale. Votre belle-mère est chez Mme d'Aurillac, en Champagne ; Mme de Monteynard est dans ses terres du Dauphiné ; tous nos parents sont absents, excepté M. et Mme de Lavau, et M. de Thomé, dont la santé dépérit au point que je doute qu'il puisse vivre toute cette année.

Nous avons ici, mon cher neveu, comme à Trieste, des chaleurs excessives. Cette température extraordinaire n'aurait-elle pas contribué à abréger les jours de votre bonne mère? J'ai vu deux fois Julie Portelette depuis ce fatal événement; je ne saurais vous peindre sa douleur, elle était suffoquée par les larmes; enfin je regrettais d'être monté chez elle tant j'éprouvais de peine étant hors d'état moi-même de lui donner quelques consolations. La conduite des habitants de Trieste [1], dans cette occasion, prouve le haut degré d'estime qu'avait justement mérité ma sœur et fait honneur au commerce de cette place.

Je ne sais, mon cher neveu, à propos de commerce, si Trieste est en activité sous ce rapport, mais Paris, qui ne cesse de se plaindre, voit chaque jour s'élever des boutiques nouvelles, au point que le nombre en sera bientôt plus considérable que celui des habitants. Le nombre des spectacles s'y accroît aussi. Il y a beaucoup de désertions de la province. Tout le monde vient à Paris. Le prix des loyers devient excessif. Cet état de choses me paraît ne pouvoir durer. Au surplus, cette année est d'une extrême abondance en denrées de toute nature, mais la vente en est difficile et les impôts énormes. La perception éprouvera de grandes difficultés.

Nous sommes navrés, cher neveu, d'avoir eu à vous écrire dans une si triste circonstance; soyez, je vous prie, auprès de mon frère et d'Amantine, l'interprète de nos bien sincères sentiments. La bonne tante et moi n'avons pas le courage de lui écrire.

---

[1]. La ville de Trieste décida, en effet, de prendre à sa charge les frais des obsèques de Mme Joseph Labrosse, et seize de ses principaux commerçants voulurent porter eux-mêmes la dépouille mortelle à sa dernière demeure.

XXIII.

*Le comte de Moré à M. Armand Labrosse,
comte de Pontgibaud.*

Paris, 3 juin 1823.

Je ne sais, mon cher neveu, ce que vous devez penser de moi, plus heureux que vous, puisque je possède tout ce que vous devez regretter. Occupé sans cesse à profiter du court séjour de nos bons parents [1], j'ai bien négligé le Triestain, mais je prends à témoin l'aimable Amantine et le bon papa, que vous êtes souvent le sujet de nos entretiens et de notre sollicitude lorsqu'un courrier manque à nous apporter de vos nouvelles. Vous savez, mon cher neveu, toutes les précautions prises pour la santé d'Amantine, ce qui rend son séjour ici un peu ennuyeux, puisqu'elle ne peut profiter de tous les plaisirs de la capitale. Toutefois, elle est sur ce point d'une résignation au-dessus de son âge. Malgré la distance qui nous sépare, je fais mon possible pour la voir tous les jours, et nous sommes d'intelligence pour décider le bon papa à faire en France une acquisition qui vous y fixe. Tel est l'objet de nos vœux et de nos espérances. Son parti me paraît pris définitivement, au moins c'est le résultat de la conversation que j'ai eue hier avec lui. J'ai dû cependant me rendre à certaines considérations qu'il m'a parfaitement expliquées et que vous savez comme moi, c'est-à-dire la nécessité de plier bagage *lentement,* pour mieux vendre sa maison de

---

[1]. La comtesse Armand de Pontgibaud était venue passer quelques mois en France avec son beau-père, Joseph Labrosse, devenu veuf le 21 juillet 1822.

commerce, opération qu'il espère réaliser dans le courant d'une année.

Les succès que nous devons espérer de la guerre d'Espagne consolideront notre gouvernement, lui donneront plus de force et de stabilité. On doit, d'ailleurs, comme disent les bonnes gens, éviter de mettre tous ses œufs dans le même panier, si l'on veut dormir tranquille. Je ne vous dissimulerai pas que la bonne Amantine éprouve quelque impatience, d'ailleurs bien légitime, de redevenir Française. Je me fie, pour réaliser tant d'espérances sur ce point, à la parole du papa, et n'ai pu trouver de raisons solides à opposer aux objections qu'il m'a faites sur le moment opportun. Il pense qu'une acquisition faite de suite pourrait lui faire du tort, elle serait connue à Trieste, et, de plus, le gênerait dans son roulement de fonds. Je regarde néanmoins comme une victoire bien nécessaire à votre bonheur et au nôtre de l'avoir décidé à renoncer à ces lieux remplis pour lui de pénibles souvenirs. Ce voyage, au surplus, fait une puissante diversion à sa douleur, et souvent il reprend un peu de gaieté. Je fais mon possible pour le détourner de s'agrandir en Auvergne, pays détestable pour ses opinions politiques. Qu'il s'en tienne à son moulin et à ses mauvais bois ! Il m'assure qu'il n'y ajoutera que fort peu de chose. Amantine a, avec raison, un grand éloignement pour ce pays. J'ignore encore l'époque de son voyage à Pontgibaud ; je voudrais arracher ce lieu de la mémoire de mon frère.

Je vous renouvelle, mon cher neveu....

XXIV.

*Le comte de Moré à M. Armand Labrosse,
comte de Pontgibaud.*

Paris, 16 septembre 1823.

Vous pensez bien, mon cher neveu, que ce n'est qu'après avoir consulté les personnages les plus réputés, les plus éclairés, que le départ a été déterminé. Il a eu lieu samedi dernier, et à huit heures du matin, le n° 39 de la rue de l'Université a été, je crois, pour toujours rayé de mes tablettes. Amantine a supporté avec un grand courage cette longue captivité; nous étions fort affligés de cette situation et aurions bien désiré lui offrir pendant son séjour tous les genres de plaisir que peut offrir la capitale. Elle sera incessamment dédommagée en vous retrouvant, ainsi que son petit César, qui a fait souvent le sujet de nos entretiens. Vous avez dû apprendre il y a longtemps le retour de mon frère, il paraît extrêmement satisfait de son petit voyage, mais Amantine ne partage pas tout à fait ce sentiment, étant inquiète qu'il ne reprenne trop de goût pour cette terre d'ingratitude, et qu'il n'emploie ses capitaux en acquisitions en Auvergne, ce qui la contrarierait fort, puisque son désir est d'avoir une habitation peu éloignée de Paris. Elle m'a franchement ouvert son cœur et fait part de ses inquiétudes à ce sujet. J'ai eu l'occasion d'en parler à mon frère, qui m'assure ne vouloir disposer sur ce point que d'une somme de 100,000 francs; Amantine trouve que c'est beaucoup trop.

Au surplus, ce voyage a été très favorable à la santé de

mon frère et a fait une heureuse diversion à sa juste douleur.

Le prix des terres est excessif. Celle de Boury [1], sur laquelle vous aviez fait prendre des informations, vient d'être vendue à l'amiable 590,000 francs, et ne rapporte, impôts payés, que 16,800 francs. La position est peu agréable, le château est beau, mais beaucoup trop considérable. J'espère qu'il s'en présentera d'autres. Les fortunes de ce pays se font et se défont vite par le jeu infernal de la Bourse.

L'affaire d'Espagne finie [2], comme je l'espère, donnera de la stabilité à ce gouvernement; assurant au Roi une armée fidèle, il prendra de la force [3], et alors peut-être les émigrés obtiendront-ils une indemnité. C'est une opinion assez générale. On croit à une création de 20 millions de rentes pour cet objet. Vous seriez, dans ce cas, en bonne position pour vous faire indemniser de vos maisons de Paris, puisque là, vous ne pourriez éprouver aucune réduction sous prétexte de droits seigneuriaux. On croit généralement que l'indemnité sera du tiers des revenus, en prenant pour base les impôts payés en 1789.

Nous avons laissé partir nos voyageurs sans vouloir

1. Le château de Boury (près de Gisors) fut habité, de 1835 à 1848, par la famille de la Ferronnays. C'est là que reposent aujourd'hui les principaux personnages du *Récit d'une sœur* : Albert, Alexandrine, Olga et la comtesse de la Ferronnays (Mlle de Montsoreau).
2. Notre expédition victorieuse de 1823, qui rétablit Ferdinand VII sur son trône.
3. « Les finances de l'État étaient parvenues, même après une campagne aussi coûteuse, à un degré de prospérité jusqu'alors inconnu en France; les fonds publics avaient, pour la première fois, atteint le pair; le gouvernement du Roi était obéi partout sans difficultés et sans observations; l'armée française, dans la guerre d'Espagne, venait de se rallier franchement au drapeau blanc; enfin, la glorieuse campagne que nous venions de terminer avait replacé, parmi les puissances de l'Europe, la France au rang qu'elle doit occuper, et que les désastres de 1814 et de 1815 lui avaient fait perdre. » — *Mémoires du général de Saint-Chamans* (année 1823.)

faire d'adieux; c'est toujours un moment pénible; nous attendons avec impatience la nouvelle de leur heureuse arrivée et surtout celle de l'inconnu ou inconnue. Peut-être y a-t-il frère et sœur. Vous savez que je suis parrain, mes prénoms ne vous sont pas ignorés; il y a choix dans ceux de la tante [1], car elle s'appelle Adélaïde, Jeanne, Marie-Louise. Choisissez, mes bons amis, il me reste maintenant à deviner ce que le parrain pourrait trouver qui fût agréable à sa nièce. J'espère, mon cher neveu, que vous m'aiderez et croirez à la plus sincère amitié du ménage de la place Royale.

Je ne puis offrir encore à César que des vœux, je vous prie de l'embrasser tendrement de ma part; il sera bien étonné de voir ses parents de la rue Royale, ce ne sont plus que de vieux tableaux de famille.

XXV.

Le comte de Moré à M. Armand Labrosse, comte de Pontgibaud.

Paris, 29 octobre 1823.

Vous ne pouviez, mon cher neveu, nous annoncer une plus agréable nouvelle que celle de l'heureuse arrivée d'Amantine. Nous avions lieu d'espérer qu'attendu la vivacité du *futur* ou de la *future*, vous nous apprendriez incessamment l'heureuse délivrance de la maman que nous aimons beaucoup.

Quelque diligence que j'aie pu y mettre, il m'a été impossible d'obtenir plus tôt la procuration ci-incluse; j'espère que vous aurez la bonté (ignorant les usages

---

1. Comtesse de Moré, née de Vaux.

de votre pays) de me suppléer auprès de la personne que vous chargerez de me représenter, et de faire toutes dépenses à ce sujet, dépenses que je vous prie de retenir; nos usages en France sont de gratifier nourrice et bonne, de payer les frais à l'église; toutes ces choses regardent le parrain. Nous approchons de l'époque où paraissent les choses du meilleur goût, ce qui me met fort à l'aise pour mon cadeau à la marraine. Je pense comme vous qu'il vous sera bien difficile de distraire le bon papa à Trieste; car il trouvait à Paris les journées beaucoup trop courtes pour tout ce qu'il voulait voir et apprendre. L'industrie a fait des progrès si prodigieux qu'il faut recommencer son éducation, et il est un peu tard. Quant à moi, je croupis dans ma vieille ignorance, bien convaincu de la parfaite inutilité de me charger d'un plus lourd bagage pour le petit bout de route que j'ai à parcourir avant d'arriver au but. Nous désirons ardemment que vos projets se réalisent et que nous ayons le bonheur de nous voir réunis dans cette France, si belle sous tant de rapports et néanmoins désagréable sous beaucoup d'autres.

Vous devez être étonné qu'à la suite de nos succès, les fonds publics baissent sensiblement; on en attribue la cause à la prochaine dissolution de la Chambre des députés. Les personnes les plus instruites assurent que l'ordonnance est signée et paraîtra bientôt. On attribue cette mesure à ce que le président du conseil a appris que la majorité royaliste avait le projet de proposer l'indemnité des émigrés à la prochaine session. Or, cela est contraire à ses vues et à celles du Roi, au moins pour cette époque. Ainsi, pour peu que cela soit retardé, il faudra présenter cette liquidation au Père-Lachaise. Le malheur et la misère détruisent tous les jours ce qui reste de ces infortunés. S'ils sont tout à fait abandonnés, ce sera une honte pour la Restauration.

Adieu, mon cher neveu....

XXVI.

Le comte de Moré à M. Armand Labrosse, comte de Pontgibaud.

Paris, 4 janvier 1824.

Vous ne pouviez, mon cher neveu, nous donner une plus agréable étrenne que la nouvelle de l'heureuse délivrance de l'aimable Amantine. Nous ne pensions pas sans inquiétude à son long voyage. Voilà le petit César heureux d'avoir un frère [1], auquel toutefois il ne cédera pas son droit d'aînesse pour un plat de lentilles.

Je crois, mon cher neveu, que vous aurez beaucoup de peine à retenir mon frère et à l'empêcher de partir dans la mauvaise saison ; sa passion pour son moulin de Pont-

---

1. Charles *de Moré-Pontgibaud,* né à Trieste le 20 décembre 1823, épousa Alice-Marie *de Cassagne de Beaufort de Miramon* en 1854. Chef de bataillon au 91e de ligne, tué à Solférino, le 24 juin 1859. — Il releva le titre de comte de Moré.

Le maréchal de Castellane le cite plusieurs fois dans son *Journal;* parmi d'autres, on lit ce passage à la date du 25 décembre 1854 :

« M. le comte Charles de Moré de Pontgibaud, capitaine au 57e de ligne, mon officier d'ordonnance depuis le 7 août 1852, part aujourd'hui pour rejoindre, à Toulon, son régiment, qui s'embarque pour l'Orient. Bon officier, ferme, loyal, honnête, je n'ai eu que des éloges à lui donner. Je le regrette vivement. Il a fait, il y a deux mois, un très bon mariage en épousant Mlle de Miramon. Encore dans la lune de miel, il lui a fallu, en quittant sa jeune femme, céder à un sentiment d'honneur. Il eût pu très bien rester auprès de moi, mais il a beaucoup mieux fait de partir, et je l'en estime davantage. »

Dans la *Campagne de Crimée,* qui vient d'être publiée, on trouve vingt et une lettres du capitaine de Pontgibaud adressées (1854-1855) au maréchal.

gibaud est bien vive et je parierais qu'il disparaîtra de Trieste au moment où vous le croirez le plus disposé au repos. Quel que soit notre désir de le revoir, nous serons néanmoins inquiets de le savoir en route à cette époque de l'année, à moins que ce temps extraordinaire ne continue, ce que l'on ne peut supposer, car nous n'avons pas encore eu un seul jour de froid. Beaucoup de pluie. Nous sommes ici en grande agitation au sujet du renouvellement intégral de la Chambre. Car, si les choix sont mauvais, je ne sais ce que le pays peut devenir. Mais, dans le cas contraire, ce qu'il faut espérer, nous aurons cinq ou sept ans de calme. Peut-être aussi parviendra-t-on à obtenir l'indemnité des émigrés, ce qui, je pense, ne vous affligerait pas. Les journaux vous ont entretenu de nos superbes fêtes à l'occasion du retour du duc d'Angoulême [1]. La ville de Paris a déployé toute la magnificence possible. On évalue les frais à deux millions. M. de Chabrol [2], qui en a fait les honneurs, a reçu en récompense le grand cordon de la Légion d'honneur, et son frère, ci-devant intendant de l'Illyrie [3], la pairie. Cette famille est fort bien traitée.

Nous partons en ce moment chargés de bonbons, pour prier Mme de la Rochelambert d'en faire la distribution, de peur que personne ne soit oublié. Je quitte donc la plume, mon cher neveu, pour remplir cette douce mission.

1. Le prince rentra à Paris le 2 décembre 1823. Le maréchal de Castellane (*Journal*, t. I, p. 467) nous a conté sa mauvaise humeur en cette circonstance. Il y eut de nombreuses fêtes, des promotions, une amnistie.
2. Comte *de Chabrol de Volvic* (1773-1843), préfet de Montenotte (1806), de la Seine (1812 à 1830). Conseiller d'État (1814). Membre de l'Institut (1820). Député du Puy-de-Dôme (1824-1830 et 1839).
3. Christophe-André-Jean, comte *de Chabrol de Crousol* (1771-1836). Sous l'empire, maître des requêtes au Conseil d'État, premier président de la Cour impériale d'Orléans, intendant général des provinces illyriennes (1811). Préfet du Rhône (1814-1817). Député du Puy-de-Dôme (1820). Pair de France (1823). Ministre de la marine (1824-1828). Ministre des finances (1829-1830).

P. S. — Mme de la Rochelambert se porte fort bien ; sa belle-fille [1] a été très fatiguée de toutes les fêtes. Elle est restée jusqu'à cinq heures du matin au bal de l'Hôtel de ville, étant arrivée la veille à quatre heures de l'après-midi, pour y assister, accompagnée de son mari.

XXVII.

*Le comte de Moré à M. Armand Labrosse,
comte de Pontgibaud.*

Paris, 25 janvier 1824.

Je n'ai différé quelque temps, mon cher neveu, à répondre à votre lettre du 1er de ce mois qui nous annonce de si bonnes nouvelles sur la santé de ma nièce et de mon filleul, que dans l'espoir de voir se continuer certains bruits, qui me paraissent prendre assez de consistance pour pouvoir vous en faire part. On assure donc qu'il est positif que l'indemnité due aux émigrés aura lieu, et qu'elle sera prise sur les rentes dont la caisse d'amortissement s'est rendue propriétaire ; de sorte qu'on éviterait création nouvelle à ce sujet. On varie beaucoup sur le quantum, dont la plus basse évaluation, dans l'opinion, serait de quinze millions de rentes. Vous pouvez entretenir ma nièce de cette nouvelle, car nous avons quelquefois causé finances dans son *hôtel de Jérémie*, où elle a été si longtemps en captivité. La voilà donc, comme nous la désirions, bien portante et en état de franchir les ruisseaux sans être obligée de mettre les pieds dans l'eau, et même les genoux, comme cela lui est arrivé. Nous

---

1. Mlle de Bruges, comtesse Henry de la Rochelambert.

sommes disposés à faire un bail de vingt ans à la place Royale, si elle veut réaliser le trop aimable projet de se réunir à nous. Cette place, si triste aujourd'hui, va devenir très belle, non par la statue de Louis XIII, à laquelle on travaille, mais par des jets d'eau aux quatre angles et un gazon anglais au milieu....

Vous avez appris le mariage de M. Talon avec Mlle de Beauvau [1]; ces deux noms doivent être étonnés de se trouver ensemble, si toutefois on peut être surpris de quelque chose aujourd'hui. J'ai dîné hier avec le marquis de Courtarvel, qui est grièvement offensé que son frère cadet [2] ait été fait pair de préférence à lui. Au surplus, comme une partie de cette dernière fournée recevra 12,000 francs de pension, le public les appelle les *chers pères*; nous avions les *pères nobles*, les *pervers*, les *pères manans*. Ceci n'est qu'une addition sans importance.

Toute la famille du faubourg Saint-Germain se porte bien. On attend Mme d'Aurillac et Mme Auguste de la Rochelambert [3]; quant à la bonne maman, elle est toujours

---

1. Mathieu-Denis, vicomte *Talon* (1783-1853). Entré au service (1805). Grenadier à cheval de la maison du Roi (1814). Colonel des cuirassiers de Berry (1815); des lanciers de la garde (1816). Maréchal de camp (1818). Réformé (1831).
C'est sur les instances de sa sœur, la comtesse du Cayla, que Louis XVIII fit inviter les Beauvau à souscrire à cette union. — Le maréchal de Castellane (*Journal*, II, p. 16) a donné de piquants détails sur le mariage, célébré le 16 janvier 1824. — Mlle Henriette-Gabrielle de Beauvau était fille du prince Marc-Étienne (1773-1849), pair de France (1831), et de Nathalie de Rochechouart-Mortemart. — Une seconde alliance unit encore les Beauvau aux Talon : le prince Edmond de Beauvau-Craon devint, en 1825, le gendre de Mme du Cayla.

2. Claude-César, comte *de Courtarvel-Pézé* (1761-1849). Pair de France le 23 décembre 1823. Son frère aîné, le marquis François-René *de Courtarvel* (1759-1841), si fâché de cette préférence, obtint la pairie à son tour le 5 novembre 1827. — Ils étaient cousins de Mme Armand de Pontgibaud.

3. Henriette-Laurence-Marie-Gabrielle *de la Rochelambert*, sœur de Mme Armand de Pontgibaud, mariée à son cousin, le comte Auguste de la Rochelambert-Montfort.

sur le même fauteuil à sa fenêtre, espérant que l'on viendra lui demander à dîner; chacun l'abandonne immédiatement après; alors elle remonte chez elle, va se coucher pour recommencer le lendemain. Jamais il n'y a eu à Paris plus de bals, malgré le deuil à l'occasion de la mort du roi de Sardaigne [1]. Les jeunes femmes ont tellement clabaudé de ce qu'il n'ait pas attendu le carême pour mourir, que le Roi a autorisé toutes les parures possibles pour les bals, mais pour la soirée seulement, et le deuil est repris le lendemain. Sa Majesté, qui chemine sur la même route que son beau-frère, n'a pas été très affectée de cet événement. Je vous prie, mon cher neveu, de dire mille choses affectueuses....

XXVIII.

Le comte de Moré à Mme Armand Labrosse, comtesse de Pontgibaud.

20 mai 1824.

Mille et mille remerciements, ma chère Amantine, de n'avoir pas douté de notre impatience d'avoir des nouvelles de Trieste; la lettre du 9 courant a fait renaître l'espérance dans nos cœurs. Vos tendres soins ainsi que ceux d'Armand seront, nous nous en flattons, couronnés d'un plein succès [2]. J'accepte avec plaisir la prophétie du bon papa sur la manière dont nous devons l'un et l'autre finir notre carrière, *sans maladie*, par conséquent dispensés d'avaler en partant une boutique d'apothicaire.

---

1. Victor-Emmanuel, né en 1759, mort le 10 janvier 1824. Roi de Sardaigne en 1802, abdiqua au mois de mars 1821 en faveur de son frère Charles-Félix, pour ne pas sanctionner la Constitution révolutionnaire.
2. M. Joseph Labrosse était fort malade.

Dieu veuille aussi nous préserver de la trousse des chirurgiens ! Je m'étonne d'un long silence de la rue Saint-Dominique ; je dois dire que l'on y parle toujours avec infiniment d'intérêt des habitants de Trieste, et que nous avons toujours à nous louer d'une bien aimable réception ; la distance s'oppose à ce que nous puissions recevoir souvent Mme de la Rochelambert, mais nous sommes toujours accueillis chez elle à merveille. Elle a le projet de passer deux mois à Esternay, chez Mme d'Aurillac. Le mariage est retardé jusqu'au 25 juin à cause du mariage de M. de Brézé avec Mlle de Boisgelin, à qui l'on donne en mariage dix mille livres de rente [1]. Ils seront reçus chez Mme de Boisgelin [2]. Il y a père et mère encore jeunes, on compte que l'on aura plus tard 8 à 900,000 francs de fortune.

On ne peut se figurer dans quelle crise financière se trouve Paris en ce moment ; le mécontentement de la réduction des rentes de l'État, l'immense quantité de capitaux tant effectifs que fictifs sur cette place ; la Bourse est une espèce d'enfer où il se fait en huit jours des fortunes colossales ; le goût du jeu est dans toutes les classes de la société ; enfin les places d'agents de change, qui coûtaient autrefois 60,000 francs, se vendent aujourd'hui 900,000. Ce jeu infernal est cause de beaucoup de banqueroutes, même dans les hautes classes. Le marquis de Castellane [3], qui a épousé

---

1. Emmanuel-Joachim *de Dreux*, comte, puis marquis *de Brézé* (1797-1848). Page de l'Empereur, gentilhomme honoraire de la chambre du Roi (1828), épousa, en juin 1824, Marie-Charlotte *de Boisgelin*.

2. Cécile-Marie-Charlotte-Gabrielle *d'Harcourt d'Ollonde* (1770-1844), mariée à Bruno, marquis *de Boisgelin* (1767-1827). Pair de France (1815).

3. Boni *de Castellane* (1788-1862), maréchal de France (1852). Pair de France (1837). Sénateur (1852). Fils du marquis de Castellane, pair de France (1815), et d'Adélaïde de Rohan-Chabot. Marié le 26 juin 1813 à Mlle Greffülhe. Sa belle-mère, Mme Greffülhe, se remaria, en effet, avec le comte d'Aubusson. Au printemps de 1824, le maréchal de Castellane (alors maréchal de camp) était en Espagne ; il paraît peu vraisemblable qu'il ait fait une si grosse perte d'argent à Paris ; son *Journal* n'y fait aucune allusion.

la fille du banquier Greffülhe, dont la veuve a épousé le père d'Aubusson, vient de perdre 3,000,000; Saint-Aldegonde, qui avait épousé la veuve du maréchal Augereau [1], 1,800,000 francs; le comte Bourrienne [2], secrétaire intime de Bonaparte, actuellement ministre d'État et député, 1,700,000 francs. Marmont, duc de Raguse, est saisi, on dit que ses créanciers perdront moitié de leurs créances. On ne parle pas de ceux qui ne perdent que quelques centaines de mille francs par jour. Tout ceci nous rappelle le système de Law et la rue Quincampoix. Nous ne sommes pas dans un état normal. Les départements éloignés manquent de numéraire; les denrées ne se vendent pas, tout est centralisé à Paris. Comment cela finira-t-il? Je crains une catastrophe.

Je ne devrais pas, ma chère nièce, vous entretenir de choses semblables, mais je me rappelle que nous avons causé quelquefois finances ensemble; je suis dans mon entresol à l'abri de toutes les grandes aventures; je ne cherche qu'à conserver ce que j'ai acquis avec peine et je suis content de ma très supportable médiocrité. Tous mes vœux sont pour Trieste, et nous espérons que les deux petits rejetons retrouveront bientôt leur bonne santé. L'enfance a mille petits maux à surmonter, mais il est naturel que les papas et les mamans s'inquiètent.

Vous saurez que le docteur K.... a fait un excellent mariage avec une jeune personne fort aimable et riche.

---

1. Mlle *de Chavanges*, duchesse *de Castiglione*, mariée à Charles-Camille, comte *de Saint-Aldegonde*. Leur fille Valentine (1820-1891) épousa Edmond, marquis *de Talleyrand-Périgord*, duc *de Dino* (1813-1894).

2. Louis-Antoine *Fauvelet de Bourrienne* (1769-1834). Condisciple de Bonaparte à Brienne; son secrétaire intime (1797). Conseiller d'État (1801). Ministre à Hambourg (1805-1813). Député de l'Yonne (1815-1820-1821-1824). Accusé de concussion par Napoléon, se rallia avec effronterie aux Bourbons. Ses *Mémoires* sont curieux et sujets à caution.

Mon ami le marquis de Saint-Chamans fait grand cas de cette famille, et il s'y connaît. K.... vient de le sauver d'une terrible maladie. A propos de mariage, Mlle de Rols vient d'épouser *M. Favier;* le billet de mariage porte *de Favières :* c'est Mlle de Talmont qui a arrangé tout cela. On a allongé un peu le nom, je désire que l'on n'en ait pas fait autant pour le *pécule.* Personne ne me paraît content ni de sa position, ni de son nom. Je le pardonne pourtant à un officier du régiment de M. d'Armaillé [1], qui vient de prier le garde des sceaux d'allonger aussi le sien ; il s'appelle le capitaine *Cocu,* et désormais s'appellera de la *Cocussière,* par autorisation du Roi (voir le *Moniteur* pour que vous ne croyiez pas que je fais des histoires).

Je ne veux pas finir ma lettre sans vous dire un mot de nos parents. Mme de Lavau vient d'accoucher d'un gros garçon, mère et enfant se portent bien. Le cousin Achille Ogier, le fils de l'officier aux gardes, vient d'être père d'une fille ; la cousine Blangy nous donnera incessamment *quelqu'un;* elle a toujours des garçons. Notre cousin le marquis de Montgrand, maire de Marseille, vient de marier son fils avec la fille du comte de Panisse en Provence. C'est une maison bonne et riche. Le cousin Belabre est toujours à Paris en mauvais état de santé.

Je crois, ma chère Amantine, avoir vidé mon sac ; il ne me reste qu'à vous renouveler du meilleur de mon cœur....

---

1. Le vicomte de Laforest d'Armaillé commandait le 14e de ligne.

L'officier au nom malheureux (son prénom était *Fortuné!*) appartenait bien au 14e de ligne, mais comme sous-lieutenant (du 16 octobre 1816) ; nommé lieutenant (27 octobre 1824), il continue à figurer sur l'*Annuaire* sans aucune modification dans son nom.

XXIX.

*Le comte de Moré à M. Armand Labrosse,
comte de Pontgibaud.*

Le 23 juin 1824.

La lettre d'Amantine datée du 6 courant, mon cher neveu, nous laisserait encore de l'inquiétude pour notre cher malade, si nous n'avions pas connaissance de la longueur de la convalescence de cette maladie, qui a été fort commune à Paris cette année, où l'hiver s'est prolongé de deux mois presque tous les jours pluvieux. Nous espérons donc que votre prochaine missive nous annoncera une amélioration que nous désirons ardemment. Vous rappelez-vous que vous m'avez adressé au Luxembourg pour avoir des renseignements sur ce qu'il y avait à faire pour le règlement de vos percières en Auvergne ?

M. de Sémonville [1] m'a prévenu en m'envoyant son secrétaire, M. Gay. Celui-ci m'a dit avoir beaucoup à se louer de mon frère et lui être fort reconnaissant. J'ai été faire tous mes remerciements à M. de Sémonville pour la consultation ci-jointe, qu'il a fait rédiger par un jurisconsulte de ses amis. Cette consultation nous condamne d'un bout à l'autre et se trouve en contradiction avec une autre très favorable, que je tiens d'un avocat aux conseils qui, quoique jeune, a beaucoup de réputation. Je suppose que

---

[1] Charles-Louis *Huguet de Sémonville* (1759-1839). Conseiller au Parlement (1786). Adopta les principes de la Révolution; chargé de missions à Bruxelles (1790), à Gênes (1791), à Constantinople (1792); prisonnier en Autriche avec Maret; ambassadeur à La Haye (1800), sénateur (1804), comte de l'Empire (1808), pair de France (1814), grand référendaire (1814 à 1834).

celle-là est faite par quelque vieux révolutionnaire qui aura lui-même travaillé aux lois dont il se prévaut, et que ce monsieur est devenu pair de France; Sémonville aura trouvé commode de lui donner le soin de répondre. Je me suis bien gardé d'en parler à Boutarel, auquel je me borne à recommander les actes conservatoires pour arrêter la prescription; rien de plus. Il m'écrit (Boutarel) que beaucoup d'habitants de Pontgibaud désirent la présence de mon frère pour traiter avec lui; d'autres, au nombre de trente-six, ont signé une protestation contre ceux qui veulent plaider. — L'administration de toute cette affaire est délicate, il est nécessaire qu'elle soit bien conduite, et avec le temps elle ne peut que s'améliorer. Le gouvernement, en acquérant des forces, deviendra moins tremblant; les tribunaux vont être épurés, grâce à une nouvelle loi qui accorde des retraites aux juges en cas d'infirmités. C'est un moyen adroit de se débarrasser de beaucoup d'entre eux, et un correctif à l'inamovibilité.

La loi d'indemnité aux émigrés ne sera pas présentée à cette session, mais je peux vous assurer qu'elle est faite. Le rejet de la loi de réduction des rentes [1] a momentanément dérangé le système du ministre des finances, mais comme le projet ne donnait de jouissances aux émigrés que pour 1826, il n'y a pas de temps perdu; on travaille toujours à préparer les documents pour l'évaluation, il n'y a plus que dix-neuf départements qui sont en retard. Il y a déjà de l'agiotage sur les rentes à créer pour cet objet. Le mauvais temps a beaucoup retardé les travaux du canal de l'Ourcq, on cherche maintenant à rattraper le temps perdu.

Cette lettre, mon cher neveu, était un peu trop sérieuse

---

1. Conversion du 5 °/₀ en 3 °/₀. Une des mesures financières les plus intelligentes et les plus sages de M. de Villèle. Les passions politiques firent rejeter, à la Chambre des pairs, le projet de loi adopté par les députés.

pour être adressée à Amantine, notre aimable nièce ; veuillez lui dire, ainsi qu'au bon papa, les choses les plus tendres de notre part. Je voudrais que mon petit filleul ne devînt pas trop rond, comme le dit sa mère, son parrain ayant été d'une taille très svelte, ce qui lui a été bien utile dans maintes occasions, et fort agréable dans d'autres.

XXX.

*Le comte de Moré à M. Armand Labrosse,
comte de Pontgibaud.*

Paris, le 12 août 1824.

Il nous a été impossible, mon cher neveu, de répondre de suite à votre dernière et accablante lettre ; quelque préparés que nous fussions par la précédente, nous n'en avons pas moins ressenti le coup dans toute sa force. Quelle déchirante idée : nous n'avons plus de frère [1] ! et la distance qui nous sépare nous a privés de voler à votre secours dans cette affreuse circonstance. Vous nous laissez dans l'inquiétude pour cette bonne Amantine ; nous nous flattons que vous nous apprendrez bientôt son parfait rétablissement. Que de chagrins, que de fatigues, elle aura eus pendant cette longue maladie ! Nous lui sommes bien reconnaissants des tendres soins qu'elle a prodigués à cet excellent frère ! Pourquoi voit-on périr les bons, et les

---

1. Joseph Labrosse, comte de Pontgibaud, est mort à Trieste, le 24 juillet 1824. Les négociants *de sa ville d'adoption* tinrent à honneur de porter sa dépouille jusqu'à sa dernière demeure. Il repose à Trieste, au chevet de la cathédrale ; sur son monument funèbre est gravé le souvenir de sa laborieuse et honorable carrière.

mauvais toujours vivre, prospérer? Je ne saurais vous peindre ma douleur; cette affreuse pensée toujours présente à mon esprit me poursuit jusque dans le sommeil. Je vais m'occuper de la triste commission que vous me confiez, en me conformant à la liste que je reçois à l'instant; nous sommes à l'époque où il n'y a presque personne à Paris; mais les billets seront remis à domicile.

Mme de la Rochelambert m'a paru vivement touchée de l'horrible nouvelle; je l'ai vue dimanche, elle n'avait pas encore reçu de lettre; elle ne doit passer que six semaines à la campagne. J'en aurais bien besoin aussi, car j'ai cruellement souffert cette année au physique et au moral. Ce dernier malheur m'accable. Veuillez, mon cher neveu, dire les choses les plus tendres à Amantine, de notre part, j'embrasse les petits; ils ne peuvent sentir notre perte; je n'ai pas la force de continuer. Conservez-vous bien, vous devez comprendre combien vous êtes nécessaire à tous. Adieu, mon neveu.

XXXI.

Le comte de Moré à M. Armand Labrosse, comte de Pontgibaud.

Paris, le 19 août 1824.

Vos dernières lettres, mon cher neveu, m'ont rendu si malheureux que je ne suis pas encore remis de l'impression qu'elles m'ont occasionnée. Nous ne pouvons croire encore que nous sommes privés pour toujours d'un frère que nous chérissions tendrement. Nous espérons que la bonne Amantine est rétablie de toutes ses fatigues. Combien nous avons regretté souvent la grande distance qui nous sépare. Nous eussions volé à votre secours dans ces terribles moments. J'ai été si troublé que je ne vous ai pas répondu un seul mot sur la question des terres ; quoique toutes les denrées soient très abondantes et le blé à assez bas prix, les terres sont encore chères, moins cependant qu'à l'époque du fameux projet de remboursement des rentes. Comme il s'en est vendu à peu près pour 500 millions, cette masse de numéraire s'était portée sur les biens-fonds ; il y avait queue chez les notaires. Ce n'est plus de même aujourd'hui. C'est la folie des maisons. On en compte près de huit mille en construction en ce moment, et de très belles. La plaine de Grenelle devient une nouvelle ville ; le parc de Monceaux de même ; on bâtit dans presque tous les jardins de l'intérieur, et presque partout on élève d'un ou deux étages de plus. On finira par étouffer dans Paris ; et les loyers sont montés à un prix si excessif que cela, de l'avis de beaucoup de monde, ne peut pas durer. Le grand nombre d'étrangers en est la cause accidentelle, mais un seul coup de canon tiré en Europe changerait la face des choses.

Si j'ai un conseil à vous donner, mon cher neveu, c'est de garder dans Trieste ce que vous pourrez, et d'en tirer revenu. Placez cent cinquante ou deux cent mille francs avec ce que vous retirerez de l'indemnité des émigrés dans un rayon de vingt à vingt-cinq lieues de Paris, car plus près vous ne trouveriez à acheter que des terres rapportant à peine 2 1/2 o/o. Amantine doute peut-être encore de cette indemnité ; vous pouvez l'assurer que l'on y travaille fort, mais que la jouissance ne datera que du 1er janvier 1826. Vous en recevrez l'inscription en juillet 1825 et je pense être modéré en vous assurant que vous toucherez au moins 500,000 francs. Vos maisons de Paris à elles seules vous donneraient plus que cette somme. Il paraît que M. de Villèle répugne à nous liquider les rentes sur l'État, les remboursement faits à la nation en notre absence, et qu'il ne veut comprendre que les immeubles dans son système. S'il en est ainsi, votre tante serait très maltraitée, mais il faut voir ce que dira la Chambre sur ce point-là. Nous avons dîné, il y a quelques jours, chez Mme de la Rochelambert ; elle paraît fort affligée de la cruelle catastrophe. M. et Mme de Brézé sont venus nous voir à ce sujet. J'ai fait part d'après votre liste et reçois nombre de visites de condoléances. Elles renouvellent d'autant notre douleur, qui ne peut s'effacer.

Adieu, mon cher neveu....

XXXII.

Le comte de Moré au comte de Pontgibaud [1], *à Clermont-Ferrand.*

Paris, le 6 novembre 1824.

Nous commencions à être inquiets, mon cher neveu, depuis votre lettre datée du 20, que vous n'ayez rencontré des obstacles dans votre voyage en Auvergne, les journaux annonçant des malheurs occasionnés par des pluies continuelles et une espèce de déluge nouveau dans beaucoup de pays de la France. Nous voilà rassurés par votre missive du 2 de ce mois. Je connaissais jadis tout le monde à Clermont ; les uns sont morts, les autres sont partis ; je serais fort embarrassé de vous y piloter aujourd'hui. Vous pourriez toutefois vous présenter chez M. Juge, ancien maire et ami de notre famille. Il serait flatté de recevoir des compliments de ma part.

---

[1]. Armand Labrosse.

Pour l'estimation des biens d'émigrés, il n'est pas question d'assignats, de mandats, etc., mais de la valeur des biens en 1790, car si on liquidait l'indemnité d'après le résultat des ventes, le gouvernement se libérerait avec moins de cent millions, au lieu d'environ 25 ou 30 millions de rentes ; car les uns disent qu'il donnera un intérêt de 3 o/o, les autres de 4 o/o sur la valeur du capital; mais rien n'est arrêté à ce sujet. Il faut attendre la loi de l'indemnité, qui sera accompagnée du mode de paiement que pourront exiger les créanciers qui seront privés de tout arrérage et tenus de recevoir en même nature que l'émigré, c'est-à-dire que l'on ne pourra demander que du 3 o/o ou du 4 o/o consolidé à dater du jour de la jouissance de l'indemnité; elle sera décrétée en février et la jouissance du premier semestre partira du 22 septembre 1825, payable le 22 mars 1826. Voilà ce qui me paraît plus que probable, il n'est pas question des rentes sur l'État, ni des remboursements à la nation, ni du mobilier, etc. [1]. Cela, joint à la perte des biens seigneuriaux, me laisse peu d'espoir d'un dédommagement des biens de votre tante.

Je vous prie, mon cher neveu, d'être persuadé que mon intérêt pour vous est le même que celui qu'avait mon frère, à la grande différence près qu'il entendait beaucoup mieux que moi les affaires et que celles d'Auvergne me sont particulièrement étrangères par suite de mon genre de vie ; dans ma jeunesse je ne rêvais que guerre ou plaisirs.

Adieu, mon cher neveu....

---

1. Voir l'Appendice VI.

XXXIII.

*Le comte de Moré au comte de Pontgibaud,
à Clermont-Ferrand.*

Paris, 13 novembre 1824.

Dussé-je, mon cher neveu, vous faire dépenser les grands revenus de la ci-devant terre de Pontgibaud en ports de lettres, j'éprouve néanmoins le besoin de vous écrire encore, ayant oublié quelques détails dans ma dernière missive. Mon frère m'avait communiqué beaucoup de ses projets au sujet de ses moulins, et je lui objectais toujours la nécessité de la résidence pour les réaliser. Il est vrai que je partageais l'éloignement d'Amantine pour l'Auvergne, où vos auteurs ont fait beaucoup de bien et rencontré des ingrats. Quant à ce que vous me mandez, que vous vous attachez surtout à conserver les cours d'eau, je trouve cela fort bien vu, mais aujourd'hui on y supplée par les nouveaux moyens de vapeur.

Je suppose que la levée de boucliers que vient de faire le duc de Clermont-Tonnerre, pair de France [1], en assignant les propriétaires de maisons, dans une cause semblable à la vôtre, n'a eu lieu que parce qu'il sait que le gouvernement écoutera favorablement ce genre de réclamation; sans quoi il serait absurde qu'un pair de France levât pareille question. Quant à celle de l'indemnité, elle est absolument popularisée, et ne donnera lieu à aucune discussion.

---

1. Jules-Gaspard-Aynard, duc *de Clermont-Tonnerre* (1769-1837). Pair de France (1814). Maréchal de camp (1815).

Notre capitale est fort tranquille; Charles X y est adoré, personne ne s'occupe du roi défunt; il semblerait qu'il n'a pas existé. Les ministres ne bougent pas, malgré les attaques des journaux.

Adieu, mon cher neveu....

[*Il y a ici une longue interruption de lettres. La famille de Pontgibaud résidait à Saint-Germain-en-Laye. Les visites place Royale étant fréquentes, la correspondance se fait rare.*]

XXXIV.

*Le comte de Moré au comte de Pontgibaud,
à Saint-Germain-en-Laye.*

Paris, 6 novembre 1825.

Nous sommes, mon cher neveu, sans bulletin de notre petit Italien[1]; devons-nous en conclure que cela va mieux? Voulant aller à Saint-Germain, n'avons-nous pas risqué de nous croiser avec Amantine? Il me semble qu'elle avait le projet de venir à Paris le 3. Elle n'y est pas venue. Nous avons dîné chez sa mère le jour de la Saint-Charles avec ses habitués, dîner fort gai où nous avons été interrogés avec intérêt sur les habitants de Saint-Germain et leurs petits enfants; mais nous n'avons pu réussir à déterminer notre hôtesse à faire le voyage avec nous....

La commission des émigrés vient de prendre une me-

---

1. Le petit Italien qui venait d'être malade était Charles, deuxième fils du comte de Pontgibaud, le futur aide de camp du maréchal de Castellane.

sure affreuse, qui consiste à n'avoir aucun égard à l'époque où le gouvernement est entré en jouissance des biens dits nationaux, payant l'intérêt des dettes avec les revenus de ces biens, jusqu'à l'époque de la vente. Or, cette vente n'a eu lieu quelquefois que plusieurs années après. La commission n'en tient aucun compte, capitalise les intérêts payés et réduit la malheureuse indemnité de cette somme. Cette atroce mesure fait crier tout le monde avec raison.

Mandez-nous, mon cher neveu, de bonnes nouvelles, nous les désirons vivement, tant nous avons à cœur le bonheur de la famille.

XXXV.

Le comte de Moré au comte de Pontgibaud, à Saint-Germain-en-Laye.

Paris, 23 novembre 1826.

J'espère, mon cher neveu, que ma lettre vous trouvera tout à fait reposé de vos fatigues, et prêt à recommencer vos courses. J'ai passé hier la soirée chez un ami. M. de Tournon [1] y était, nous l'avons entretenu de votre projet d'exploiter les mines de Pontgibaud [2]. M. Maréchal l'en avait déjà prévenu. Il m'a répondu de la manière la plus satisfaisante. Cette affaire viendra incessamment. Il m'a

---

1. Philippe, comte *de Tournon-Simiane* (1778-1833). Auditeur au Conseil d'État (1806). Intendant du margraviat d'Anspach (1806). Préfet de Rome (1809), de la Gironde (1815), du Rhône (1822). Conseiller d'État. Pair de France (1823).

2. Les mines de plomb argentifère de Pontgibaud, ouvertes en 1827, viennent d'être fermées en 1898. Elles avaient été exploitées jusqu'en 1852 par le comte Armand de Pontgibaud.

dit que M. de Laizer, son parent, demandait aussi une concession. Vous trouverez dans le *Journal du commerce* d'aujourd'hui que le baron de Forget est à la tête d'une compagnie avec trois millions de capitaux. Une autre compagnie, toujours en Auvergne, sous la raison sociale Denys et Cie, a déjà réuni deux cent quarante mille francs.

Je voudrais que le temps pût se fixer au froid. J'irais vous voir à Saint-Germain-en-Laye, faire ma paix avec la bonne Amantine, car je pense qu'elle ne peut me pardonner mon absence de la place Royale le jour de la Saint-Charles. Depuis cette époque elle m'a privé de ses petites épîtres, qui m'étaient fort agréables.

Je vous prie, mon cher neveu, d'être auprès d'elle l'interprète des sincères et tendres sentiments du ménage de la place Royale pour les habitants de Saint-Germain.

XXXVI.

Le comte de Moré à la comtesse de Pontgibaud, au château de La Brosse [1], *près Montereau.*

Paris, 8 novembre 1827.

Je suis en ce moment si surchargé d'affaires, ma chère nièce, que je ne puis tracer que quelques lignes. J'ignore encore ce que vous avez à faire, mais soyez bien tranquille, d'ici quelques jours, je vous en informerai.

Je vous ai expédié l'ordonnance du Roi nommant Armand à la pairie [2]; nous avons gagné la bataille bien

---

1. Terre achetée par le comte Armand de Pontgibaud. Il n'y avait là qu'une curieuse coïncidence de nom avec celui qu'avait porté son père en émigration et à Trieste. Appartient actuellement à Mme la comtesse de Florian, née de Pontgibaud.

2. 5 novembre 1827.

lestement sans que j'aie eu à faire donner la réserve. Il n'y a pas eu la moindre intrigue. Le cousin de Salaberry était si content qu'il m'a sauté au col et a failli m'étrangler; il est parti présider le collège électoral de Blois : il sait que son tour viendra lorsqu'on n'aura plus besoin de lui à la Chambre.

Adieu, ma chère nièce, Armand a franchi d'un seul bond tous les degrés et est arrivé à la première dignité de l'État.

Je ne vous renvoie pas vingt-deux lettres que je viens de recevoir, sans compter un nombre de visites au moins égal.

XXXVII.

Le comte de Moré à la comtesse de Pontgibaud, au château de La Brosse.

Paris, le 15 mars 1828.

Vos Seigneuries sont bien heureuses, ma chère nièce, de pouvoir respirer le parfum de la timide violette et de pouvoir abandonner momentanément les salons ministériels et les travaux législatifs. Nous sommes fort aises d'apprendre que le séjour de la Brosse ait parfaitement rétabli votre santé, et que toute la petite génération soit également bien portante. Nous nous faisons fête d'aller vous visiter cette année puisqu'il y aura absence de maçons, peintres, etc., société fort chère et très désagréable.

La Chambre des Pairs étant indéfiniment ajournée, vous pouvez encore profiter du temps délicieux dont nous jouissons; quant à moi, je suis garde-malade : la bonne tante ne veut faire aucun exercice ni prendre de remèdes ; je ne puis la déterminer à se distraire. Moi-même cela me rend fort triste ; je n'ose m'absenter pour quelques jours et cependant j'aurais bien besoin d'aller vous voir ; mais je serai plus heureux dans la belle saison. Je l'attends avec impatience pour aller jouir de votre réunion, et vous renouveler l'assurance de nos tendres sentiments.

XXXVIII.

Le comte de Moré au comte de Pontgibaud, au château de La Brosse.

Paris, le 15 octobre 1828.

En vérité, mon cher neveu, vous faites des miracles à la Brosse, M. de Fougières nous est revenu presque aimable, il m'a spécialement chargé de vous faire tous ses remerciements sur la manière dont vous et Amantine l'avez accueilli. Rien n'a été oublié dans les détails d'un excellent déjeuner, je pourrais vous en envoyer le menu. La partie de chasse l'a fort amusé ; enfin il est si satisfait qu'il est tenté d'aller vous voir en Auvergne. C'est une véritable conversion que vous avez faite.

Il est assez vrai que j'ai pris domicile dans les *Omnibus* et Dames Blanches [1]. Je gagne au moins cinq à six louis que j'aurais payés à des fiacres. Depuis cette heureuse invention j'ai rencontré plusieurs fois dans ces voitures des personnages d'un rang élevé et fort riches ; l'un d'entre eux me dit que c'était pour savoir comment on y était, mais qu'apercevant là des personnes

---

1. Des voitures publiques dites *Omnibus* venaient d'être créées le 11 avril 1828. Elles avaient 18 à 20 places ; le prix était de 0 fr. 25 par course. Tout aussitôt, il s'organisa des concurrences sous les noms de : *Dames Blanches, Favorites, Tricycles, Béarnaises, Carolines* etc. Pour mettre ces voitures à la mode, M⁽ᵐᵉ⁾ la duchesse de Berry y était montée une des premières.

Armand-Victoire de Moré
C.te de Pontgibaud
Pair de France

de bas étage, il n'y remonterait plus. J'ai déjà rencontré ledit monsieur cinq fois en trois jours.

Les Chambres doivent être convoquées le 19 décembre, s'il faut en croire les bruits publics [1]. Quant à la loi municipale [2], que le libéralisme désire si vivement, comment l'accorder avec l'article si positif de la Charte : le Roi nomme à tous les emplois civils et militaires ? Vos Seigneuries seront dans le cas de défendre les prérogatives de la couronne en pareilles circonstances. On pense généralement que cette session sera fort animée. La majorité de la Chambre paraît désirer une réorganisation totale dans l'administration et beaucoup de destitutions, espérant que le Roi et la Chambre des pairs calmeront l'effervescence de celle des députés. Connaissant quelques membres influents dans la Chambre et les ayant écoutés avec attention, je peux juger de leurs projets ; s'ils réussissent, je peux vous assurer que le trône paraîtrait chose inutile et trop chèrement payée. On ne pourra s'en tirer que par une ordonnance de dissolution. *Nous voulons, nous ferons*, voilà le langage de ces Messieurs, qui ont été malheureusement trop encouragés par les concessions des premières années. Il est plus que temps de les arrêter. Pardon, mon cher neveu, de vous entretenir de choses aussi tristes ; mais comme vous faites partie du premier pouvoir, il n'est pas inutile que vous sachiez quelles sont les prétentions de l'autre Chambre. Nous attendons toujours de vos nouvelles et vous renouvelons....

---

1. Une ordonnance du 7 décembre 1828 fixa au 27 janvier 1829 l'ouverture de la session.

2. Il s'agissait de rendre électives les fonctions municipales, qui, depuis le Consulat, étaient à la nomination du pouvoir central.

XXXIX.

*Le comte de Moré à la comtesse de Pontgibaud,
au château de La Brosse.*

Paris, 14 mai 1829.

J'ai cru, ma chère nièce, à la lecture de votre missive du 12, avoir la berlue, mais après m'être assuré de la vérité, j'en ai conclu que le retour du beau temps avait fort amélioré votre santé. Nous n'avons d'ailleurs aucun doute qu'un voyage en Auvergne ne vous fasse beaucoup de bien. Vous verrez un pays qui n'est pas sans intérêt, et en grande opposition avec La Brosse. La vivacité de l'air et la pureté de l'eau vous feront, j'espère, désirer d'y retourner. Indépendamment des intérêts qui se rattachent à ce lieu, dont les nouveaux propriétaires ont déshonoré le séjour en rasant le beau parc qui encadrait les vieilles tours de Pontgibaud, c'était sans contredit un château très féodal. Puissiez-vous, en quittant ce séjour, déposer dans la mâchoire du vilain notaire Leroux, qui habite une remise, les douleurs que vous éprouvez dans la vôtre ; nous espérons d'ailleurs qu'elles vous ont abandonnée au moins en partie. La prompte résolution que vous avez prise d'entreprendre un pareil voyage me fait supposer une grande amélioration. — Je puis vous assurer que cette année n'est pas heureuse pour moi ; la caisse hypothécaire me fera perdre de vingt à trente mille francs ; heureusement pour moi, j'ai fort au delà de ce qui m'est nécessaire, vu mes goûts et mes dépenses. Pardon, ma chère nièce, si je vous entretiens de mes affaires, mais je prends aux vôtres un intérêt si vif que je ne doute pas de la réciprocité et vous renouvelle l'assurance....

XL.

*Le comte de Moré à la comtesse de Pontgibaud,
à Ronchi (Illyrie)* [1].

Paris, le 29 juin 1831.

Je reçois à l'instant votre missive en date du 16 courant, ma chère nièce, elle m'attriste beaucoup, car tous les détails qu'elle renferme en sont affligeants. Je partage sincèrement vos peines, car je ne vous vois pas encore une année heureuse, et si j'en ai eu de bien cruelles dans ma vie, au moins puis-je en citer d'entièrement agréables.... Votre position sous le rapport des vivres me paraît insupportable et je voudrais bien pouvoir vous faire parvenir en ballon les belles poulardes que l'on me sert presque tous les jours, ce qui, avec un long sommeil, me fait pousser un ventre de polichinelle. Cela me déplaît fort, car je deviens lourd de corps et d'esprit. C'est d'autant plus pénible que je m'en aperçois.

Pour vous entretenir de choses moins tristes, je vous dirai que tout va très bien en Auvergne; le bon Jomard [2] est parti hier pour assister à la fonte [3] et se réjouir avec Armand de ses succès. Je ne sais, ma chère nièce, ce que l'on pense en Autriche, mais tout ici respire la guerre; on en a vraiment besoin, il y a trop de population en conti-

---

1. La terre de Ronchi, à une dizaine de lieues de Trieste, avait été achetée comme maison de campagne, dans les premières années du siècle, par Joseph Labrosse. Le comte de Moré-Pontgibaud en possède encore une partie.

La comtesse de Pontgibaud avait quitté la France pour retourner en Italie à la suite de la révolution de juillet; elle ne revint qu'après la fin de l'épidémie de choléra.

2. Ancien banquier, ami de la famille.

3. Il s'agit de l'exploitation des mines de Pontgibaud.

nuelle fermentation, on ne peut se figurer la division d'opinions : républicains ouvertement jacobins, carlistes (c'est le plus petit nombre), ainsi que Napoléonistes ; quant aux Philippins, ils me paraissent en minorité. Le monarque nouveau est déjà usé, un peu soutenu par les voltigeurs de Bonaparte qu'il a appelés à son secours. Que deviendra tout cela ? C'est la question de tout le monde. Paris est fort triste, le commerce languit, les boutiques se ferment, les émeutes continuelles fatiguent et dégoûtent la garde nationale ; guerre à mort entre le roi Louis-Philippe et Lafayette, qui, après l'avoir couronné, s'efforce de le détruire et, entre nous soit dit, pourrait bien y réussir ; de là, la république et Lafayette président et peut-être dictateur, peut-être encore pendu après, car le peuple est fort inconstant dans ses goûts. Comment quarante ans d'expérience ne servent-ils à rien ? Après tous les essais imaginables, revenir au point de départ ! On peut dire avec vérité que cela est une nouvelle tour de Babel, la confusion des langues est une épouvantable maladie de l'esprit humain ; plus de boussole pour se conduire, que faire pour se sauver ? Vivre économiquement dans l'obscurité au n° 6 de la place Royale, par exemple, gémir et dormir tant que l'on peut, mais cela engraisse trop, voilà un de mes chagrins ; mais je m'aperçois que je retombe dans mes jérémiades, j'aurais voulu pourtant vous les éviter.

Je pense quelquefois au plaisir que vous aurez à revoir la petite Brosse [1], elle vous paraîtra un palais ; le dîner le plus ordinaire, un festin de Lucullus. J'espère que vos volailles y seront délicieuses si, comme je pense, les pattes de maroquin jaune y ont réussi (je vous y ai envoyé des volailles de cette race). J'ai dîné hier rue Saint-Domi-

---

1. Le château de La Brosse.

nique : la maman en bonne santé, aimable réception toujours. Vous avez la bonté de vous informer de la santé de mon pouce, qui est totalement guéri après quatre mois de coupures et brûlures, échantillon peut-être de ce qui m'attend dans l'autre monde, quoique j'aie trop bonne opinion du Créateur pour qu'il n'accepte pas en compensation de mes fautes ce que j'ai souffert dans celui-ci.

Je suis reconnaissant du bon souvenir de Mlle Altesti [1], je vous prie de lui faire agréer mes remerciements ainsi qu'à M. de Villeneuve [2], et j'embrasse tous nos petits et petites. Croyez, ma chère nièce, au très tendre et sincère attachement des deux habitants de l'entresol.

XLI.

Le comte de Moré à la comtesse de Pontgibaud, à Ronchi.

Paris, le 18 juillet 1831.

Enfin, ma chère nièce, puis-je espérer une solution favorable de votre maudit procès ? La distance qui nous sépare rend la correspondance bien lente ; Armand s'en plaint beaucoup, il me mande qu'il reçoit rarement de vos nouvelles ; il me paraît très satisfait de son entreprise, on travaille à force et on doit faire deux fontes ce mois-ci. Le bon Jomard, qui est à Pontgibaud depuis le 1er de ce mois, ne peut plus se séparer d'Armand : l'air, la beauté des sites, l'importance des travaux et plus encore l'amabilité du patron le retiennent, enfin il fait de tout cela de longs et

---

1. Amie de Mme de Pontgibaud, à Trieste, et sœur de M. Altesti, qui avait joué un rôle important à la cour de Russie, sous le règne de Catherine II.
2. Précepteur des fils de Mme de Pontgibaud.

amusants récits à sa femme pour lui faire prendre patience, car il ne dit mot sur son retour à Paris.

Je pense qu'il a raison de revenir le plus tard possible sur ce terrain classique des émeutes, où une partie de la population n'est occupée qu'à garder l'autre. Vous ne vous figurez pas combien cette épouvantable révolution embarrasse aujourd'hui ses auteurs, les résultats en sont si évidents : l'absence de crédit et de confiance, plus de commerce, misère partout, quêtes continuelles, quantité de mendiants, craintes fondées de guerres, il ne nous manque que le choléra-morbus; pour achever de nous peindre, un roi qui n'est rien, et ne peut rien. Dieu seul sait ce que deviendra tout ceci. Ajoutez encore la religion bafouée, le premier prélat obligé de se cacher [1], voilà, ma chère nièce, où nous a conduits la chute du pouvoir légitime. Je pense que nous devons être l'objet du mépris de l'Europe entière et que nous devons nous préparer à d'horribles catastrophes.

Ainsi, ma chère nièce, tâchez de vous consoler de l'absence momentanée des carottes, oseille, soupe de mouton, etc., croyez-moi, et malgré tous ces désagréments, estimez-vous heureuse de n'être plus en France. Je désire fort me tromper sur tout ce que je prévois, mais je n'en ai pas l'assurance, et sans mon âge avancé je serais déjà dehors. Cette capitale est triste et déserte, les figures y sont sinistres, vous savez que nous devons fêter les glo-

---

[1]. Hyacinthe-Louis *de Quelen* (1778-1839), entré jeune dans les ordres, attaché sous l'Empire à la maison épiscopale du cardinal Fesch, grand vicaire de Saint-Brieuc en 1816, archevêque *in partibus* de Samosate et coadjuteur à Paris du cardinal de Talleyrand-Périgord en 1819, archevêque de Paris et pair de France en 1821, membre de l'Académie française en 1824. A la suite du sac de l'archevêché en février 1831, ce prélat avait dû se cacher : il ne reparut en public qu'après avoir fait preuve d'un héroïque dévouement pendant l'épidémie de choléra de 1832.

rieuses journées [1] à la fin de ce mois par les plus ridicules cérémonies. Je ne pourrai vous en donner aucun détail, car je ne sortirai pas ces jours-là, qui sont des jours de deuil pour tout bon Français.

Quelque tristes que soient mes prévisions, ne concevez aucune inquiétude sur ce bon Armand, le pays est fort tranquille, il y est aimé et nécessaire. Je pense que les grandes catastrophes sont réservées à Paris et que nombre de provinces en seront exemptes. Je voudrais bien, ma chère nièce, que ma correspondance soit moins triste. Il ne me reste qu'à vous réitérer l'inaltérable attachement de l'oncle et de la tante.

XLII.

Le comte de Moré à la comtesse de Pontgibaud, à Ronchi.

Paris, 18 août 1831.

Pardon mille fois, ma chère nièce, si ma correspondance est si rare et si laconique, elle tient aux deux causes suivantes : l'une, la chaleur excessive qui m'occasionne un tremblement, et l'autre, la gêne que me fait éprouver le malheureux pouce de la main droite, qui, malgré sa guérison, m'a laissé une exubérance très gênante pour tenir la plume. Mais oublions ce qui me concerne pour nous occuper uniquement de la situation. Vous ne devez pas

---

[1]. C'était le *cliché* officiel qui s'appliquait, sous le règne de Louis-Philippe, aux trois journées des 27, 28 et 29 juillet 1830, d'où datait le nouveau régime. On disait même par abréviation « les trois glorieuses. » On en célébrait l'anniversaire par des fêtes publiques, où les « héros de juillet » et la garde nationale figuraient au premier plan.

douter combien elle nous intéresse; ce maudit choléramorbus est l'objet de notre constante sollicitude; je peux vous assurer que c'est ce qui tourmente continuellement Armand; je ne reçois pas une lettre de lui où il n'en soit question, je peux dire que c'est une idée fixe chez lui; mais qu'est-ce qui vous empêcherait, si vous partagez son inquiétude à ce sujet, de revenir de suite à La Brosse? Combien cette petite habitation vous paraîtra belle et combien de ressources à comparer à ce que vous quitterez!

Lorsque vous avez si courageusement pris la grande détermination de partir, la guerre générale paraissait certaine, il paraît aujourd'hui que l'Europe veut l'éviter, la France la redoute et est à genoux devant la conférence de Londres [1]. C'est un rôle fort humiliant, et malgré cela la durée de la paix est toujours incertaine. Toutes les bassesses possibles ne sauraient être une garantie suffisante pour les puissances armées, mais dans tous les cas possibles, je ne pense pas que cette nouvelle révolution ait le caractère de la première, par la grande raison qu'il n'y a plus d'assignats et de confiscations, et d'autre part nous avons cette terrible presse qui nous sera d'un grand secours contre la violence et l'arbitraire. D'un autre côté, je ne sais comment le gouvernement pourra se consolider, le nouveau roi est assez généralement méprisé, les trois dernières fêtes où il était entouré des héros de juillet n'ont rien produit de favorable à sa cause; des impôts exorbitants, la nullité absolue du commerce, tous les malheurs particuliers ont fait faire de sérieuses réflexions sur cette révolution qui est assez généralement blâmée. Mais tout

---

[1]. La conférence de Londres était réunie à la suite de l'insurrection des Belges. Talleyrand, qui y représentait la France, répudia non seulement l'annexion de la Belgique, mais l'attribution du nouveau royaume au duc de Nemours (Voir les deux derniers tomes de ses *Mémoires*).

est consommé à ce sujet, il ne reste plus que des larmes à répandre. Il y a bon nombre de ses auteurs qui se cachent pour les essuyer; il est trop tard.

Comment trouvez-vous cet imbécile d'empereur du Brésil [1], chassé de ses États et parcourant Paris à côté d'un usurpateur [2]? Connaissez-vous rien de plus plat et de plus vil? Vous savez aussi que le dey d'Alger [3] est devenu citoyen de Paris; il habite l'hôtel garni de Londres, place Vendôme. On dit que sachant qu'en France on change fréquemment de gouvernement, il y a réclamé ses droits à la couronne, attendu que les Français lui ont violemment arraché la sienne et que du reste il a dans le fourreau de son sabre une charte toute faite, qui leur convient parfaitement.

Vous savez que le bon Jomard, parti de Paris pour huit jours, est resté six semaines à Pontgibaud, tant il est ravi de la bonne réception et de tout ce qu'il a vu. J'ai eu de lui les détails les plus satisfaisants, il était occupé toute la journée à tout examiner et le soir à établir tous les calculs et relever toutes les dépenses faites. Il est fort bon calculateur et ne se passionne pas, il résulte que l'opération est parfaitement sûre et bonne.

1. Dom Pedro d'*Alcantara* (1798-1834), empereur du Brésil sous le nom de Pierre Ier, roi de Portugal sous le nom de Pierre IV. Quand son père Jean VI, qui s'était réfugié dans la colonie portugaise du Brésil pendant la période napoléonienne, revint à Lisbonne en 1821, dom Pedro resta au Brésil avec le titre de régent. Quand cette colonie se déclara indépendante, il en fut proclamé empereur (1822). Roi de Portugal en 1826 par la mort de son père, il abdiqua cette nouvelle couronne en faveur de sa fille dona Maria. En 1831, il laissa plus ou moins volontairement le trône du Brésil à son fils, et vint en Europe soutenir par les armes les droits de sa fille, dépossédée par son oncle et tuteur dom Miguel.
2. Louis-Philippe.
3. *Hussein-Pacha* (1773-1838), dernier dey d'Alger, avait servi dans la milice turque et devint dey en 1818. On sait que ses insolences provoquèrent la conquête française de 1830. Il séjourna peu à Paris, et se retira à Alexandrie.

Ainsi, ma chère nièce, plus d'inquiétudes sur les mines, tout est bonheur sur ce point, et rien de douteux, pas plus que l'extrême joie que nous éprouverons de vous revoir. Recevez, en attendant cette heureuse époque, l'expression des plus tendres sentiments de vos très vieux parents de la place Royale.

XLIII.

Le comte de Moré à la comtesse de Pontgibaud, à Ronchi.

Paris, 24 septembre 1831.

Je ne doute pas, ma chère nièce, d'après votre missive du 7 courant, que vous ne soyez résolue à passer l'hiver à Trieste; vous êtes en position de juger les affaires extérieures et pensez sans doute que lorsque l'on doit tirer le canon, il est préférable d'être derrière les pièces. — Tout nous indique une conflagration prochaine, les émeutes se succèdent rapidement ici, celle de dimanche a été sanglante dans le Palais-Royal [1], et depuis elle s'est établie dans la Chambre des députés, où les dernières séances ressemblaient à des saturnales; mais le curieux de l'affaire, ce sont les reproches que se font les divers partis et les aveux réciproques. Enfin, ma chère nièce, quel que soit le chagrin de notre séparation, vous n'avez jamais agi plus sagement. Au reste, tout cela est trop violent pour avoir une longue durée. Le nouveau roi voudrait bien aujourd'hui n'être pas sorti de Neuilly. Il n'aurait pas le déplaisir d'entendre hurler dans son palais : A bas Philippe!

---

1. Cette émeute, peu grave en somme, eut pour prétexte le refus du gouvernement d'intervenir par les armes en faveur des insurgés de Pologne.

Cette révolution est détestée de tout le monde et embarrasse beaucoup ceux qui l'ont faite. Toutes les idées sont renversées, l'Europe est en travail, on peut dire même les deux hémisphères; Dieu seul sait ce qui en adviendra. Le malaise est universel, vous ne pouvez vous faire une idée de l'effet que produit à Paris la prise de Varsovie [1]; les bons bourgeois croient déjà voir les cosaques à la barrière du Trône. C'est à qui fera son plan de campagne et calcule où mettre son argenterie. D'autres veulent recommencer Bonaparte et conquérir le monde avec la garde nationale, qui d'ailleurs nous rend de grands services, car sans elle Paris serait pillé et *incendié*. La bonne maman n'en est pas moins toujours à sa fenêtre, la petite écritoire sur le tabouret et répétant sans cesse : « Cela va bien mal ! » La tante ne bouge pas non plus, et fait de la charpie toute la journée, gémissant sur le sort des habitants d'Holyrood [2] et demandant au ciel de venger cette auguste dynastie. Quant à l'oncle, il court les rues pour étudier les émeutes et tâcher de se faire payer par d'ingrats débiteurs. C'est une assez triste vie.

J'ai été il y a quelque temps à l'Opéra pour y voir non pas le spectacle, car il était de fort mauvais goût, mais le dey d'Alger et l'ex-empereur Dom Pedro. Le premier a l'air d'un vieux singe, il est fort petit avec une longue barbe blanche; le second est bel homme, mais un bien

1. Varsovie soulevée venait d'être reprise le 8 septembre 1831 par le général russe Paskiévitch. C'est à cette occasion que le général Sébastiani, ministre français des affaires étrangères, déchaîna les fureurs de l'opposition en prononçant à la tribune du Palais-Bourbon un mot malheureux : « L'ordre règne à Varsovie. »

2. Holyrood, château royal situé dans un faubourg d'Édimbourg, servait alors de résidence à Charles X et à sa famille (le Dauphin ou duc d'Angoulème, la Dauphine, le duc de Bordeaux et sa sœur); à cette époque, la duchesse de Berry devait déjà être partie pour l'Italie, d'où elle allait tenter un débarquement en France.

plat homme. Quant au premier, il a su se battre, il a été vaincu, cela arrive aux plus braves. Les événements de la Hongrie font dresser les cheveux sur la tête [1].

Croyez toujours, ma chère nièce, aux sentiments....

XLIV.

Le comte de Moré à la comtesse de Pontgibaud, à Ronchi.

Paris, 19 février 1832.

Enfin, ma chère nièce, je vois avec une entière satisfaction approcher la fin de vos tribulations et de votre exil. Le grand, l'imperturbable Armand sera bien près de vous lorsque vous recevrez cette lettre. Vous prendrez alors vos mesures pour rentrer dans votre château de La Brosse. Je dis château pour vous faire plaisir, mais à coup sûr, il deviendra pour vous un palais en le comparant à Ronchi; au moins y trouverez-vous fruits, légumes, enfin tout ce qui vous manque dans ces lieux qui vous paraissent si tristes en l'absence de votre mari.

J'ignore quel genre de troubles nous sont réservés, mais je ne pense pas que vous éprouviez de désagréments à La Brosse. Le mécontentement général qui règne en France ne me fait pressentir aucune révolution semblable à la première, attendu qu'il n'y a plus ni castes, ni biens à vendre, ni papier-monnaie, mais l'énormité des impôts; le mépris et la haine de l'autorité est à son comble, les journaux et les caricatures abondent publiquement; il y

---

[1]. Il s'agit sans doute des scènes de sauvagerie auxquelles donnait lieu l'épidémie cholérique.

a hostilité patente entre les deux Chambres; les débats de celle des députés sont de vraies saturnales; je m'en rapporte au grand Armand pour vous faire peinture exacte du scandaleux gâchis au milieu duquel nous vivons. J'aurais bien désiré que vous fussiez présente au dîner donné, il y a peu de jours, aux savants ingénieurs des mines. C'est alors qu'il ne vous aurait plus été permis de témoigner de l'inquiétude au sujet de celles de Pontgibaud. Cette entreprise hardie de votre mari a été jugée bien belle et bien bonne; peu de temps suffira pour que vous puissiez l'apprécier par ses heureux résultats. Le voyage d'Armand a été très fructueux; il a montré beaucoup de patience et de courage, vous serez l'un et l'autre récompensés de vos peines.

Il ne me reste que la place de vous renouveler, chère nièce....

XLV.

Le comte de Moré à la comtesse de Pontgibaud, à Ronchi.

Paris, 22 mars 1832.

Enfin, ma chère nièce, nous voyons avec plaisir s'approcher le terme de votre exil et de vos tribulations; je désire que mon neveu puisse terminer ses affaires d'intérêt à son entière satisfaction, et je vois avec peine cet engorgement de denrées sans débouché. Au surplus, c'est le sort général des propriétaires. Mon observation est peu consolante mais très vraie; il est néanmoins rare qu'ils n'en soient dédommagés par une année de disette. Je crois inutile de vous parler *mines*. Armand se sera chargé de vous instruire de ses succès et de calmer toutes vos inquiétudes à ce sujet. Il vous aura également fait un tableau de notre France, où tout serait excellent si l'on pouvait changer l'esprit des habitants.

Je vous dirai que la révolution de juillet devient de jour en jour un objet d'horreur et que l'on cache la fameuse décoration des trois journées. Rien n'est plus rare que d'en rencontrer. Nous sommes inondés de caricatures. Le roi [1] y joue toujours le rôle principal; les prisons regorgent de journalistes et autres politiciens. La chaste vérité est violée tous les jours; on m'assure que les fossés qui entourent les petits jardins pris sur les Tuileries renferment nombre de morceaux de papiers de couleurs suspectes. Les débats de la Chambre sont de vraies saturnales. La pairie joue un bien triste rôle. Comment ceci finira-t-il? C'est la question de tout le monde. — J'ai dîné, il y a peu de jours, rue Saint-Dominique. Madame votre mère se porte bien et me traite toujours avec bonté.

XLVI.

Le comte de Moré à la comtesse de Pontgibaud, à Ronchi.

Paris, le 9 avril 1832.

Nous sommes privés de vos nouvelles depuis près d'un mois, ma chère nièce, et commencerions à nous inquiéter si nous ne savions qu'il n'y a pas de choléra dans vos contrées.

M. Jomard a agi avec prudence en vous mandant que le terrible fléau était encore fort violent dans la capitale,

---

1. Le roi des Français : Louis-Philippe.

ce qui doit peut-être retarder votre départ projeté. Les bourgs et les villages n'offrent encore aucun symptôme de cette horrible maladie. Une infâme malveillance avait fait répandre le bruit que certain parti faisait empoisonner le vin et tous les comestibles, même le lait. Il n'en fallait pas d'autre pour exaspérer la population et donner lieu au massacre de plusieurs personnes dont l'innocence a été reconnue. D'ailleurs, ce crime n'a pas été commis. Tout ceci se passait au milieu de la révolte des chiffonniers contre l'autorité, qui s'est vue forcée de transiger [1].

Vous vous ferez difficilement une idée de la capitale pendant trois ou quatre jours; une immense quantité de troupes de toutes armes jour et nuit sur pied, joignez à cela la garde nationale, des rappels à chaque instant, une stupeur générale, une quantité de convois funèbres sillonnant Paris dans tous les sens, l'inquiétude peinte sur tous les visages; cependant, on commence à se rassurer depuis hier soir. Pour moi, je n'ai pu me défendre d'une profonde tristesse, mais l'inquiétude, je ne l'ai pas éprouvée.

Le numéro 74 [2], qui renferme ceux qui vous sont chers, est jusqu'à présent préservé ; la rapidité avec laquelle ce genre de maladie détermine le grand et éternel voyage m'a fait naître l'idée de prendre quelques précautions pour éviter au bon Armand toutes contestations ; en conséquence, j'ai remis en mains sûres un état circonstancié de ma situation financière. Je suppose que ces précautions seront inutiles, mais cela me soulage.

---

1. Le choléra fit son apparition à Paris au mois de mars 1832. Les chiffonniers se crurent lésés par les mesures d'assainissement ; ils firent des émeutes et empêchèrent l'enlèvement des immondices. Une proclamation maladroite du préfet de police, M. Gisquet, augmenta le trouble ; les fables les plus ridicules d'empoisonnement circulèrent, et on égorgea des malheureux sur les dénonciations les plus puériles.

2. De la rue Saint-Dominique Saint-Germain.

Mme de Vauborel vient de mourir, laissant une fortune de douze cents mille francs, dont cinq cent mille au curé Corse qui va arranger sa dernière affaire avec la justice. La situation morale de votre tante est telle que tout ce qui se passe ne l'étonne ni ne l'afflige.

Je vous renouvelle, ma chère nièce....

XLVII.

*Le comte de Moré au comte de Pontgibaud,
à Ronchi.*

Paris, 13 avril 1832.

Votre lettre du 28 mars, mon cher neveu, ne m'est parvenue que le 12 courant. J'étais inquiet, craignant quelque maladie, suite d'un long voyage. Ma dernière a dû vous effrayer par le tableau malheureusement trop vrai de notre situation. On assure aujourd'hui que cette horrible maladie perd de son intensité : il n'en est pas moins vrai que dans la maison que j'habite, deux personnes en sont mortes en vingt-quatre heures. J'en suis affligé mais pas effrayé. J'ai cru néanmoins devoir mettre mes affaires en règle et vous ai indiqué ce que j'ai fait. Quant à la bonne tante, sa situation morale est telle qu'elle ne s'effraie point. On a soin cependant de ne pas l'informer de ce qui se passe trop près d'elle. Cet horrible fléau est le sujet de toutes les conversations. On ne parle plus que choléra, à peine s'occupe-t-on d'affaires publiques. Cent cinquante députés se sont sauvés; le budget des recettes se vote en poste sans examen. Il faut mentionner la charité publique, car elle est fort grande, mais on n'a pas ordonné de prières publiques selon l'usage dans les grandes calamités. Ceci ne doit pas, à un certain point de vue, vous étonner, puisqu'on a mis de côté le *droit divin*.

Quant au roi-citoyen, on s'en occupe moins, car on a tout dit et épuisé les caricatures les plus drôles. Aussi les prisons regorgent-elles de journalistes et compositeurs de ces petites productions, d'un genre vraiment plaisant et très spirituel. Avant l'apparition du choléra, le peuple se portait en foule pour les voir et rire de bon cœur, ce qui m'est arrivé souvent. Il me semble que je dois en citer au moins une sur mille pour amuser Amantine.

Vous avez peut-être appris que le jeune de Bertier de Sauvigny, traversant le Carrousel et conduisant en cabriolet son jeune cheval très difficile, a eu le malheur de rencontrer le roi des Français en petit chapeau gris surmonté d'une énorme cocarde tricolore. Malgré tous les efforts que fit le jeune homme pour arrêter son cheval, Sa Majesté citoyenne a été fort effrayée, n'a pas été touchée, mais vite, mon jeune homme est arrêté par une nuée de sergents de ville, le cheval mis en fourrière à la prison dans laquelle est enfermé M. de Bertier, sous le poids d'une accusation terrible : attentat à la vie du monarque [1].

Il existe à la Chambre des députés un M. Baudet [2] dont le nom, comme celui de beaucoup d'autres, n'est pas fort distingué, mais qui a été utile à la composition de la cari-

---

1. Albert *Bertier de Sauvigny*, né en 1802, lieutenant d'infanterie, démissionnaire en 1830. De la famille de l'Intendant de la Généralité de Paris assassiné le 22 juillet 1789, et du colonel des chevau-légers de la garde, député de l'extrême droite pendant la Restauration. — C'est le 17 février 1832 qu'il croisa Louis-Philippe; il passa en cour d'assises le 5 mai et fut acquitté après une plaidoirie de Berryer.
2. Pendant la session de 1831 à 1834, il y eut à la Chambre : *Baudet-Lafarge* (1765-1837), député du Puy-de-Dôme, ancien membre du Conseil des Cinq-Cents; il siégeait à gauche. — *Baudet-Dubary* (1792-1878), député d'Étampes; médecin phalanstérien.

cature. Il est représenté, fort ressemblant, sur un corps de cheval allant consoler le *cheval régicide*. Il assure qu'il sera acquitté sur la question intention, et que d'ailleurs, étant *ferré*, il ne peut manquer de bien répondre. Il est, en effet, naturel de supposer qu'arrivant de la Chaussée d'Antin, il ne pouvait s'attendre à rencontrer son roi à pied sur le Carrousel, et arrivant derrière lui il ne pouvait le reconnaître. M. de Bertier soutient que son affaire est du ressort de la Chambre des pairs et je le crois. C'est le comble du ridicule. Il y a à la Chambre un député du nom de Thierry-Poux [1], qui a donné sa démission, étant colonel dans le mouvement, mais mécontent de ce que rien n'allait assez vite et dans l'esprit de la glorieuse révolution. Plusieurs journaux annonçant cette nouvelle se sont permis de dire que cette retraite diminuerait un peu les démangeaisons de ce côté de la Chambre, mais que ce gibier-là n'y manquerait pas. Vous voyez, mon cher neveu, que l'on rit de tout au milieu d'effroyables calamités. Le roi et les deux Chambres, tout est traîné dans la boue.... Comment et quand cela finira-t-il ?

Il arrive à ce pauvre Salaberry une aventure bien regrettable. Vous savez qu'il avait son fils aîné dans l'Inde ; il s'y était marié, vient d'y mourir, et on annonce à Salaberry qu'il va recevoir une belle-fille et un enfant. La femme est, dit-on, de très bonne famille, mais sans dot. Je sais par expérience que le cousin n'est pas chargé d'argent. On a d'ailleurs supprimé sa pension de 6,000 francs comme homme de lettres. Vous avez su peut-être que Mme de Bernay est morte à Paris. C'était une assez jolie et bonne petite femme.

Recevez....

---

1. François-Jean *Thierry-Poux* (1779-18 ?), député de Montauban (1831), démissionnaire (1832).

XLVIII.

*Le comte de Moré à la comtesse de Pontgibaud,
à Ronchi.*

Paris, 2 mai 1832.

Rassurez-vous, ma chère nièce, ce vilain choléra décroît à vue d'œil, et sous peu de jours il n'existera plus. Nous avons eu jusqu'à ce jour trente mille morts et un nombre à peu près égal de convalescents. Madame votre mère, intrépide dans son fauteuil, à la même place, se porte à merveille ; Mme Henri de la Rochelambert a été un peu indisposée, son mari est resté dans le Maine et il a bien fait.

La tante et moi sommes fort reconnaissants de votre offre aimable, et si le danger nous eût paru plus imminent, nous nous serions réfugiés à La Brosse, assurés d'avance de votre approbation ; mais nous eussions eu le chagrin de n'y pas trouver les propriétaires. J'ai éprouvé un fâcheux accident qui m'a fait horriblement souffrir, et qui pis est, m'a fait garder le lit pendant vingt jours. Au moment de monter en omnibus, j'avais un pied sur le marchepied, les chevaux sont partis ; j'ai eu la jambe labourée jusqu'à l'os, mais je suis à peu près guéri, après une centaine de cataplasmes et une résidence ennuyeuse mais forcée par la douleur....

Il n'y a pas eu de Longchamps ; la saison est totalement perdue pour les marchands, le commerce anéanti, la misère à son comble, le nombre des mendiants effrayant, le mécontentement général. Cent soixante députés se sont enfuis de peur du choléra et sont reçus dans leurs départements avec des charivaris. Le président du conseil,

Périer [1], est devenu fou par suite de ce mal; le ministère est disloqué; ils ne savent ce qu'ils font. Le roi les préside; il est toujours gros et gras; on dit qu'il va se faire une cour. Le moment n'est guère favorable au milieu des calamités publiques. Tout ceci a l'air de tirer à sa fin; il y a impossibilité que pareil ordre de choses subsiste; mais la grande question est de savoir comment cela finira. Je ne crois pas la poire assez mûre pour penser au duc de Bordeaux. C'est une question de temps, mais à coup sûr il régnera.

Patience, chère Amantine, je connais toutes vos tribulations, croyez que j'ai toujours pris part à vos peines et vous annonce des jours plus heureux.

XLIX.

*Le comte de Moré au comte de Pontgibaud,
à Ronchi.*

Paris, 28 mai 1832.

Je considère, mon cher neveu, comme un heureux événement l'arrivée de Gabriel de la Rochelambert [2] à Ronchi; comme il est fort gai, votre réunion s'en ressentira. Je n'ai reçu qu'hier de l'administration des forêts l'avis de la vente des bois de la Chartreuse de Port-Sainte-Marie [3].

---

1. Casimir *Périer* (1777-1832), Banquier. Député de la Seine (1817-1822-1827). Membre de la gauche avancée, fit porter son opposition sur les questions financières. Député de Troyes (1830-1831). Président de la Chambre après la révolution de juillet. Ministre de l'intérieur et président du Conseil (1831). Ce libéral se montra fort autoritaire au pouvoir. Il mourut pendant l'épidémie de choléra, le 16 mai 1832.
2. Gabriel *de la Rochelambert* (1811-1861); page du Roi (1828-1830). Marié à Mlle de Thélusson.
3. Le comte de Moré s'était tout à fait rattaché à l'Auvergne, son pays natal. Après avoir détourné son frère d'y redevenir propriétaire,

L'adjudication de détail aura lieu le 6 juin. J'ai écrit de suite à Pontgibaud pour être renseigné sur leur valeur. Le bon Jomard croit que je pourrais les avoir pour moins de cent mille francs; je désire que ce ne soit pas plus cher, attendu que dans le temps où nous vivons, je considère qu'il est prudent d'avoir toujours une certaine somme facile à réaliser de suite pour pouvoir vivre, si, par de graves désordres à l'intérieur, on ne pouvait plus toucher ses revenus. Je désire me tromper dans mes prévisions, mais malheureusement je vois beaucoup d'éléments de guerre civile dans le Midi et dans l'Ouest, et un malaise général précurseur de catastrophes. Je vous prie de ne pas prendre pour thermomètre de notre vraie situation la légère hausse des fonds publics. La défaite des tories en Angleterre, l'approche du terme du coupon sur le 3 %, telles en sont les deux causes pour le moment. Voilà donc l'aristocratie battue dans ces deux pays. Que feront les grandes puissances menacées à leur tour d'une représentation de juillet? Je crains qu'une guerre terrible ne leur soit devenue nécessaire et ne devienne la plus utile diversion à la fermentation des esprits.

Nous voilà enfin débarrassés du choléra. Il exerce encore ses ravages dans les départements; Seine-et-Marne a été et est encore fort maltraité, surtout la ville de Meaux; je n'ai rien appris de fâcheux sur Montereau, et si votre projet est de ramener la famille dans la première quinzaine de juillet, je pense qu'il n'existera plus aucun danger. Quant à l'Auvergne et surtout Pontgibaud, ils ne

---

lui-même cherche à y acheter les bois de la Chartreuse. Nous savons d'ailleurs quelle fut sa joie d'y séjourner chez son neveu; le beau climat, le site enchanteur, les riantes montagnes, lui avaient fait oublier les orages de la tourmente révolutionnaire. Toutefois, comme on le voit dans sa correspondance, il se tenait prêt à parer aux événements qu'il redoutait.

connaissent le fléau que par les gazettes. Je suis assez heureux, depuis quelques jours, d'être guéri de ma blessure à la jambe. J'avais la crainte qu'elle ne durât plus longtemps, attendu que l'os était découvert, ce qui pouvait me forcer à garder la chambre durant trois mois. La bonne tante, dont la mémoire est totalement perdue, n'en a conservé que pour vous et la petite famille; elle me charge de mille choses pour vous et Amantine. Je me réunis à elle pour assurer grands et petits de mon sincère attachement.

L.

*Le comte de Moré au comte de Pontgibaud,
à Ronchi.*

Paris, 24 juin 1832.

La distance qui nous sépare, mon cher neveu, rend, il est vrai, la correspondance assez difficile; je m'en console néanmoins par l'espoir que vous nous donnez d'un prochain rapprochement. Nous aurions été bien charmés d'avoir la même espérance pour toute la famille et fort aises de jouir avec vous des progrès de vos chers enfants. Amantine doit s'amuser beaucoup en voyant danser Octavie [1].

J'ignore, mon cher neveu, si une de mes lettres est domiciliée au cabinet noir; ce ne pourrait être que celle où je vous faisais part de mes craintes sur une prochaine guerre civile, dont j'apercevais tous les éléments. Elle n'a pas tardé à éclater dans le Midi et dans l'Ouest [2], ainsi que

---

1. Octavie *de Pontgibaud*, plus tard comtesse de Florian.
2. Soulèvement légitimiste à Marseille, le 30 avril 1832, et tentative de la duchesse de Berry en Vendée, au mois de mai.

dans Paris. On dit qu'elle est étouffée dans les départements, dont quatre sont encore en état de siège, ainsi que la capitale, où elle n'a duré que quarante-huit heures. Le convoi du général républicain Lamarque en a été le prétexte [1]. Cent mille hommes l'accompagnaient, et si le bonnet rouge et le drapeau n'eussent été arborés, je ne sais ce qui serait arrivé. Mais l'apparition de ces couleurs a rallié tout ce qui est honnête contre ceux qui les portaient et trente mille gardes nationaux se sont vaillamment défendus. On a employé le canon contre eux et ils n'avaient pas d'artillerie. Le poste de la place Royale ayant été forcé vers les huit heures du soir, j'ai dû croire qu'à mon réveil je serais tenu de crier « Vive la République ! » La garde l'a de nouveau occupé dans la matinée sans résistance, il avait été évacué.

Ces deux jours il était presque impossible de parcourir Paris à cause des barricades et fusillades sur beaucoup de points et l'on annonçait de sinistres nouvelles, entre autres que la Banque de France était tombée au pouvoir des révoltés, après qu'ils eurent enlevé les postes occupés par la ligne. J'avoue que cette nouvelle, dont je ne pouvais vérifier l'exactitude que le lendemain, m'a fait passer une nuit d'autant plus cruelle que j'avais envoyé ma procuration pour acheter la totalité des bois de la Chartreuse [2], prenant l'engagement, s'ils m'étaient adjugés, de les payer comptant cent vingt mille francs (prix d'estima-

---

1. 5 juin.
2. La Chartreuse de Port Sainte-Marie, près Pontgibaud, sur la Sioule, vendue nationalement en 1793. Dom Gerle, son dernier prieur, fut député à la Convention après avoir été nommé député aux états généraux par le clergé en 1789. Il vota la mort du Roi ; apostasia et fut mêlé à toutes les folies de la « prophétesse » Catherine Théot et de Robespierre ; sauvé de l'échafaud par celui-ci, il mourut misérablement. Les bois de la Chartreuse sont encore actuellement la propriété de l'État.

tion). J'aurais pu me trouver dans un grand embarras ; il est vrai que j'aurais pu prouver facilement que cet événement assurément imprévu m'avait mis dans l'impossibilité de tenir mes engagements. Il en a été heureusement autrement ; le gouvernement, d'ailleurs, n'obtenant pas la somme qu'il demandait, n'a pas fait adjuger les bois ; ma procuration a été inutile et mon argent est à la Banque.

Autre inquiétude : j'apprends que les révoltés sont maîtres du Grenier d'abondance [1] ; impossible de m'y rendre, il y avait fusillade sur ce point ; mais comme il y avait là un hôpital de cholériques et que les combattants y déposaient leurs blessés, il n'y a eu aucun pillage et vos caisses y sont intactes.

Je suis allé ces jours derniers rue Saint-Dominique et je suis chargé de la part de Mme de la Rochelambert de mille choses pour les habitants de Ronchi. Sa belle-fille est à Berlin et son fils est à Vaulserre (près de Pont-de-Beauvoisin en Savoie). Le Maine est en état de siège [2].

Le bon Jomard a eu, ainsi que sa femme, une frayeur épouvantable. Le canon a fait feu dans le passage près de sa porte, on a porté les blessés dans sa cour. Ces braves et bonnes gens ne sont pas familiarisés avec cette musique, ils sont restés deux nuits sans se coucher. Je les ai trouvés ayant presque la jaunisse, encore tremblants, bien que ce fût fini ; ils ne sont pas encore dégoûtés du journal du juste milieu. Inutile de vous dire, je pense, tous nos vœux pour vous et votre prochain retour.

1. Le Grenier d'abondance, construit sous le premier Empire et détruit en mai 1871 dans les incendies de la Commune, était situé entre la Bastille et la Seine, au long des jardins de l'Arsenal.
2. A la suite de la prise d'armes de la duchesse de Berry.

LI.

*Le comte de Moré au comte de Pontgibaud,
à Ronchi.*

Paris, 8 juillet 1832.

Il y a longtemps, mon cher neveu, que j'entends dire avec raison que conserver est plus difficile que d'acquérir. Je le prouve, ne sachant plus comment j'éviterai de nouvelles pertes ; ce qui est presque impossible dans ce pays, où ce qui est bien à midi se trouve mauvais à quatre heures. On ne parle ici que des émeutes qui doivent avoir lieu dans le courant de ce mois. L'arrêt de cassation des jugements rendus par les tribunaux militaires a redoublé l'énergie des républicains. Ils paraissent se préparer à prendre leur revanche des 5 et 6 juin. Joignez à cela la réapparition du choléra, et vous conviendrez que notre position n'est pas agréable. Je passe encore sous silence les menaces d'une guerre extérieure que je crois inévitable, quelque concession que nous fassions. Paris est une nouvelle Babel : autant d'individus, autant d'opinions différentes ; mais une crainte générale. On annonce la rentrée des Chambres pour les premiers jours d'août, car il faut sortir du provisoire. On croit que les ministres seront mis en état d'accusation [1]. La réunion Laffitte, qui ne contenait que quarante et un membres d'opposition, est, par les adhésions, de 164. Le juste milieu, parti Périer, a été charivarisé partout. Jugez dans quelles dispositions

---

[1]. La session ne fut ouverte que le 19 novembre. Le ministère (Barthe, baron Louis, comte de Rigny, comte d'Argout, comte de Montalivet, général Sébastiani, maréchal Soult, Girod de l'Ain) resta en fonctions jusqu'au 11 octobre.

vont revenir tous les députés qui ont encore dans leurs oreilles les sons harmonieux des chaudrons, poêlons, etc. On espérait que M. l'évêque d'Autun [1] venait de Londres pour nous tirer d'affaire et réparer nos malheurs en remplaçant M. Périer; mais le prélat défroqué est trop fûté pour vouloir s'en mêler. On croit qu'il s'est beaucoup plus occupé à Londres de jouer à la Bourse des deux capitales que du Protocole.

A propos des protocoles qui ont donné lieu à tant de caricatures dont nous sommes inondés, je dois vous parler de celle qui a eu un grand succès parce que vous en connaissez l'auteur anonyme, qui jadis avait lancé une brochure qu'il retira. Il n'était pourtant pas coupable de certains articles, car il n'avait écrit que les anecdotes un peu piquantes, ce que ne pouvait pas faire son collaborateur. Vous savez qu'il y a un mariage arrêté entre une princesse d'Orléans [2] et le roi des Belges, et une entrevue des deux monarques à Compiègne a été fixée; ce qui a fait le sujet de la caricature qui a pour titre: *Rencontre des deux Quasi*. Elle représentait la forêt de Compiègne, les deux quasi descendent de leurs carrosses pour se donner l'accolade fraternelle, mais la longueur démesurée de leurs nez les prive de ce doux plaisir. Ils paraissent également étonnés de leurs costumes. Le roi des Belges était couvert de protocoles; quant à Louis-Philippe, on lisait sur toutes les coutures de son habit: Valmy et Jemmapes et la mort du duc de Bourbon, ainsi que la correspondance de la baronne de Feuchères. Ce mariage aura, dit-on, lieu à l'époque *des*

---

[1]. Talleyrand.
[2]. Louise-Marie-Thérèse-Charlotte-Isabelle *d'Orléans* (1812-1850), épousa, le 9 août 1832, Léopold-Georges-Frédéric *de Saxe-Cobourg*, premier roi des Belges.

glorieuses journées, que tout le monde qualifie de *malheureuses*. Louis-Philippe a promis pour présent de noces l'évacuation de la citadelle d'Anvers et un service de porcelaine de Sèvres. On croit ce cadeau plus assuré que l'autre. Nous avons encore un peu de choléra; mais on en parle à peine; les affaires publiques absorbent toute l'attention.

Je viens de recevoir une lettre de Baltet qui est très satisfaisante au sujet des mines; il croit que l'on pourra faire deux fontes par mois. Mon petit cadeau pour Amantine consiste dans la collection complète des œuvres de Walter Scott, quatre-vingts volumes, avec de jolies gravures anglaises. Je n'expédierai la caisse qu'à son retour à La Brosse. Je ne sais si vous pourrez lire ces pieds de mouche, ma plume est *de métal*.

Oncle et tante renouvellent aux habitants de Ronchi, petits et grands, l'assurance de leurs tendres et sincères compliments.

Le comte de Moré.

APPENDICES

APPENDICE I.

LE CHATEAU DE PIERRE EN SCIZE.

I.

Voici le texte exact et plus complet de Piganiol de la Force : *Description de la France*, tome V, page 437. Édition de 1718 :

« Le château de Pierre en Scize était autrefois la demeure des archevêques de Lyon, mais comme il était un peu trop éloigné de la cathédrale, ils en firent bâtir un autre près de cette église, et celui de Pierre en Scize fut fort négligé. Louis XIII ayant trouvé à propos d'y mettre garnison, dom Alphonse du Plessis-Richelieu, archevêque et cardinal [1], en céda la propriété au Roy, moyennant la somme de cent mille livres, qui fut employée à l'embellissement du nouveau palais archiépiscopal. Il y a un capitaine entretenu dans ce château, une compagnie de trente hommes d'infanterie, un lieutenant et un sergent [2]. »

II.

Sur un rocher à pic, à cinquante mètres au-dessus de la Saône, occupant un plateau exigu, le château fort dominait

---

[1]. Il ne s'agit pas ici du fameux cardinal, mais de son frère aîné : Alphonse-Louis, archevêque d'Aix (1625-1629), archevêque de Lyon (1629-1653).

[2]. Pendant la détention du chevalier de Pontgibaud, Pierre-en-Scize avait pour *commandant* M. de Bory, chevalier de Saint-Louis, lieutenant pour Sa Majesté au comté de Bourgogne ; — un *major*, M. Le Mire, chevalier de Saint-Louis ; — un *aide-major*, M. de Saint-Aubin, ancien officier de cavalerie ; — et un *garde* du château, Claude Chabout.

la grande route de Lyon à Paris. Son étymologie : *petra scissa*, pierre coupée, rappelle qu'Agrippa, gendre d'Auguste, pour établir une voie militaire, fit tailler le roc vif et briser les blocs énormes qu'il rencontrait.

Au milieu du XIIIe siècle, les archevêques de Lyon devinrent possesseurs des constructions de ce lieu élevé; ils en firent leur demeure habituelle jusqu'au règne de Louis XI, qui mit la forteresse dans les mains de son sénéchal royal (1468). Le château devint une prison. Jacques d'Armagnac, duc de Nemours, y fut détenu (1475); Louis Sforza le Maure, duc de Milan, aussi (1500); les ambassadeurs de Maximilien (1507) y passèrent d'assez longs jours. Pendant les guerres de religion, catholiques et protestants y enfermèrent leurs adversaires, selon leurs succès; le baron des Adrets y commanda et y fut prisonnier (1572). Cinq-Mars et de Thou (1642), le maréchal de la Mothe-Houdancourt (1644-1648), habitèrent là une cellule. Au XVIIIe siècle on remarque le nom du comte de Guébriant, de Bèze du Lys, conseiller à la deuxième Chambre des enquêtes du Parlement (1753), et celui du marquis de Sade (1768). Robert de Saint-Vincent, conseiller à la Grand'Chambre (père du conseiller exilé à Bourges, et agitateur fameux), après avoir été déporté à Belle-Isle, fut, « par grâce et crédit, » conduit à Pierre-en-Cize pour le reste de ses jours.

On y enfermait bien plus de mauvaises têtes que de criminels. Quand, en 1790, le district de Lyon voulut connaître la liste des « prisonniers d'État » détenus dans la forteresse, pensant sans doute découvrir quelque horrible secret du despotisme, il put éprouver la même déception que les « héros » qui avaient pris la Bastille ; on ne trouva que deux prisonniers : un vieillard sourd de quatre-vingt-dix ans, M. de Maumont, enfermé depuis 1727, sur la demande de sa famille, et entretenu à ses dépens, et un ancien lieutenant au régiment de Touraine, M. Maillart, que pour sa folie on avait conduit là en 1744. Tous deux demandèrent à ne pas quitter leur prison!

La légende avait inventé des prisonniers imaginaires : on disait que Paris de Montmartel, ce prodigue fameux, ce fou célèbre sous le nom de marquis de Brunoy, interdit en 1777, mort à Villers-sur-Mer le 10 avril 1781, y était détenu. Une gravure du temps, à l'*aqua-tinta*, veut consacrer cette grossière erreur.

Elle représente un château de fantaisie, un mur carré, des rochers hérissés de gueules de canon, une tour crénelée. Des officiers sortent par un petit portique grec et serrent la main à un peloton de gardes nationaux, aux applaudissements de la foule. On lit au bas :

PIERRE ANCISE RENDU AUX CITOYENS EN AOUST 1789.

Cette forteresse, élevée sur un roc escarpé dominant la ville de Lion, étoit l'effroy du citoyen et de tout étranger suspect ou non; mais notre phalange nationale s'avance, et envisage avec horreur et sans effroy ce roc menaçant, le Gouverneur, vrai patriote, lui rend les clefs de la citadelle, en délivre les prisonniers, en disant : Vive la liberté, mes amis, mes frères. voilà le plus beau moment de mon existence! M. le marquis de Brunoy, que l'on avait fait mort il y a quelques années, en est sorti comme du tombeau, en comblant des marques de sa reconnaissance les braves Français qui le rendaient à la Nation.

Le château, le paysage, la date, l'événement, le prisonnier, tout est faux.

Si on avait voulu délivrer deux victimes, par compensation sans doute, on se mit à en enfermer beaucoup d'autres : neuf officiers du régiment de cavalerie Royal-Pologne y furent conduits; lorsque, le 9 septembre 1792, le « peuple » de Lyon, instruit par l'exemple du « peuple » de Paris, monta à la forteresse, il égorgea ces neuf prisonniers. L'année suivante, trente-deux prêtres furent incarcérés.

Après le siège de Lyon, les représentants du peuple : Couthon, Maignet, Châteauneuf-Randon, Sébastien Laporte, venus pour « fonder » *Commune-Affranchie*, ordonnèrent la démolition du château, le 26 octobre 1793. Ils nous ont laissé le procès-verbal de leur exploit :

« Les représentants du peuple, accompagnés de la municipalité, se sont transportés au ci-devant château fort de Pierre-Scize. Leur premier soin, en arrivant dans ce séjour de la douleur, a été de rendre aux malheureux qui y étaient détenus la visite de consolation qu'ils leur devaient. Quelques-uns d'entre eux, reconnus innocents, ont été mis en liberté et sont allés se réunir, avec une joie attendrissante, au grand nombre d'ouvriers qui avaient été appelés pour la démolition. Les représentants du peuple étant montés au sommet de cette tour monstrueuse, qui fut si longtemps l'effroi du genre humain, ont rendu le ciel, impatient de la voir tomber, témoin du coup mortel qu'ils lui ont porté au nom du peuple et de l'humanité. A ce signal des milliers de bras se sont levés pour écraser cet édifice hideux dont l'existence fait frémir la nature et ne fut cependant qu'un des moindres crimes des rois. »

III.

Il y eut à Pierre-en-Cize, avant celle du chevalier de Pontgibaud, quelques évasions célèbres :

Pendant la Ligue, Antoine Grollier de Servières, qui tenait pour le Roi, fut enfermé au château par les ligueurs (février-juin 1589), avec son frère Hubert de Grollier. Sa femme leur apporta, cachés sous ses jupes, des cordons de soie, qui leur permirent de se glisser jusqu'au bas des murailles. — Charles-Emmanuel de Savoie, duc de Nemours, enfermé à Pierre-en-Cize, le 21 septembre 1593, s'évada le 26 juillet 1594, d'une façon qui rappelle tout à fait l'évasion de Louis-Napoléon à Ham, sans oublier les détails de « médecine, » et grâce à un serviteur aussi dévoué que le docteur Conneau, et qui prit sa place.

Le 26 mai 1705, cinq prisonniers poignardèrent leurs gardes, pénétrèrent dans la chambre du gouverneur Manville et le tuèrent, puis ils prirent leur liberté.

APPENDICE II.

LA ROMANCE DU MAJOR ANDRÉ.

(*Note du comte de Moré.*)

Le major André appartenait à une famille de banquiers de Paris, dont plusieurs, je crois, s'étaient établis en Angleterre, MM. Cottin. Il paraît qu'on lui avait promis la main d'une jeune et belle personne s'il avançait dans la carrière militaire. Cette réunion de circonstances avait rendu universel l'intérêt qu'on lui portait jusqu'en France. A mon arrivée, pour renouveler la compassion que j'avais éprouvée de son sort, dont j'avais été le témoin, je n'entendis chanter partout que cette romance historique, moins remarquable par le talent que par l'intérêt dont elle était le témoignage : elle est très connue ; je ne la place pas dans mes souvenirs comme étant de moi, mais comme faisant époque ; car je n'aurais pas eu le cœur de la composer.

Ciel ! ô ciel ! quel supplice infâme !
Ciel ! ô ciel ! relève mon âme.
O vous, guerriers, amans, vrais juges de l'honneur,
J'ai voulu servir ma patrie,
Et j'aspirais par ma valeur
A mériter ma Sophie :
Donnez des pleurs à mon malheur,
Rendez l'éclat à ma vie.

Hélas ! un jour me dit son père :
On t'aime et ta flamme m'est chère ;
Mais mon sang est illustre, et tu n'as pas d'aïeux :
Fends les mers, vole à la victoire ;

Reviens chargé d'un nom fameux ;
J'accorde tout à la gloire.
Sophie ajoute : Sois heureux,
   Et fidèle à ma mémoire.

Plein d'amour, brûlant de courage,
Imprudent, on l'est à mon âge,
J'apprends que dans le camp on demande un guerrier
   Que la mort, que rien n'intimide.
. . . .
. . . .

Devant moi, ma chère Sophie,
Marchait ton image chérie :
Du fantôme brillant j'avançais entouré ;
   L'amour, la gloire, la patrie,
Me guidaient à l'autel sacré
   Où tu m'allais être unie.
Dieux ! quel voile affreux s'est tiré
   Sur une aussi belle vie.

Un gibet ! tout mon sang se glace :
Je tremble ; il n'est plus là d'audace ;
Mon cœur à cette horreur n'était pas préparé.
   Cruels ! sauvez-moi l'infamie.
Ah ! je meurs assez déchiré ;
. . . .
Je meurs de Sophie adoré,
   C'est perdre trois fois la vie.

Osez-moi pleurer, ma Sophie ;
Non, je ne crains pas l'infamie ;
En signant mon arrêt, généreux Washington,
   Des pleurs ont baigné ton visage ;
La Fayette à sa nation
   Fera plaindre mon courage.
Américains, Français....
   J'aurai vos pleurs pour hommage.

APPENDICE III.

LETTRES DE LA FAYETTE AU COMTE D'ESTAING.

Bristol, 6 septembre 1778.

Cette lettre vous sera donnée par M. le chevalier de Pontgibaut *(sic)*, qui a porté mon épître au général Washington [1] et sa réponse avec une vélocité surprenante, et qui, dût-il devenir encore plus maigre, ambitionne l'honneur de vous remettre celle-ci.... Je voudrois bien vous être bon à quelque chose, Monsieur le comte, je voudrois pouvoir être bientôt près de vous, servir sous vos ordres et avec vous, faire quelque expédition qui pût rehausser la gloire des armées françoises et faire taire les curieux....

7 septembre.

M. de Pontgibaut vous dira qu'on a trouvé des provisions en chemin....

8 septembre,

Si vous recevez des réponses du Congrets *(sic)*, j'ose me flatter que vous daignerés me les faire savoir, tant je compte sur vos bontés. Si par hasard vous aviés quelque chose à envoyer de ce côté, M. de Pontgibaut y seroit infiniment propre par son zèle et son activité, et il seroit heureux de vous être utile.

Archives de la Marine. B. IV. 146, fol. 144-191.

[1]. Lettre du 25 août, dans laquelle La Fayette protestait contre les violences de langage du général Sullivan.

APPENDICE IV.

BREVET DE CAPITAINE.

16 juin 1779.

Commission au S. *Charles-Albert de Moré de Pontgibaud,* pour tenir rang de capitaine de dragons.

Louis, par la grâce de Dieu, Roy de France et de Navarre, à notre cher et bien amé L. S. Charles-Albert de Moré de Pontgibaud.

Salut. Mettant en considération les services que vous nous avez rendus dans toutes les occasions qui s'en sont présentées et voulant vous en témoigner notre satisfaction : A ces causes et autres à ce mouvant, nous vous avons commis, ordonné et établi, commettons, ordonnons et établissons par ces présentes signées de notre main pour prendre et tenir rang de capitaine dans nos troupes de dragons, du jour et date de ces présentes et ce sous notre autorité et sous celle de notre très cher et très amé cousin le duc de Coigny, colonel général de nos dragons, et de notre très cher et très amé cousin le duc de Luynes, mestre de camp général d'iceux.... La part et ainsi qu'il vous sera par nous ou nos lieutenants généraux commandé et ordonné pour notre service ; De le faire, vous donnons pouvoir, commission, autorité et mandement spécial. Mandons qu'à vous en ce faisant soit obéi : car tel est notre plaisir. Donné à Versailles le troisième jour de juin l'an de grâce mil sept cent soixante-dix-neuf et de notre règne le sixième.

LOUIS.

Par le Roy :
Le prince de Montbarrey.

APPENDICE V.

LE GÉNÉRAL BERTRAND ET JOSEPH LABROSSE.

Des relations de société s'étaient nouées entre le général Bertrand et Joseph Labrosse, à Trieste. Elles étaient devenues amicales et affectueuses après un voyage pendant lequel M. de Pontgibaud sauva les jours de Mme Bertrand (Mlle Dillon), qu'il accompagnait par courtoisie et dévouement. Les divergences politiques n'atténuèrent pas ces bons rapports. Nous citerons la lettre suivante, parmi plusieurs originaux de la main du grand maréchal du palais.

Ile d'Elbe, 9 mai 1814.

Mon cher Monsieur,

Vous aurez appris les derniers événements survenus en France; je suis venu à l'île d'Elbe à la suite de l'empereur Napoléon. Par son abdication l'Empereur nous a dégagés de nos serments; mais il est des obligations que l'honneur indique, et j'ai voulu partager les chances que pourrait courir encore l'Empereur dans sa retraite. J'attends bientôt ma femme et mes enfants. Vous allez rouler sur l'or; si jamais je fais aussi le commerce, ce qui pourrait m'arriver comme occupation, et même pour d'autres raisons, je serai à l'île d'Elbe le représentant du *marquis de la Brosse*.

Quand ma femme sera ici, je vous donnerai de ses nouvelles.

Conservez-moi une place dans votre bon souvenir, et par échappées donnez-moi quelquefois de vos nouvelles. Je ne vous parle de personne, mais vous jugerez que ce n'est que par discrétion et que par la même raison je ne vous écrirai que rarement. Vous connaissez mes sentiments pour vous et les vôtres.

Le général BERTRAND.

APPENDICE VI.

RESTITUTION DE BIENS NATIONAUX.

Voici une lettre qui fait honneur à son signataire, l'abbé Engelvin, curé de Pontgibaud, plus tard religieux de l'ordre de Saint-François. — Elle montre bien, dans une question si grave pour la propriété foncière de la France, toute la délicatesse des consciences chrétiennes.

Monsieur le Comte,

C'est le fils d'un ancien acquéreur de propriétés dont Monsieur votre père avait été dépouillé par la Révolution contre toute espèce de justice qui vous écrit aujourd'hui pour connaître vos intentions relativement à cette possession d'usurpation.

Je sais que devant la loi de l'État j'ai titre pour posséder ; mais cela est loin de me suffire, Monsieur le Comte, car devant une autre loi, devant cette loi divine, que des dispositions législatives commandées par la nécessité des temps et la dureté des cœurs ne sauraient abroger, devant cette loi immuable, éternelle, qui doit faire sentir tôt ou tard son effet malgré nos tempéraments politiques, la violence ne devient jamais un droit et la conscience est toujours admise à plaider les siens. En conséquence, Monsieur le Comte, je soussigné, me trouvant par la mort de mon père admis à partager avec deux sœurs une valeur en bien-fonds de 60,000 francs sur laquelle je peux rigoureusement revendiquer le tiers ; je viens vous déclarer que si mon lot porte sur des propriétés nationales qui vous aient appartenu, je suis prêt à vous restituer ce que votre justice en réclamera, pour l'acquit de ma conscience et suppléer autant qu'il est en mon pouvoir à ce que mon père aurait dû faire et n'a pas fait (au profit de son âme si la réparation n'est pas trop tardive). Cette déclaration faite en mon nom et au nom de ma mère, sa légitime se trouvant comprise dans les 60,000 francs et représentée par des propriétés nationales, à quoi bon la faire avant la prise de possession, puisque le partage n'a point encore eu lieu? Telle est la difficulté qui peut vous venir à l'esprit. Voici, Monsieur le Comte, pourquoi je me hâte : il peut survenir des embarras dans le partage; les enfants de feu mon oncle, propriétaire autrefois du moulin d'Anchald, ont manifesté quelques intentions de rechercher leur part dans la succession de mon père, en s'appuyant sur des titres dont je ne sais ni la valeur ni la force; il peut résulter de ces prétentions un procès; or, selon votre réponse, je me relâcherai plus ou moins de ce que je croirai mon droit, me considérant d'après elle comme chargé de pourvoir à vos intérêts ou libre de sacrifier les miens.

Pendant un voyage ou deux que vous avez faits dans ce pays-ci, je n'ai su, Monsieur, à quel titre j'aurais pu me présenter chez vous malgré le désir que j'avais de faire votre connaissance. Après cette démarche que je ne pouvais pas faire plus tôt, il me sera plus facile de vous demander cette faveur; et le titre de pasteur de cette paroisse, dont Monseigneur l'évêque de Clermont vient de m'investir, un peu contre mon goût, M. Le Nègre étant décédé il y a près de deux mois, en sera un pour venir vous remercier, au nom de mes paroissiens, de tout le bien que vous leur faites et de celui que vous leur faites espérer, rendant, comme il convient aux grandes âmes et aux nobles cœurs, le bien pour le mal à ce pays.

Si j'ai le bonheur de recevoir une réponse de Monsieur le Comte, loin de la trouver rigoureuse, quels que soient les sacrifices qu'elle me commande pour posséder légitimement le peu qui me restera, je ne croirai jamais avoir acheté trop cher cet avantage, et j'ose espérer que dans tous les cas cette lettre ne sera pas la dernière que vous me permettrez de vous adresser. Il se pourrait même que j'eusse recours à votre obligeance pour faire arriver jusqu'à Son Altesse Royale

Madame la Dauphine un écrit dont je suis prié de lui donner connaissance. Ce dernier service, du reste, en serait plutôt un pour la Princesse que pour moi, et cette considération que vous seriez en position de le rendre n'a nullement influé sur l'essentiel de ma lettre.

Agréez, etc.

Engelvin, *curé de Pontgibaud.*

A Pontgibaud, le 20 mars 1829.

La reconstitution du domaine de Pontgibaud commença en 1819, par l'acquisition du moulin, puis en 1827, de la terre d'Anchald. En 1833 fut achetée à Mme Rouher la première portion du château et du parc. Ce long travail fut complété de 1846 à 1882.

Le comte Armand de Pontgibaud prouva bien, sous la Restauration, que la propriété avait une valeur réelle de près d'un million, déduction faite des anciens droits féodaux, mais la liquidation du milliard des émigrés ne lui attribua que 150,000 francs. — Les quatre hôtels de sa famille, à Paris, vendus 1,200,000 francs, lui valurent une indemnité de 50,000 francs! — Une réclamation fut adressée au sujet des meubles enlevés à l'hôtel de la rue de Montmorency, comme ayant été transportés dans les résidences royales. Le comte de Pradel, en 1818, le duc de Doudeauville, en 1825, MM. Duvergier de Hauranne et de Montalivet, en 1830, reconnurent le bien fondé de la réclamation, mais déclarèrent, les premiers, qu'aucune loi n'autorisait la restitution des objets mobiliers, et les seconds, que la liquidation de la liste civile des rois Louis XVIII et Charles X ne les concernait pas.

CHÂTEAU DE PONTGIBAUD

APPENDICE VII.

LE CHATEAU DE PONTGIBAUD.

La terre de Pontgibaud appartenait dès le XIIe siècle aux Dauphins d'Auvergne. En 1255 les Montgascon, en 1375 les Beaufort tenaient cette antique baronnie. Successivement, des mariages la firent passer aux mains de Jean le Meingre de Boucicaut, maréchal de France (1412); de Gilbert III de Motier, seigneur de La Fayette, maréchal de France (1421); de Guy de Daillon, comte du Lude, gouverneur du Poitou (1558); de Gaston, duc de Roquelaure, pair de France (1653), de son fils Antoine, maréchal de France (1724-1738), et de la maison de Lorraine. — En 1756, César de Moré, seigneur de Chaliers, d'une vieille famille du Gévaudan, acheta le domaine. — Érigé en comté par Henri II en 1576, il le fut une seconde fois par Louis XV, en 1762.

Le château avait été commencé par Robert Ier, dauphin d'Auvergne, vers 1180. Il soutint trois sièges : en 1213, contre Archambaud de Bourbon; en 1556, contre les huguenots; en 1590, contre le marquis de Canillac qui commandait pour la Ligue.

C'est un vaste logis carré couronné de mâchicoulis et de créneaux, en pierres de taille grises aux joints rougeâtres, qui lui donnent un aspect imposant et sévère. Six grosses tours relient son mur d'enceinte que domine un haut donjon. Une petite chapelle intérieure aux voûtes à nervures est du XVe siècle. Des constructions de l'époque de Louis XIII viennent d'être abattues par M. le comte César de Pontgibaud; l'ancien caractère du château fort est ainsi fidèlement reconstitué, et complète l'heureuse restauration qui lui a rendu tout son cachet historique.

Une admirable vue sur la vallée de la Sioule, les Monts-Dore et la chaîne du Puy-de-Dôme place dans un cadre incomparable ce vieux manoir, qui demeure l'une des constructions féodales les plus curieuses de l'Auvergne.

TABLE NOMINATIVE

A

ABDEKER, 181.
ABRANTÈS (Duchesse d'), 164, 204.
ADELCREUTZ, 209.
ADRETS (Baron DES), 318.
ADRIEN, 187.
AGRIPPA, 318.
ALBON (Comte d'), 9.
ALCANTARA (DOM PEDRO D'), 297, 299.
ALCIBIADE, 25.
ALLAGNAT (D'), 115.
ALTESTI (M.), 293.
ALTESTI (Mlle), 293.
ANCHALD (Mme D'), 241.
ANDRÉ (Major), 74, 76, 77, 78, 165, 321.
ANGOULÊME (Duc D'), 231, 269, 299.
ANGOULÊME (Duchesse D'), 231, 299, 328.
ANHALT (Prince D'), 129.
ANTINOUS, 187.
ANVILLE (Duchesse D'), 124.
ARBELLES (D'), 160.
ARGOUT (Comte D'), 313.
ARMAGNAC (JACQUES D'), 318.
ARMAILLÉ (DE LA FOREST D'), 275.
ARMAND (Colonel). *Voir* LA ROUËRIE.
ARNOLD (Général), 60, 74, 75, 76, 77, 78, 79.
ARNOLD (Mme), 79.
ARTOIS (Comte D'). *Voir* CHARLES X.
AUBIGNÉ (Mlle D'), 120.
AUBUSSON (Comte D'), 273, 274.
AUGEREAU (Maréchal), 274.
AUGUSTE, 318.
AUGUSTE DE POLOGNE, 167.
AURILLAC (Baron D'), 236.
AURILLAC (Mme D'), 236, 260, 273.
AZAÏS, 27.

B

BACON, 159.
BAILLY, 128, 129.
BALCH (THOMAS), 20.
BALLANTYNE, 16.
BALSAMO. *Voir* CAGLIOSTRO.
BALTET, 315.
BALZAC (GUEZ DE), 132, 212.
BALZAC (HONORÉ DE), 15, 16, 21.
BAR (Baron DE), 9.
BARRAS, 14.
BARRIÈRE, 17.
BARRY (Comtesse DU), 4.
BART (JEAN), 100.
BARTHE, 313.
BAUDET-DUBARY, 305.
BAUDET-LAFARGE, 305.
BAYON (Mme DE), 240.
BEAUFORT (DE), 37.
BEAUFORT (Maison DE), 329.
BEAUHARNAIS (EUGÈNE DE), 203.
BEAUHARNAIS (Général DE), 125.
BEAUHARNAIS (Marquis DE), 28.
BEAUJOLAIS (Comte DE), 162.
BEAUMARCHAIS, 86, 117, 189.
BEAUMESNIL (Mlle), 161, 162.
BECDELIÈVRE (Marquise DE), 236.
BÉHAGUE (Comte DE), 120.
BELABRE (M. DE), 275.
BELABRE (Mme DE), 220, 237, 239.
BELLECIZE (DE), 116.
BERCHENY (DE), 230, 231.
BERNADOTTE, 208.
BERNAY (DE), 23.
BERNAY (Mme DE), 306.
BERRY (Duc DE), 219, 220, 231, 249.

BERRY (Duchesse DE), 231, 232, 234, 246, 249, 288, 299, 310, 312.
BERTHIER 305.
BERTIER DE SAUVIGNY, 305, 306.
BERTRAND (Général), 10, 204, 205, 325.
BERTRAND (Mme), 325.
BERVILLE, 17.
BESSARION, 123.
BÈZE DU LYS (DE), 318.
BIAS, 137.
BINGHAM, 153.
BIRON (Maréchal DE), 101.
BLANCHARD, 50.
BLANGY (Marquis PIERRE DE), 236, 242.
BLANGY (Marquise DE), 236.
BLANGY (Marquis ROGER DE), 236.
BLANGY (Marquis XAVIER DE), 236.
BLANGY (Comte DE), 236.
BLANGY (NOÉMI DE). Voir Comtesse CÉSAR DE PONTGIBAUD.
BLANGY (Comtesse DE). Voir Mlle DE VAUCRESSON.
BOILEAU, 54.
BOISBERTRAND (DE), 64.
BOISGELIN (Marquis DE), 273.
BOISGELIN (Mme DE), 273.
BOISGELIN (Mlle DE), 273.
BOLLMANN, 172, 173, 174.
BONALD (DE), 29.
BONAPARTE (JÉRÔME), 19, 210, 211.
BONAPARTE (NAPOLÉON), 62, 100, 126, 159, 163, 188, 192, 193, 194, 203, 204, 205, 206, 208, 210, 211, 212, 214, 226, 274, 292, 325.
BONNAY (Marquis DE), 9.
BONTEMS, 45, 46, 47.
BORDEAUX (Duc DE), 228, 246, 250, 252, 299, 308.
BORY (DE), 317.
BOSSUET, 166.
BOUCICAUT (LE MEINGRE DE), 329.
BOUFFLERS (Chevalier DE), 113.
BOURBON (ARCHAMBAUD DE), 329.
BOURBON (Duc DE), 130, 232, 314.
BOURBON (Maison DE), 9, 214.
BOURBON-BUSSET, 61.
BOURBON-BUSSET (Comte DE), 243.
BOURBON-BUSSET (Vicomte DE), 243.
BOURGOGNE (Duc DE), 166.
BOURRIENNE, 274.
BOUTAREL, 215, 232, 277.
BRÉZÉ (M. DE), 234, 243, 281.
BROGLIE (Maréchal DE), 126, 136.
BROGLIE-REVEL (Prince DE), 31, 216.
BROUSSEL, 125.
BRUGES (Mlle DE), 233.

BRUNET, 17.
BRUNOY (Marquis DE), 318, 319.
BRUNSCWIK (Duc DE), 134, 135, 136.
BURGH (Colonel), 166.
BURKE, 150, 151.
BURR, 61.
BUSONI, 234.
BYRON (Amiral), 84.

C

CACQUERAY (DE), 107, 108, 109.
CAGLIOSTRO, 172.
CANAYE, 206.
CANE (Prince), 119.
CANILLAC (Marquis DE), 329.
CAPELLIS (Amiral DE), 106, 107, 112, 113, 161.
CAPRON, 119.
CARLISLE (Lord), 79.
CARONDELET (DE), 163.
CASANOVA, 57.
CASIMIR PÉRIER, 259, 307, 313, 314.
CASTELCICALA (Prince DE), 257.
CASTELLANE (Marquis DE), 273.
CASTELLANE (Maréchal DE), 268, 269, 273, 284.
CASTRIES (Maréchal DE), 112, 126, 136.
CATHERINE II, 129, 293.
CATHERINE DE MÉDICIS, 130.
CAYLA (Comtesse DU), 149, 259.
CAZOTTE, 132.
CHABOUT, 317.
CHABROL-CHAMÉANE (DE), 140.
CHABROL DE CROUSOL (DE), 269.
CHABROL-VOLVIC (DE), 223, 269.
CHALAIS (Prince DE), 9.
CHALIERS. Voir MORÉ.
CHAMFORT, 124.
CHAPELAIN, 132.
CHARDIN, 258.
CHARETTE, 194.
CHARLES (M.), 5.
CHARLES IX, 130.
CHARLES X (Comte D'ARTOIS), 5, 7, 11, 12, 61, 120, 126, 130, 160, 188, 231, 284, 299.
CHARLES Ier d'Angleterre, 128, 133.
CHARLES II, 133.
CHARLES III d'Espagne, 108, 109.
CHARLES IV, 108, 163.
CHARLES XII de Suède, 167, 207, 209.
CHARLES XIII. Voir Duc DE SUDERMANIE.
CHARLES VI de Lorraine, 196.
CHARLES-EMMANUEL de Savoie, 320.

CHARLES-FÉLIX de Savoie, 272.
CHARLEVAL (DE), 206.
CHASTELLUX (Comte DE), 9.
CHATEAUBRIAND, 226, 255.
CHATEAUNEUF-RANDON, 319.
CHAVANGES (Mlle DE), 274.
CHENIZOT (GUYOT DE), 235, 242.
CHERMONT (DE), 120.
CHOISEUL, 33, 85.
CHOISEUL-GOUFFIER (Comte DE), 124.
CINQ-MARS, 318.
CLERFAYT, 135.
CLERMONT-TONNERRE (Duc de), 283.
CLOTZ (ANACHARSIS), 29.
COCU, 275.
COËTQUEN DES ORMEAUX (DE), 216.
COIGNY (Duc DE), 324.
COLIN, 23.
CONDÉ (Prince DE), 124, 130, 136.
CONNEAU, 320.
CONRART, 132.
CONSTABLE, 16.
CONSTANT (BENJAMIN), 275.
CONTI (Prince DE), 130.
CONWAY (Comte DE), 120.
COOK, 202.
CORNWALIS, 4, 18, 103, 104, 105.
CORVETTO, 223.
COSSÉ-BRISSAC (Comte DE), 228.
COTTIN, 321.
COTTINEAU, 98.
COUGY (Mgr DE), 10, 231, 235.
COUDRAY (DE), 64.
COUËDIC (DU), 100.
COUTHON, 319.
CRÉBILLON, 179.
CROMWELL, 132, 212.
CUSTINES (DE), 104.

D

DALDIN DE BELVÈZE, 23.
DAMAS (Comte DE), 9.
DAMBRAY, 223.
DAUGER (Comtesse), 236.
DAUPHIN (fils de Louis XV), 130.
DECAZES, 218, 223.
DECRÈS, 249.
DELAUNAY (Mlle), 17.
DELESERT, 259.
DELILE, 131.
DELORME (MARION), 9, 13, 155.
DENYS, 286.
DIDIER, 218.
DIDON, 194.
DIÉTRICH, 180.

DILLON (Général ARTHUR), 164.
DILLON (ROBERT DE), 113.
DINO (Duc DE), voir TALLEYRAND-PÉRIGORD.
DIOCLÉTIEN, 212.
DONIOL, 20.
DOSSONVILLE, 188, 189, 190, 191, 192, 193.
DOUDEAUVILLE (Duc DE), 328.
DOUGLAS, 21.
DREUX-BRÉZÉ (Marquis DE), 128, 129, 231, 236.
DREUX-BRÉZÉ (Comte DE), 273.
DREUX-BRÉZÉ (Mlle DE), 10.
DREUX-BRÉZÉ (Mlle DE). Voir Baronne D'AURILLAC.
DUBOUCHAGE, 223.
DUFORT DE CHEVERNY (Comte), 4, 27, 188, 190.
DUFORT DE CHEVERNY (ANTOINETTE), 190.
DUFRESNES, 120.
DUJARDIN, 23.
DUPORTAIL, 62, 75, 87, 146, 147, 163.
DUVERGIER DE HAURANNE, 328.

E

EGALITÉ (les fils), 7, 163.
ELISABETH (Madame), 124, 236.
ENGELVIN, 215, 246.
ENGELVIN (l'abbé), 326, 328.
ENGHIEN (Duc D'), 130, 207.
EPHRAIM, 170.
EPICARIS, 39.
ESTAING (Comte D'), 70, 80, 81, 82, 83, 323.

F

FAIRFAIX, 132.
FARACABA, 113, 114.
FARMER, 100.
FAVIER, 275.
FAVRAS, 149.
FELTRE (Duc DE), 223.
FÉNELON, 166.
FERDINAND VII d'Espagne, 265.
FERDINAND d'Autriche, 195.
FERNAY (Comte DE), 14.
FERRIER, 57.
FERRIÈRES (Marquis DE), 81.
FERRIÈRES (Amiral DE), 81, 82, 215, 216, 218, 228, 240, 250.
FERRIÈRES (Mme DE), 228, 241, 250.
FERSEN (Comte DE), 208.

FESCH (Cardinal), 294.
FEUCHÈRES (Baronne DE), 314.
FIÉVÉ, 226.
FINGUERLIN, 234, 236, 238.
FLAHAUT (FÉLICITÉ DE), 106.
FLEURY (Mlle), 61.
FLORIAN (Comtesse DE), 286, 310.
FORGET (Baron DE), 286.
FOUCHÉ (Duc d'OTRANTE), 10, 191, 192, 193, 205, 206.
FOUGIÈRES (Comte DE), 5, 214, 246, 251, 254, 288.
FOUGIÈRES (Comte DE), maréchal de camp, 214.
FOUGIÈRES (Comtesse DE). Voir Comtesse DE MORÉ.
FOUGIÈRES (Comtesse DE), 239, 246, 251.
FRANÇOIS DE LORRAINE, 196.
FRANKLIN, 5, 57.
FRÉDÉRIC II, 86.
FRÉDÉRIC (Prince de Prusse), 134.

G

GALLOIS DE LA TOUR (Mgr DES), 248.
GATES, 60, 103.
GAY, 276.
GEFFROY, 120.
GELLIAS, 203.
GEORGES Ier, 80.
GEORGES III, 79, 103.
GEORGES CADOUDAL, 191.
GÉRARD (CONRAD), 85.
GÉRARD (Général), 259.
GÉRARD DE RAYNEVAL, 85.
GERLE (Dom), 311.
GÉVAUDAN, 259.
GIMAT (DE), 98.
GIROD DE L'AIN, 313.
GISQUET, 303.
GIVRY (DE), 237.
GLOCESTER (Duc DE), 234.
GLUCK, 122.
GONTAUT-BIRON (CHARLOTTE DE), 243.
GOT, 259.
GOTTORP (Comte DE). Voir GUSTAVE IV.
GOUPY, 234.
GOUVERNET (Comte DE), 164.
GOUVERNEUR-MORRIS, 150, 153.
GOUVION (DE), 75.
GRASSE (Comte DE), 15, 99, 103.
GRAVIER, 249.
GREFFULHE (M.), 274.
GREFFULHE (Mme), 273.
GREFFULHE (Mlle), 273.

GRIBEAUVAL (DE), 163.
GRIGNAN (Mme DE), 29.
GROLLIER DE SERVIÈRES, 320.
GROLLIER (HUBERT DE), 320.
GUÉBRIANT (Comte DE), 318.
GUÉMÉNÉE (Princes DE), 9.
GUERMANDE (Mlle de), 228.
GUILLAUME V de Nassau, 122.
GUSTAVE-ADOLPHE, 207.
GUSTAVE III, 206, 207, 208.
GUSTAVE IV, 10. 206, 207, 208.
GUSTAWESON. Voir GUSTAVE IV.
GUYON (Mme), 166.

H

HAMILTON, 17, 77, 79.
HAMILTON (Colonel), 61, 158, 166, 169.
HARCOURT D'OLLONDE (Mlle D'). Voir Mme DE BOISGELIN.
HARIAGUE (D'), 2, 27, 31.
HARIAGUE (HERMINE D'). Voir Mme DE MOGES.
HASTINGS, 150.
HENRI II, 329.
HENRI IV, 9.
HENRI V. Voir Duc DE BORDEAUX.
HENRI de Prusse (Prince), 86.
HÉRAULT DE SÉCHELLES, 125.
HERBOUVILLE (Marquis D'), 184.
HOCQUINCOURT (Maréchal D'), 206.
HOLSTEIN (Duc DE). Voir PIERRE III.
HOWARD. Voir CARLISLE.
HOWE (Amiral), 80, 84.
HOWE (Général), 65, 80.
HUGER (FRANCIS), 172.
HUGO (VICTOR), 9, 135, 231.
HUSSEIN-PACHA, 297.

I

IMBERT, 23.

J

JARNOWICH, 119.
JAUCOURT (DE), 154.
JEAN VI, 297.
JEFFERSON, 154, 155, 156.
JOHNSTON, 66.
JOINVILLE, 17.
JOMARD, 291, 293, 297, 302, 309, 312.
JONES, 98, 99, 100, 101, 102.
JOSÉPHINE (Impératrice), 125.
JOUVENCEAU D'ALLAGNAT, 47, 49.
JUGE, 5, 281.

JUMONVILLE (DE), 62, 63.
JUNOT, 10, 203, 204, 205.

K

KEPPEL (Amiral), 98.
KERMORAN (DE), 64.
KLINGSPORR, 209.
KNOX, 61.

L

LABÉDOYÈRE (Comtesse DE), Princesse DE LA MOSKOWA, 233.
LA BÉLINAIE, 61.
LA BORDE (DE), 259.
LABOULAYE (Edouard), 20.
LABROSSE. Voir Comte DE PONTGIBAUD.
LA CLOCHETERIE (DE), 99.
LA COLOMBE (DE), 170, 171, 172, 174, 180, 184, 185.
LADVOCAT, 19.
LAFAYETTE (GILBERT III DE), 329.
LAFAYETTE (Général DE), 3, 4, 6, 18, 48, 54, 59, 62, 64, 65, 70, 71, 72, 75, 78, 79, 80, 81, 82, 84, 85, 87, 88, 89, 90, 92, 93, 94, 95, 97, 98, 100, 101, 103, 104, 105, 115, 117, 126, 129, 132, 144, 149, 164, 170, 171, 172, 173, 174, 232, 233, 292, 322, 323.
LAFAYETTE (Mme DE). Voir NOAILLES.
LA FERRONNAYS (ALBERT DE), 265.
LA FERRONNAYS (ALEXANDRINE DE), 265.
LA FERRONNAYS (OLGA DE), 265.
LA FERRONNAYS (Comtesse DE), Mlle DE MONTSOREAU, 265
LAFFITTE, 234, 259, 313.
LA HARPE, 132.
LA HIRE, 30.
LAINÉ, 223.
LAIZER (M. DE), 286.
LALLEMAND, 247.
LA MARCK (Comte DE), 120.
LA MARCK (Comtesse DE), 120.
LAMARQUE (Général), 311.
LAMBERT DES GRANGES, 228.
LAMBERT DES GRANGES (Mme), 228.
LAMETH (ALEXANDRE DE), 126.
LAMETH (AUGUSTIN DE), 126.
LAMETH (CHARLES DE), 104, 126.
LAMETH (THÉODORE DE), 126.
LA MOTHE-HOUDANCOURT (Maréchal DE). 318.
LANDAIS, 87, 90, 91, 99, 101, 102.

LA PANOUSE (DE), 259.
LA POËZE (Comtesse DE), 233.
LAPORTE (FÉLICITÉ DE), 216.
LAPORTE (SÉBASTIEN), 319.
LAQUEUILLE (DE), 223.
LA ROCHEFOUCAULD (Duc DE), 17.
LA ROCHEFOUCAULD, Duc DE DOUDEAUVILLE, 255.
LA ROCHEFOUCAULD, Duc DE LIANCOURT, 77, 149.
LA ROCHEFOUCAULD (Vicomte SOSTHÈNE DE), 255.
LA ROCHEFOUCAULD (NICOLE DE). Voir Duchesse D'ANVILLE.
LA ROCHELAMBERT (AMANTINE DE). Voir Comtesse ARMAND DE PONTGIBAUD.
LA ROCHELAMBERT (Comte DE), 10, 239.
LA ROCHELAMBERT (Marquise DE), Mlle DE DREUX-BRÉZÉ, 231, 232, 236, 238, 247, 257, 273, 279, 281, 312.
LA ROCHELAMBERT (Comte AUGUSTE DE), 231, 241.
LA ROCHELAMBERT (Comtesse AUGUSTE DE), 236, 243.
LA ROCHELAMBERT (Marquis HENRI DE), 233.
LA ROCHELAMBERT (Marquise HENRI DE), 307.
LA ROCHELAMBERT (GABRIEL DE), 308.
LA ROUËRIE (Marquis ARMAND TUFFIN DE), 61, 62, 64, 87.
LA RUE (DE), 217.
LATOUCHE-TRÉVILLE (Amiral DE), 101.
LA TOUR D'AUVERGNE (Comte DE), 9.
LA TOUR DU PIN GOUVERNET (Marquis DE). Voir Comte DE GOUVERNET.
LA TOUR DU PIN GOUVERNET (Comtesse DE), 164.
LATUDE, 2.
LAUZUN (Duc DE), 104, 113.
LAVALETTE (Mme DE), 29.
LAVARDIN (Maréchal DE), 9.
LAVAU (GUY DE), 228, 260.
LAVAU (Mme DE), 14, 228, 246, 259, 260, 275.
LAVERGNE (DE), 197.
LA VILLE HÉLIO (DE), 50, 94.
LA VRILLIÈRE. Voir PHÉLIPEAUX.
LAW, 274.
LE CLERC DE GRANDMAISON, 32.
LEE, 102.
LEE (Général), 60, 72.
LEFÈVRE, 87.
LEGAY, 215, 217, 219, 221, 225, 227, 229, 232, 233, 244, 248.
LEGENDRE, 27.

LE MIRE, 42.
LE MIRE, 317.
LENCLOS (NINON DE), 13, 29.
LE NÈGRE, 327.
LÉONARD, 119.
LEPAGE, 26.
LERICHE, 138, 140, 141.
LEROUX, 290.
LE ROY, 259.
LE VENEUR DE CAROUGES (Mlle), 253.
LÉVI, 197.
LIANCOURT (Duc DE). *Voir* LA ROCHE-FOUCAULD.
LIVRY (DE), 116.
LORRAINE (Princesse DE), 9.
LOUIS XI, 318.
LOUIS XIII, 128, 132, 317, 329.
LOUIS XIV, 117, 121.
LOUIS XV, 1, 97, 119, 126, 130, 172, 324, 329.
LOUIS XVI, 5, 31, 61, 62, 81, 100, 119, 124, 126, 128, 132, 133, 134, 150, 163, 164, 170, 188, 207.
LOUIS XVIII, 112, 126, 128, 130, 184, 188, 192, 194, 228, 233, 252, 328,
LOUIS-NAPOLÉON, 320.
LOUIS-PHILIPPE D'ORLÉANS, Roi des Français, 12, 49, 126, 127, 150, 162, 210, 231, 292, 295, 297, 298, 302, 305, 314, 315.
LOUIS (Baron), 313.
LOUVEL, 249.
LOUVOIS, 121.
LUCIEN, 166.
LUCULLUS, 292.
LUDE (DE DAILLON, Comte DU), 329.
LUYNES (Duc DE), 324.

M

MAC HENRI, 144, 145, 146.
MAC-MAHON (DE), 197.
MAIGNET, 319.
MAILLART, 318.
MAINTENON (Mme DE), 120, 125.
MAISTRE (XAVIER DE), 146.
MALESHERBES, 33.
MALET (Marquise DE), 215, 241, 250.
MANVILLE, 320.
MARBOT, 259.
MARÉCHAL, 285.
MARET, 276.
MARIA de Portugal (DONA), 297.
MARIE-ANTOINETTE d'Autriche, 70, 119, 120, 126, 127, 196, 208.
MARIE-THÉRÈSE de Habsbourg, 178, 196.

MARINO, 161, 162.
MARMONT (Maréchal), 205, 274.
MASSÉNA, 259.
MAUDUIT DUPLESSIS (DE), 61, 66, 87, 90.
MAUMONT (DE), 318.
MAXIMILIEN d'Autriche, 318.
MAZANIELLO, 130.
MEDINA CŒLI (PEDRO FERNANDEZ, Duc DE), 108.
MEDINA CŒLI (LUIZ, duc DE), 108.
MIGUEL (DOM), 297.
MINETTA, 113, 114.
MINIER, 50.
MIRABEAU, 128, 129, 149.
MIRAMON (Mlle DE CASSAGNE DE BEAU-FORT DE), 268.
MOGES (Marquis DE), 31, 32.
MOGES (Marquise DE), 21, 216, 244.
MOGES (Vicomte DE), 228.
MOGES (Mlle DE), Princesse DE BROGLIE, 216.
MONTAIGNE, 178.
MONTALIVET (Comte DE), 313, 328.
MONTAMAT (DE), 197.
MONTBARREY (Prince DE), 324.
MONTBOISSIER CANILLAC, 25.
MONTCALM (Marquis DE), 67.
MONTEYNARD (Mme DE), 260.
MONTGASCON (DE), 329.
MONTGOLFIER, 5.
MONTGRAND (Marquis DE), 275.
MONTMORENCY (Baron DE), 50.
MONTMORENCY - TANCARVILLE (CHARLOTTE DE), 228.
MONTPENSIER (Duc DE), 162.
MONTROND, 160.
MORÉ (ALBERT-FRANÇOIS DE). *Voir* Comte DE PONTGIBAUD.
MORÉ (ANTOINE DE), 197.
MORÉ (CÉSAR DE), Seigneur DE CHALIERS, 1, 2, 23, 24, 329.
MORÉ (CHARLES-ALBERT, Comte DE), Chevalier DE PONTGIBAUD, 2, 3, 4, 6, 7, 9, 10, 12, 14, 15, 16, 17, 20, 21, 22, 28, 31, 32, 37, 61, 74, 81, 97, 115, 116, 143, 144, 154, 200, 215, 221, 229, 231, 308, 315, 317, 320, 321, 323, 324.
MORÉ (Comtesse DE). Mlle DE VAUX, Comtesse DE FOUGIÈRES, 7, 97, 214, 221, 251, 266,
MORÉ (JEAN-BAPTISTE DE), 23.
MORÉ (Maison DE), 1, 16.
MORÉ-PONTGIBAUD (CHARLES, Comte DE), 268, 284.
MORÉ-PONTGIBAUD (Comte DE), 291.

Moré-Pontgibaud (Joachina de), 238, 247.
Moreau de Saint-Merry, 148, 149.
Moskova (Princesse de la). *Voir* La-bédoyère.
Muller, 164.
Muller (Jean), 123.
Muzart, 56.

N

Nantouillet (Comte de), 9.
Napoléon. *Voir* Bonaparte.
Narbonne, 28, 124, 131.
Nédonchel (Comtesse de), 236.
Nédonchel (Eugénie de), 243.
Nemours (Duc de), 296.
Nguyen (le Roi), 119.
Nigot de Saint-Sauveur (Hermine), Marquise de Ferrières, 81.
Nigot de Saint-Sauveur (Mlle), Mme Lambert des Granges, 228.
Nigot de Saint-Sauveur (Mlle), Mme Pecquet de Champlois, 27.
Noailles (Comte de), 7.
Noailles (Duc de), 120.
Noailles (Vicomte de), 149, 150, 153, 163.
Noailles (Mlle de), Mme de Lafayettte, 89, 94.
Noailles (Françoise de). *Voir* Comtesse de La Marck.
Nostradamus, 123, 130.

O

Ogier (Achille), 275.
Ogier d'Hénonville, 213.
Ogier (Mlle). *Voir* la Présidente de Salaberry.
Ogier (Famille), 244, 250.
O'Hara (Général), 105.
Olavidès, Comte de Pilos, 4.
Orléans (Duc d'), 127.
Orléans (Duc). *Voir* Louis-Philippe.
Orléans (Duchesse d'), 231.
Orléans (Mlle d'), 231.
Orléans (Princesse Louise d'), 314.
Orvilliers (Comte d'), 98.
Osselin, 186.

P

Panisse (Comte de), 275.
Papirius Prétextatus, 39.
Paris de Montmartel. *Voir* Marquis de Brunoy.

Parme (Duchesse de), 246.
Paskiévitch (Général), 299.
Patterson (Mlle), 210.
Pecquet de Champlois, 27, 28, 38.
Pecquet de Champlois (Mlle). *Voir* Comtesse de Pontgibaud.
Penn (Guillaume), 168.
Périer. *Voir* Casimir Périer.
Perregaux, 234.
Petit, 28.
Phélipeaux, Duc de la Vrillière, 2, 33.
Piccini, 122.
Pichegru, 19, 122, 191.
Pierre Ier, 167.
Pierre III, 129.
Pierre de Bernis, 200.
Piganiol de la Force, 34, 317.
Pigneau de Béhaine, 119.
Pilos (Comte de). *Voir* Olavidès.
Pimodan (Marquis de), 9.
Pinel, 118.
Piron, 119.
Plutarque, 25.
Polastron (Gabrielle de). *Voir* Duchesse de Polignac.
Polignac (Duchesse de), 125.
Pomereu (de), 27.
Pons (l'Abbé de), 9.
Pontgibaud (Albert-François de Moré, Comte de), *dit* Joseph Labrosse, 5, 6, 8, 9, 10, 11, 16, 19, 138, 177, 197, 199, 200, 203, 205, 206, 207, 210, 211, 213, 215, 216, 217, 219, 221, 224, 225, 227, 232, 237, 241, 262, 272, 278, 291, 325.
Pontgibaud (Mlle Pecquet de Champlois, Comtesse de), *dite* Mme Labrosse, 6, 10, 138, 141, 197, 224, 229, 242, 261, 291.
Pontgibaud (Comte Armand de), 10, 11, 12, 224, 231, 233, 236, 238, 240, 244, 245, 247, 249, 251, 254, 256, 257, 260, 262, 264, 266, 268, 272, 276, 278, 279, 281, 283, 284, 285, 286, 288, 304, 308, 310, 313, 328.
Pontgibaud (Amantine de la Roche-lambert, Comtesse Armand de), 138, 231, 232, 233, 236, 246, 247, 259, 260, 261, 262, 263, 264, 266, 268, 272, 286, 287, 290, 291, 293, 295, 298, 300, 301, 302, 307.
Pontgibaud (Albert-Victoire de), 138.
Pontgibaud (Comte César de), 254, 257, 259, 260, 264, 266, 268.
Pontgibaud (Comtesse César de), 236, 242, 254.

PONTGIBAUD (Comte CÉSAR II DE), 21, 329.
PONTGIBAUD (Chevalier DE). *Voir* CHARLES-ALBERT, Comte DE MORÉ.
PORTAIL (DU). *Voir* DUPORTAIL.
PORTELETTE (JULIE), 251, 261.
PORUS, 165.
POTAVERI, 186.
POUYER-QUERTIER (Mlle), 233.
PRADEL (DE), 237, 328.
PRADT (Abbé DE), 176.
PRÉVILLE (DE), 62.
PROVENCE (Comtesse DE), 214.
PUYMODAN (DE), 237.
PUYMONTBRUN (Mme DE), 247.

Q

QUÉLEN (Mgr DE), 294.

R

RAIMONDIS (DE), 84, 88.
RAYNAL, 154.
RECLESNE (DE), 236.
REGIO MONTANUS. *Voir* MULLER.
RETZ (Cardinal DE), 17, 125.
REUBELL, 159.
RIAL, 185.
RICHELIEU (Cardinal ARMAND DE), 132, 155.
RICHELIEU (Cardinal ALPHONSE DE), 317.
RICHELIEU (Duc DE), 223, 255.
RIGNY (Comte DE), 313.
ROBERT Ier, Dauphin d'Auvergne, 329.
ROBERT DE SAINT-VINCENT, 318.
ROBESPIERRE, 190. 311.
ROCHAMBEAU (Général DE), 4, 14, 100, 102, 103, 105, 117, 120, 208.
RODNAY (Amiral), 99, 103.
ROHAN-CHABOT (ADÉLAÏDE DE), 273.
ROLS (Mlle DE), 275.
ROMÉE DE VERNOUILLET (Marquis), 32.
ROQUELAURE (ANTOINE, Maréchal DE), 329.
ROQUELAURE (GASTON, Duc DE), 329.
ROUHER (Mme), 328.
ROUSSET (CAMILLE), 121.
RUBENS, 57.
RUFFO (Comte DE), 239, 248, 257.

S

SADE (Marquis DE), 318.
SAINT-AUBIN (DE), 317.
SAINT-CHAMANS (Marquis DE), 275.
SAINT-CHAMANS (Général DE), 250, 265.
SAINT-EVREMOND, 206.
SAINT-GERMAIN (Comte DE), 172.
SAINT-RÉMY (Mme DE), 241.
SAINT-SIMON, 121.
SAINTE-ALDEGONDE (DE), 274.
SAINTE-ALDEGONDE (VALENTINE DE), 274.
SAINTE-CROIX (DESCORCHES, Marquis DE), 259.
SAINTE-CROIX (Mme DE), 259.
SAINTE-CROIX (CHARLES DE), 259.
SAINTE-FOY (DE), 160.
SAINTE-MARIE D'AGNEAUX, 236.
SALABERRY (CHARLES-FRANÇOIS, président DE), 4, 25.
SALABERRY (CHARLES-VICTOR, président DE), 27, 32, 57, 95, 119.
SALABERRY (CHARLES-MARIE, Comte DE), 12, 14, 15, 216, 218, 219, 226, 244, 250, 259, 287, 306.
SALABERRY (la présidente DE), 25, 26, 213.
SALABERRY (MARIE-CHARLOTTE DE), Comtesse DE MORÉ-CHALIERS. 1, 23, 24.
SALABERRY (Mlle DE), Mme d'HARIAGUE, 31.
SALABERRY (Mlle DE). *Voir* Mme DE LAVAU.
SALERON, 259.
SARLABOUS (Comte DE), 115.
SAULCE, 131.
SAURIN, 96.
SAXE (Maréchal DE), 183, 184.
SAXE-COBOURG (Prince FRÉDÉRIC DE), 171.
SAXE-COBOURG (Prince LÉOPOLD DE), 314.
SCARRON, 125.
SCHÉRER, 234, 236, 238.
SÉBASTIANI (Général), 299, 313.
SEIGNEUR, 50, 94.
SÉMONVILLE (HUGUET DE), 276, 277.
SÉNART, 188.
SEPTCHESNES (DE), 128.
SERIN (DE), 195.
SÉRURIER (Maréchal), 198.
SÉVIGNÉ (CHARLES DE), 29.
SÉVIGNÉ (Marquise DE), 29.
SFORZA (LOUIS), 318.
SILVESPARE, 209.
SIXTE VI, 123.
SOLIMAN, 195.
SOULT (Maréchal), 313.
SPINETTE (DE), 197.

STAËL, 216, 255.
STARCK, 61, 745.
STERNE, 20.
STEUBEN (Baron DE), 86.
STRUCKMAN, 50.
SUDERMANIE (Duc DE), 206, 208.
SUFFREN (Bailly DE), 81.
SULLIVAN (Général), 60, 82, 84, 85, 323.
SUZANNET (DE), 194.

T

TALLEYRAND (Prince DE), 7, 149, 154, 155, 156, 157, 159, 160, 161, 164, 296, 314.
TALLEYRAND-PÉRIGORD (Cardinal DE), 294.
TALLEYRAND-PÉRIGORD (EDMOND DE), Duc DE DINO, 274.
TALMONT (Mlle DE), 275.
TALON (OMER), 149, 150, 153, 259.
TALON (Général), 149.
TALON (Mlle). *Voir* Mme DE SAINTE-CROIX.
TALON (Mlle). *Voir* Comtesse DU CAYLA.
TANCRÈDE, 186.
TENORIO, 108.
TERNAN (DE), 87, 100.
TERNAUX, 259.
THÉLUSSON (Mlle DE), 308.
THÉOT (CATHERINE), 311.
THIERCELIN, 15.
THIERRY-POUX, 306.
THOMAS, 63.
THOMÉ (Marquis DE), 32.
THOMÉ (M. DE), 213, 242, 244, 260.
THOMÉ (Mlle OGIER, Marquise DE), 213.
THOMÉ (Mlle DE), Mme DE BELAIRE, 237.
THOU (DE), 318.
THURET, 242.
TIPPO-SAHIB, 103.
TISSANDIER, 244.
TOULONGEON (DE), 190.

TOURNADRE, 28,
TOURNON (Comte DE), 285.
TRAVERSA, 119.
TRENCK, 195.
TRIPIER, 259.
TRIVULCE, 38.
TURENNE, 39.

V

VALON (Comtesse DE), 233,
VANDERK, 177.
VAUBAN, 37.
VAUBOREL (CHARLES DE), 253.
VAUBOREL (Mme DE LA CHAMBRE DE), 253, 304.
VAUCRESSON (Mlle DE), 236, 239, 246, 275.
VAULSERRE (Mme DE), 235, 239, 241, 246.
VAUX (Maréchal), 5, 7, 97, 98.
VAUX (Mlle JOURDA DE). *Voir* Comtesse DE MORÉ.
VERGENNES (DE), 85.
VERNIER, 127.
VICTOR-EMMANUEL Ier, 272.
VILLÈLE (Comte DE), 11, 149, 222, 255, 277, 281.
VILLÈLE (Mme DE), 222.
VILLENEUVE (M. DE), 293.
VIOMÉNIL (Baron DE), 104.
VIOTTI, 119.
VOLTAIRE, 109, 179, 186.

W

WALTER SCOTT, 16, 315.
WASHINGTON, 4, 7, 18, 55, 58, 59, 61, 62, 63, 64, 67, 70, 73, 76, 77, 78, 79, 82, 84, 87, 101, 103, 105, 117, 122, 126, 144, 163, 166, 171, 322, 323.
WOLF (Général), 67.
WURTEMBERG (CATHERINE DE), 210, 211.
WURTEMBERG (FRÉDÉRIC DE), 211.

ERRATA

Page 72 : *au lieu de* : Ratoton-Rivers, *lire* : Rareton Rivers.
Page 84, note 2 : *au lieu de* : 16 août, *lire* : 11 août.
Page 92, note : *au lieu de* : 12 février, *lire* : 9 février.
Page 101, note 1 : *au lieu de* : Rochefort, *lire* : la Rochelle ; et *au lieu de* : 18 février, *lire* : 14 mars.
Pages 138 et 140 : *au lieu de* : M. le Riche, *lire* : Leriche.

TABLE DES MATIÈRES

Préface i

MÉMOIRES DU COMTE DE MORÉ

Chapitre premier. — Ma naissance. — Mon berceau. — Première éducation. — Apparition dans le monde. — Ordre royal qui me fait entrer à Pierre-en-Cize. 23

Chapitre II. — Séjour de dix-huit mois. — Projet d'évasion. — Exécution. — Sortie en plein jour et à main armée. — Hospitalité d'un négociant de Lyon. — Arrivée en Auvergne. — Pacte de famille. — Départ pour l'armée dite des « insurgens d'Amérique. » 34

Chapitre III. — Naufrage dans la baie de Chesapeake. — Williamsbourg. — M. Jefferson. — Aspect du pays de Williamsbourg au camp de Walley-Forges. — Tableau de l'armée américaine. — Accueil que je reçois de M. le marquis de La Fayette. — Je suis fait aide de camp. — Ma mission auprès des sauvages Onéïdas. — Idées que les Américains avaient des Français. — Camp de Walley-Forges. — Le chien du général Howe. — Fausse sortie de l'armée anglaise de Philadelphie sur New-York. — Passage de la Skulkilt et retour. — Du chirurgien de notre ambulance. — Évacuation de Philadelphie. — Déroute de Rareton-Rivers. — Bataille et victoire de Monmouth. — Blocus de New-York. — Trahison d'Arnold. — Prise, jugement et mort du jeune major André. — Du comte de Carlisle et du marquis de La Fayette. — Le comte d'Estaing devant New-York. — Attaque de Newport en Rhode-Island, sous le général Sullivan. — Je suis chargé du ravitaillement de la station française. — Levée du siège de Newport. — Notre départ pour la France sur la frégate *l'Alliance* — Une tempête et ses remarquables circonstances. — Conspiration à bord. — Prise d'un corsaire anglais. — Arrivée à Brest 51

Chapitre IV. — Visite à mon père. — Je rentre en grâce. — Arrivée à Paris. — Accueil que je reçois de tous mes parents. — Il me tombe du ciel un brevet de capitaine de remplacement. — Ordre de me rendre à Lorient. — De Paul Jones et du capitaine Landais. — Contre-ordre. — Rembarquement sur la frégate *l'Alliance*. — Nous retournons à l'armée de Washington. — Le commandement de la frégate est rendu à Landais, au détriment de Paul Jones, absent. — Landais devient fou dans la traversée. — Les passagers le déposent. — Campagne de 1781. — Attaque d'York-Town. — Capitulation du marquis de Cornwallis. — Fin de la guerre d'Amérique sur le continent. — Je repars pour la France sur l'*Ariel*, commandé par le chevalier de Capellis. — Attaque et prise du vaisseau anglais *le Dublin*. — Entrée triomphale à la Corogne. — Fêtes, bals, querelle imprévue avec la chrétienté de la ville, qui accompagnait le viatique à dix heures du soir. — Nous frisons la chance de figurer dans un *autodafé*. — L'*Ariel* lève l'ancre. — Arrivée à Lorient . . 93

CHAPITRE V. — Expédition projetée au Sénégal. — Une visite à Pierre-en-Cize. — Réception que j'y reçois. — Célébrité que mon nom avait laissée. — Institution de l'ordre de Cincinnatus, où je suis reçu des premiers. — Loisirs de paix : mathématiques, musique, talent d'amateur sur le violon. — Expédition en Cochinchine. — Du petit prince prétendant qu'il s'agissait de rétablir. — Présents indiens, cornes de bouc. — Année 1789. — Présages physiques et politiques d'une irruption révolutionnaire. — Esprit de vertige à Versailles et à Paris. — Delille. — Nostradamus. — Cazotte. — M. de la Fayette et mes amis *Cincinnati* français prennent parti pour la Révolution. — J'émigre avec mon frère. — Campagne de Champagne. — Retraite. — Notre arrivée en Suisse. — Établissement à Lausanne. — Dénombrement de la famille qui s'y réunit. — Fondation imperceptible d'une maison de commerce devenue européenne. — Première pierre posée. — Nouvelle inespérée. — Cinquante mille francs de solde arriérée, capital et intérêts, m'appellent aux États-Unis. — Je m'embarque à Hambourg et cours recueillir ma nouvelle fortune . . 112

CHAPITRE VI. — Troisième voyage aux États-Unis. — Philadelphie transformée en nouvelle Salente. — Même simplicité de mœurs. — M. Mac-Henri, ministre de la guerre. — Je revois mes anciens amis. — M. Duportail. — Moreau de Saint-Méry. — Triple alliance, sous la raison : Sénateur Morris. — Prophétie de Burke. — Propositions qui me sont faites. — Vicomte de Noailles. — Évêque d'Autun. — Députation au Directoire en réclamation d'indemnités. — Le pâtissier Marino et M. de Volney. — Les princes d'Orléans. — Rencontre d'un éléphant et du Français son cornac. — Course à New-York. — Le colonel Hamilton. — Passé, présent et avenir des États-Unis. — Rencontre du chevalier de la Colombe. — Nos souvenirs sur M. de La Fayette. — Son évasion de la citadelle d'Olmutz. — Le docteur Bollmann. — Mon retour en Europe et mon arrivée à Hambourg 143

CHAPITRE VII. — Arrivée à Hambourg. — Départ pour la France. — Scène de contrebandier à Anvers. — État de la France. — Mon séjour en France. — Départ pour Trieste. — Le banquier Joseph Labrosse. — Des gouverneurs Junot, Bertrand, Fouché, duc d'Otrante. — Du roi de Suède Gustawson. — Jérôme Bonaparte 176

LETTRES DU COMTE DE MORÉ

1ᵉʳ octobre 1815. — 8 juillet 1832. 213

APPENDICES

I. Le château de Pierre-en-Scize 317
II. La romance du major André. 321
III. Lettre de Lafayette au comte d'Estaing 323
IV. Brevet de capitaine 324
V. Le général Bertrand et Joseph Labrosse 325
VI. Restitution de biens nationaux 326
VII. Le château de Pontgibaud 329

TABLE NOMINATIVE 331
ERRATA 340
TABLE DES MATIÈRES 341

GRAVURES

I. Charles-Albert de Moré, chevalier de Pontgibaud, comte de Moré.
II. Le château de Pierre-en-Scize.
III. Albert-François de Moré, comte de Pontgibaud (Joseph Labrosse).
IV. Armand-Victoire de Moré, comte de Pontgibaud, pair de France.
V. Le château de Pontgibaud.

BESANÇON. — IMP. ET STÉRÉOT. DE PAUL JACQUIN.

OUVRAGES

PUBLIÉS PAR LA SOCIÉTÉ D'HISTOIRE CONTEMPORAINE

En vente à la librairie A. PICARD ET FILS, rue Bonaparte, 82,
au prix de 8 fr. le volume :

Correspondance du marquis et de la marquise de Raigecourt avec le marquis et la marquise de Bombelles pendant l'émigration, 1790-1800, publiée par M. MAXIME DE LA ROCHETERIE, 1 vol.

Captivité et derniers moments de Louis XVI. Récits originaux et Documents officiels, recueillis et publiés par le marquis DE BEAUCOURT, 2 vol.

Lettres de Marie-Antoinette. Recueil des lettres authentiques de la Reine, publié par MM. MAXIME DE LA ROCHETERIE et le marquis DE BEAUCOURT, 2 vol.

Mémoires de Michelot Moulin sur la chouannerie normande, publiés par le vicomte E. RIOULT DE NEUVILLE, 1 vol.

Mémoires de famille de l'abbé Lambert, dernier confesseur du duc de Penthièvre, aumônier de la duchesse douairière d'Orléans, sur la Révolution et l'émigration, 1791-1799, publiés par M. GASTON DE BEAUSÉJOUR, 1 vol.

Journal d'Adrien Duquesnoy, député du tiers état de Bar-le-Duc, sur l'Assemblée constituante, 3 mai 1789-3 avril 1790, publié par M. ROBERT DE CRÈVECŒUR, 2 vol.

L'invasion austro-prussienne (1792-1794). Documents publiés par M. LÉONCE PINGAUD, 1 vol. avec héliogravure et carte.

18 fructidor. Documents pour la plupart inédits, recueillis et publiés par M. VICTOR PIERRE, 1 vol.

La déportation ecclésiastique sous le Directoire. Documents inédits publiés par M. VICTOR PIERRE, 1 vol.

Mémoires du comte Ferrand (1787-1821), publiés par M. le vicomte DE BROC, 1 vol. avec héliogravure.

Collectes à travers l'Europe pour les prêtres français déportés en Suisse, 1794-1797. Relation inédite publiée par M. l'abbé L. JÉRÔME, 1 vol.

Mémoires de l'abbé Baston, chanoine de Rouen, publiés d'après le manuscrit original, par M. l'abbé Julien LOTH et M. Ch. VERGER, tome Ier.

Souvenirs du comte de Semallé, page de Louis XVI, publiés par son petit-fils, 1 vol. avec héliogravure.

Le prix de la cotisation annuelle est de 20 fr.
Les nouveaux sociétaires peuvent acquérir les volumes des exercices précédents au prix de faveur de 5 fr. 50 le volume.
Adresser les adhésions à M. le Trésorier de la Société d'histoire contemporaine, rue Saint-Simon, 5, à Paris.

BESANÇON. — IMP. ET STÉRÉOT. DE PAUL JACQUIN.

www.ingramcontent.com/pod-product-compliance
Lightning Source LLC
Chambersburg PA
CBHW050804170426
43202CB00013B/2551